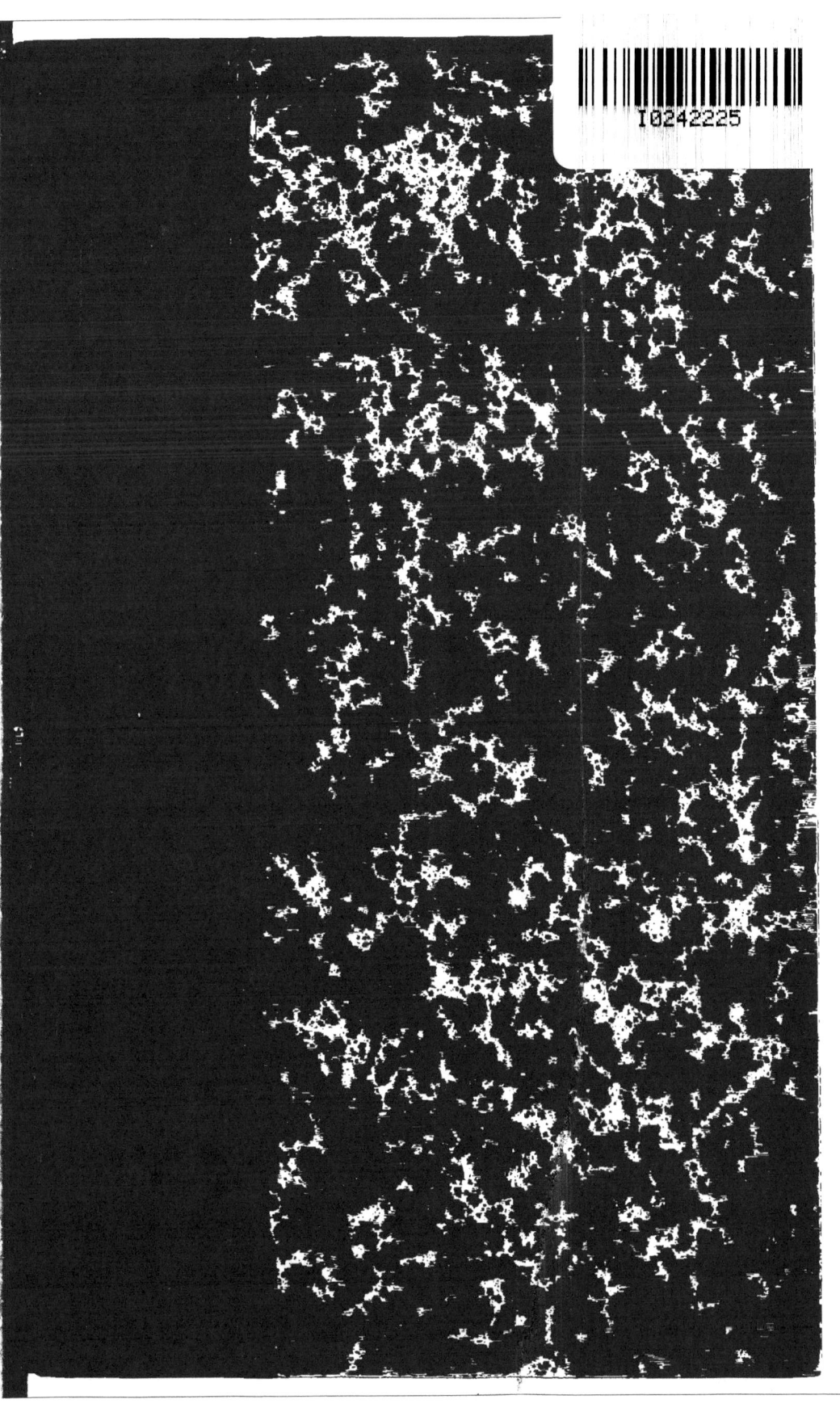

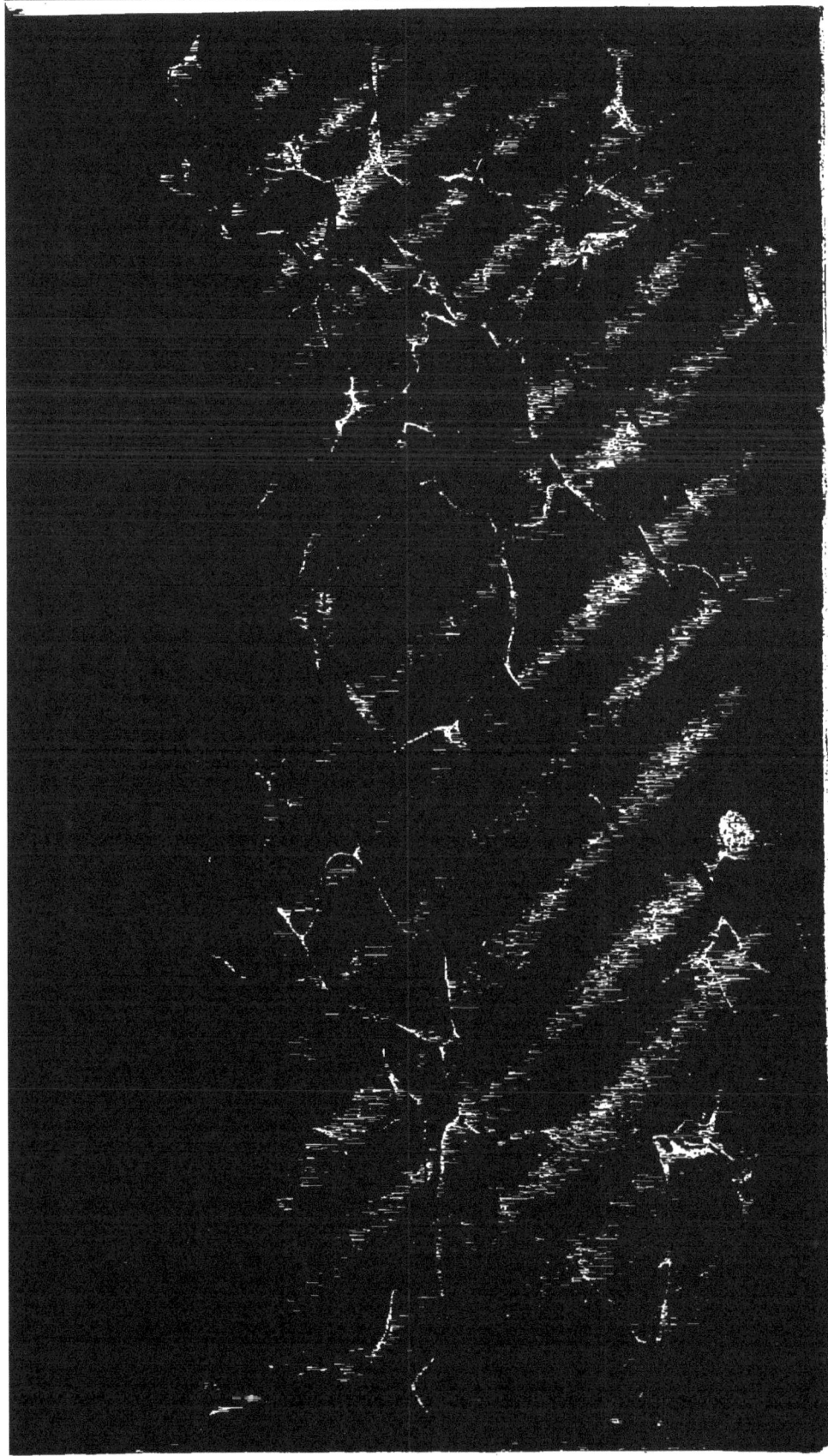

LA Guerre DE 1870-71

IX
Journées du 7 au 12 Août

LA RETRAITE SUR METZ ET SUR CHALONS

PARIS
LIBRAIRIE MILITAIRE R. CHAPELOT ET Cⁱᵉ
IMPRIMEURS-ÉDITEURS
30, Rue et Passage Dauphine, 30

1903

Tous droits réservés.

LK↑
2305

LA
GUERRE DE 1870-71

IX
Journées du 7 au 12 Août

Publié par la **Revue** d'Histoire

rédigée à la Section historique de l'État-Major de l'Armée

LA
Guerre

DE

1870-71

IX

Journées du 7 au 12 Août

PARIS
LIBRAIRIE MILITAIRE R. CHAPELOT et Cⁱᵉ
IMPRIMEURS - ÉDITEURS
30, Rue et Passage Dauphine, 30

—

1903

Tous droits réservés.

SOMMAIRE

La journée du 7 août en Lorraine 1

I. Armée d'Alsace.....................................	19
II. Armée de Lorraine.................................	26
III. Renseignements et opérations de la cavalerie...............	37
IV. Mouvements des armées allemandes......................	53
V. Situation de l'armée du Rhin dans la soirée...............	63

La journée du 8 août.

I. Armée d'Alsace.....................................	65
II. Armée de Lorraine.................................	71
III. Renseignements et opérations de la cavalerie...............	84
IV. Mouvements des armées allemandes......................	90
V. Situation de l'armée du Rhin dans la soirée...............	95

La journée du 9 août.

I. Les projets du commandement français...................	99
II. Mouvements des corps de Lorraine......................	106
III. Mouvements des corps d'Alsace..........................	116
IV. Renseignements reçus au grand quartier impérial et opérations de la cavalerie française............................	120
V. Renseignements reçus par le grand quartier général allemand et opérations de la cavalerie allemande.................	125
VI. Mouvements des armées allemandes......................	131
VII. Situation de l'armée du Rhin dans la soirée...............	135

La journée du 10 août.

I. Mouvements de l'armée de Metz	137
II. Abandon de la ligne de la Nied.........................	142
III. Mouvements de l'armée d'Alsace.........................	145
IV. Renseignements reçus au grand quartier impérial...........	155
V. Opérations de la cavalerie allemande et renseignements recueillis.	157
VI. Mouvements des armées allemandes......................	161
VII. Situation de l'armée du Rhin dans la soirée du 10 août.......	166

La journée du 11 août.

I. Mouvements de l'armée de Metz........................	169
II. Mouvements des corps d'Alsace........................	180
III. Renseignements reçus au grand quartier impérial............	185
IV. Mouvements des armées allemandes.....................	190
V. Renseignements reçus au grand quartier général allemand.....	196
VI. Situation de l'armée du Rhin dans la soirée du 11 août.......	205

La journée du 12 août.

I. Le maréchal Bazaine commandant en chef................	209
II. Les projets du commandement français...................	219
III. Mouvements de l'armée de Metz........................	223
IV. Mouvements des corps d'Alsace........................	228
V. Renseignements recueillis au grand quartier impérial.........	231
VI. Mouvements des Ire et IIe armées allemandes et renseignements recueillis..	234
VII. Les projets du commandement allemand.................	241
VIII. Mouvements de la IIIe armée...........................	246
IX. Emplacements de l'armée du Rhin dans la soirée............	251

LA
GUERRE DE 1870-1871

La journée du 7 août en Lorraine [1].

Les deux nouvelles foudroyantes des défaites de Frœschwiller et de Forbach avaient atterré le grand quartier général de l'armée du Rhin [2]. L'émotion fut plus grande encore, quand on y apprit le retentissement douloureux qu'elles avaient produit dans le pays et l'irritation qu'elles avaient provoquée à Paris dans le parti de l'opposition [3]. Déjà celle-ci accusait l'Empereur d'avoir, seul, voulu la guerre et de l'avoir rendue inévitable; en même temps, l'opinion publique se montrait très sévère à l'égard du maréchal Le Bœuf et du général Frossard, à qui elle attribuait les revers. Aussi l'Impératrice, en informant l'Empereur de la situation, croyait-elle devoir lui conseiller de s'entendre avec le maréchal Bazaine pour les opérations à venir. Le général Lebrun fit même, auprès du souverain, dans la matinée du

---

[1] Voir la carte au 1/320,000ᵉ annexée.
[2] *Metz. Campagne et négociations*, page 50. — *Journal d'un officier de l'armée du Rhin*, page 50. — V. D. *Guerre de 1870.* (*Spectateur militaire*, 1871, page 138.)
[3] Général Lebrun. *Souvenirs militaires*, page 280.

7 août, une démarche dans le but de l'engager à remettre le commandement en chef entre les mains d'un des maréchaux et à rentrer à Paris. Mais ce fut en vain.

« Plus j'ai réfléchi, lui répondit l'Empereur, plus j'ai compris qu'il était au-dessus de mes forces de m'éloigner de l'armée. J'ai quitté Paris avec elle ; il est impossible que j'y rentre sans elle (1) ».

A la première stupeur, succéda, au grand quartier général, le désarroi le plus complet. Les opinions les plus diverses étaient émises, les avis se croisaient en tous sens, une résolution n'était pas plutôt prise qu'elle était abandonnée et ces indécisions venaient encore ajouter à la confusion générale (2).

Par contre, le moral des troupes qui n'avaient pas combattu demeurait encore excellent (3). Dès que le résultat de la bataille de Forbach fut connu, on eut d'abord la pensée de concentrer les 3ᵉ et 4ᵉ corps et la Garde vers Saint-Avold et de se jeter sur le flanc de l'ennemi, si celui-ci continuait sa marche. Des instructions, dans ce sens, furent rédigées dans la nuit du 6 au 7 août. L'Empereur se proposait même de se rendre, de sa personne, au milieu des troupes et, déjà, il était monté, à Metz, dans son wagon, avec le Major général, lorsqu'arriva, à 4 heures du matin, un avis indiquant que la gare de Bening était au pouvoir de l'ennemi (4). Cette information, jointe au manque de renseignements sur la direction de retraite suivie par le 2ᵉ corps (5), décida

---

(1) Général Lebrun. *Souvenirs militaires*, page 282.

(2) *Metz. Campagne et négociations*, page 50. — *Journal d'un officier de l'armée du Rhin*, page 52.

(3) Le Major général à l'Empereur. Saint-Avold, 7 août, 7 h. 30 du matin. — Général Lebrun. *Souvenirs militaires*, page 279.

(4) *Enquête sur les actes du gouvernement de la Défense nationale*. Déposition du maréchal Le Bœuf, I, page 60.

(5) Le Major général fut informé de la situation du 2ᵉ corps par une

l'Empereur à renoncer à son projet et à concentrer à Metz les corps de Lorraine (1). Le Major général partit seul pour Saint-Avold, pour se rendre compte, *de visu*, de la situation et donner de nouvelles instructions au maréchal Bazaine (2).

Rentré à son quartier général, l'Empereur craignit que le général de Ladmirault n'eût déjà commencé et ne continuât le mouvement sur Saint-Avold qui lui avait été prescrit la veille. Dans le but d'éviter aux troupes une fatigue inutile, il prévint directement, par télégramme, le 4º corps de se « rabattre rapidement » (3) sur Metz. Le général de Ladmirault informa immédiatement, (6 heures du matin), le maréchal Bazaine du contre-ordre qu'il avait reçu (4).

Dans la matinée, une nouvelle évolution se produisit dans l'esprit de l'Empereur. Il pensa que, plus le point

---

dépêche, expédiée de Saint-Avold par le maréchal Bazaine, à 4 h. 55 du soir, et ainsi conçue :

« Le général Frossard est à Puttelange, y concentrant les trois divisions de son corps d'armée. »

(1) *Enquête sur les actes du gouvernement de la Défense nationale.* Déposition du maréchal Le Bœuf, I, page 60.

(2) Une conférence eut lieu à Saint-Avold, à laquelle assistèrent le Major général, le maréchal Bazaine, le général Bourbaki et le général Favé, aide de camp de l'Empereur. (Journal de marche du 4º corps.)

(3) Journal de marche du 4º corps.

(4) Dans son ouvrage intitulé *l'Armée du Rhin*, le maréchal Bazaine se plaint de n'avoir pas été prévenu par le grand quartier général de cette nouvelle disposition (page 39).

« C'est peut-être une omission de l'état-major, dit le maréchal Le Bœuf dans sa déposition à l'*Enquête*, mais sans conséquence, puisque j'étais parti immédiatement pour Saint-Avold, afin de prévenir le Maréchal..... Il a été prévenu par moi à Saint-Avold..... L'Empereur a fait, dans cette circonstance, ce que tout autre commandant aurait fait à sa place. Il n'y a pas de commandant en chef qui, ayant plusieurs corps dans la main, ne les prévienne au plus vite quand il y a contre-ordre pour des mouvements ordonnés, tout en prévenant leur commandant supérieur. » (*Enquête*, I, page 61).

de concentration général serait éloigné, tout en couvrant Paris, plus il aurait le temps d'organiser et de recevoir des renforts. Cette idée était juste, mais les avantages du projet n'étaient pas suffisamment compensés par le grave inconvénient de livrer à l'adversaire, sans coup férir, une énorme étendue de territoire dont l'abandon n'était nullement imposé par les circonstances. En dépit des deux défaites du 6 août, la situation n'était pas à ce point désespérée qu'il fallût songer, sans retard, à couvrir la capitale, surtout en se plaçant entre elle et les forces adverses. De plus, un mouvement de retraite aussi prononcé, exécuté d'une seule traite, devait avoir pour conséquences de déprimer le moral de l'armée, d'exalter celui de l'adversaire, d'inquiéter et d'irriter le pays. Il ne manquait pas, entre la frontière et le camp de Châlons, de lignes de défense : la Nied française, la Moselle, les côtes de Meuse, en particulier, où l'armée du Rhin pouvait faire tête à l'envahisseur et retarder au moins sa marche.

Quoi qu'il en soit, la résolution de l'Empereur sembla un moment devoir être mise à exécution. Le Major général en informa le Ministre de la guerre par le télégramme suivant, daté du 7 août, 4 heures du soir (1) :

« L'Empereur a décidé que l'armée active se concentrerait sur Châlons où Sa Majesté pourrait avoir 150,000 hommes et au delà si nous parvenons à y rallier les corps Mac-Mahon et de Failly. Douay restera à Belfort. L'Empereur va diriger sur-le-champ tous les impedimenta sur Châlons. Envoyez de votre côté des

---

(1) L'Empereur en avait informé le Conseil des ministres dans la matinée. Les Archives de la guerre ne possèdent pas le télégramme, mais le fait ressort d'une dépêche de M. Émile Ollivier, qu'on trouvera plus loin, et qui est une réponse à ce télégramme.

vivres et des munitions. L'aile gauche, sous le maréchal Bazaine, sera concentrée sous Metz d'ici 48 heures, dans sept jours à Châlons. »

Le grand quartier général expédia des ordres pour l'exécution de ces mouvements ; les instructions destinées aux 1er, 2e et 5e corps leur furent portées par des officiers. Le général de Waubert de Genlis, aide de camp de l'Empereur, reçut la mission de se mettre en relations avec le maréchal de Mac-Mahon et de l'informer, qu'après avoir recueilli les débris de son corps d'armée à Saverne, il devait se retirer sur le camp de Châlons. Le capitaine Vosseur fut envoyé au général Frossard dont on n'avait point encore de nouvelles précises à Metz. Si le 2e corps n'avait pu exécuter sa retraite sur Puttelange et Sarralbe, avec toutes les troupes qui se trouvaient à Sarreguemines, il lui était prescrit de se porter par le plus court chemin sur le camp de Châlons. Enfin, le capitaine de Salles fut chargé de joindre le général de Failly, de le prévenir de la concentration projetée et de rendre compte au Major général de la situation et de l'emplacement du 5e corps. Les ordres donnés dans la matinée par le Major général au maréchal Bazaine et par l'Empereur au général de Ladmirault n'avaient pas à être modifiés, ces deux corps devant, en tout état de cause, passer par Metz, pour se rendre au camp de Châlons. Il en était de même de la Garde impériale.

Le mouvement du 6e corps sur Nancy fut contremandé par télégrammes, de 4 h. 50 et de 8 h. 15 du matin ; la division Tixier, déjà arrivée dans cette ville, fut avisée, par l'intermédiaire du général commandant la subdivision de la Meurthe, de rétrograder d'urgence par voie ferrée, sur le camp. Le bataillon de chasseurs à pied de la Garde impériale, détaché à Thionville, fut rappelé à Metz où il arriva à midi ; la division de réserve de cavalerie du Barail reçut l'ordre de se porter le 7 de

Lunéville à Nancy, le 8 à Bernecourt, le 9 à Saint-Mihiel. Le général Canu, commandant la réserve générale d'artillerie stationnée à Nancy, fut invité à envoyer sans retard quatre batteries de 12 à Metz (1) ; l'équipage de ponts de réserve, réuni à Toul, fut dirigé sur le camp de Châlons, en suivant le canal de la Marne au Rhin ; enfin le général Soleille prescrivit au grand parc qui s'organisait à Toul, de se replier sur Châlons (2).

En même temps, un décret de l'Empereur déclarait en état de siège les places de Metz, Verdun, Montmédy, Longwy, Thionville, Bitche, Strasbourg et les forteresses d'Alsace, Phalsbourg, Marsal, Toul, Belfort. Le général Coffinières de Nordeck était nommé commandant supérieur de la place de Metz.

Mais le Conseil des Ministres n'approuvait pas le projet de retraite sur Châlons. Il s'empressa de répondre au télégramme de l'Empereur qu'il trouvait impolitique d'évacuer la Lorraine, sans livrer bataille, et qu'il redoutait l'effet déplorable que cette nouvelle produirait sur le pays. Ces considérations prévalurent (3). Le souverain était trop profondément affecté par les premiers revers pour résister à ces influences diverses ; son esprit n'avait plus l'indépendance nécessaire pour suivre fermement une voie quelconque ; sa santé était d'ailleurs

---

(1) Pour mettre les forts de la place en état, concurremment avec quatre batteries de la garde nationale mobile. (Le général Soleille au général Susane. Metz, 7 août.)

(2) Aucun matériel du grand parc ne se trouvait encore à Toul.

(3) L'Empereur reçut, le 7, de M. Émile Ollivier, un second télégramme, qui était une atténuation de l'opinion émise dans le premier :

« Nous avons répondu un peu vite ce matin sur l'effet de la retraite de Châlons. L'effet ne sera pas bon ; il va de soi que nous ne parlons que politiquement ; mais le point de vue stratégique doit l'emporter sur le point de vue politique, et vous êtes le seul juge. »

M. Ollivier terminait en demandant le remplacement du général Dejean par le général Trochu.

fortement ébranlée. Aussi, abandonna-t-il son projet presque aussi soudainement qu'il l'avait conçu, et se laissa-t-il entraîner vers les murailles de Metz par cette attraction fréquente qu'exercent les places fortes sur les généraux irrésolus. Il en prévint l'Impératrice dans la soirée du 7 août :

« La retraite sur Châlons devient trop dangereuse ; je puis être plus utile en restant à Metz avec 100,000 hommes bien réorganisés. Il faut que Canrobert retourne à Paris et soit le noyau d'une nouvelle armée. Ainsi, deux grands centres : Paris et Metz, telle est notre conclusion. Prévenez-en le Conseil. Rien de nouveau. »

Par ordre de l'Empereur (1), le Ministre de la guerre appela à Paris tous les quatrièmes bataillons dont il pouvait disposer. Il y fit venir également les régiments d'infanterie de Corse, de Bayonne, de Perpignan et de Pau (moins leurs quatrièmes bataillons) et les deux régiments de cavalerie de Carcassonne et de Tarbes (7e et 8e chasseurs à cheval) qui avaient été laissés en observation sur les Pyrénées. De son côté, le Ministre de la marine prit des mesures pour réunir à Paris 10,000 soldats d'infanterie et 1000 canonniers d'artillerie de marine (2).

Les ordres de concentration sur le camp de Châlons, donnés au maréchal de Mac-Mahon et au général de Failly, furent maintenus. La mesure se justifiait pour le 1er corps qui, dans l'état de désorganisation où il se trouvait, ne pouvait évidemment prendre part aux opérations, avant un certain temps. Elle se fût expliquée aussi, à la rigueur, pour le 5e, si le Prince royal eût poursuivi

---

(1) L'Empereur au Ministre de la guerre. Metz, 7 août, 5 h. 30 du matin.
(2) Le Ministre de la guerre à l'Empereur. Paris, 7 août, 8 h. 5.

sérieusement l'armée d'Alsace qui aurait eu besoin, dans ce cas, de troupes intactes pour couvrir sa retraite. Mais, contre toute attente, il n'en était rien et l'Empereur ne l'ignorait pas (1). D'autre part, si l'on voulait livrer bataille sur la Moselle, il fallait le faire avec toutes les forces disponibles : les événements des 4 et 6 août étaient probants à cet égard, à défaut des leçons de l'Histoire. En conséquence, il importait de réunir au plus tôt à l'armée de Lorraine, non pas seulement le 5e corps, mais aussi les 6e et 7e. La conception qui consistait à utiliser une partie des éléments de l'armée active pour constituer une nouvelle armée à Paris était contraire au principe de l'union des forces dans le temps (2) et, de ce fait, manifestement erronée. Peut-être l'oublia-t-on ou la négligea-t-on par crainte des troubles qui pouvaient se produire dans la capitale (3).

*
* *

A en juger par les documents de la journée du 7 août, il ne semble pas que le grand quartier général de l'armée du Rhin ait envisagé, pour la retraite, adoptée en prin-

---

(1) *L'Empereur au Garde des sceaux.*

Metz, 7 août, 3 h. 55 soir.

« L'ennemi n'a pas poursuivi vivement le maréchal de Mac-Mahon. Depuis hier soir, il a cessé toute poursuite. Le Maréchal concentre ses troupes. »

(2) « On ne saurait jamais, dit Clausewitz, porter trop de forces à la fois à l'action stratégique. » (*Théorie de la grande guerre*, tome I, page 69.)

(3) C'est cette raison qui avait fait maintenir à Paris la 4e division (Levassor-Sorval) du 6e corps, et à Lyon la 3e division (Dumont) et une brigade de la division de cavalerie du 7e corps.

cipe, une solution différente de celles qui viennent d'être exposées. Des hésitations s'étaient produites sur l'amplitude du mouvement, Metz ou le camp de Châlons, mais non point sur la direction générale qui demeurait invariable. Celle-ci valait pourtant d'être examinée avec la plus grande attention.

« Les circonstances ne sont plus ce qu'elles étaient autrefois, lors de l'invasion de la France en 1814 et 1815, écrivait le général Frossard dans son Mémoire de 1867. Les fortifications de Paris ont modifié grandement à notre avantage les conditions de la lutte; nous n'avons plus à présent la préoccupation de couvrir la capitale avec nos armées de la frontière et de ne pas nous laisser couper de nos communications avec elle. La défensive constante de front n'est plus une règle, et la liberté des mouvements et des manœuvres nous est rendue, surtout avec le réseau de lignes ferrées rayonnantes et transversales que nous possédons. Si cette situation nouvelle a pu nous permettre de chercher à arrêter l'ennemi, dès ses premiers pas sur notre territoire, elle nous laisse aussi (et c'est là un avantage inappréciable) la latitude de manœuvrer sur les flancs et les derrières de l'armée envahissante et de tenter d'arrêter ses progrès par la menace constante de couper ses communications et de battre en détail ses corps latéraux (1). »

Dans cet ordre d'idées, le général Frossard préconisait la retraite de l'aile droite de l'armée de la Moselle par Puttelange et Sarralbe sur Morhange et Dieuze, puis sur la rive gauche de la Seille, entre la région des étangs et la forêt de Bezange, avec un détachement à Sarrebourg, chargé de donner la main à l'armée de la

---

(1) Voir 1er fascicule, pages 100 et 101.

Basse-Alsace « qui, sans doute, aurait été obligée, à ce moment, de se replier elle-même (1) ».

La marche en avant de la IIIe armée à travers les Vosges septentrionales aurait enlevé, il est vrai, toute valeur à la ligne de la Seille, prise en flanc et à revers. Mais, plus au Sud, le Mémoire indiquait Lunéville, Rambervillers, Épinal, Langres, comme les points jalonnant la ligne de retraite ultérieure, dans l'hypothèse où une nouvelle bataille sur la Meurthe n'eût pas tourné en faveur de l'armée française.

D'après le général Frossard, « l'aile gauche de l'armée de la Moselle n'aurait pas suivi le mouvement de l'aile droite, faisant retraite derrière la ligne de la Seille, mais elle se serait retirée devant Metz sous l'appui des forts de campagne..... (2) ».

Cette conception de retraite à forme divergente ne semble pas heureuse. Elle augmentait en effet la division des forces françaises et donnait à l'ennemi l'avantage des lignes intérieures, c'est-à-dire la possibilité d'apparaître, en forces supérieures, sur un point quelconque (3).

L'idée d'une retraite de l'armée française parallèlement à la frontière du Rhin n'était pas neuve. Dès 1792, Dumouriez avait compris que, pour empêcher le duc de Brunswick de marcher sur la capitale, pourtant dépourvue de fortifications, il n'était point nécessaire de se placer entre elle et l'armée prussienne. Aussi, après la perte du passage de la Croix-aux-Bois et l'évacuation du Chêne-Populeux, avait-il concentré ses forces près de Sainte-Menehould, au lieu de se porter derrière la Marne.

---

(1) Voir 1er fascicule, page 99..
(2) *Ibid.*, page 99.
(3) Dans sa *Théorie de la grande guerre*, Clausewitz énumère les inconvénients de la retraite à forme divergente, dans le cas considéré,

Le gouvernement de cette époque ne songeait, comme tous les autres, qu'à rassurer la population de Paris. Mais Dumouriez, en véritable général en chef, eut assez de hauteur d'âme pour s'élever au-dessus de cette considération et pour ne tenir compte que des nécessités d'ordre stratégique.

Dans cette situation, il refusa donc de céder aux instances du ministre de la guerre Servan, qui l'adjurait de se rapprocher de la Marne pour couvrir directement « Reims, Châlons, et les superbes campagnes du Soissonnais et de la Brie, et se trouver entre l'ennemi et Paris, quelque route que celui-ci prenne (1) ».

---

et la rejette formellement. Elle ne se justifie, dit-il, « que par un seul but, celui de couvrir des provinces que l'ennemi envahirait sans cela ». (Tome II, page 271.)

(1) La correspondance échangée entre Servan et Dumouriez pendant cette période est des plus intéressantes.

Dès le 7 septembre 1792, Servan presse Dumouriez de se rapprocher de Châlons et de Saint-Dizier en raison du « besoin absolu de rassurer la capitale ».

Le 18 septembre, Dumouriez écrit à Servan :

« Il n'y a plus rien à craindre. L'armée ennemie va achever de se fondre dans la Champagne pouilleuse. Elle ne pourra pas marcher sur Châlons que je couvre ; elle n'osera pas marcher sur Reims, de peur d'être suivie et coupée ; elle cherchera peut-être à me donner bataille... Je ne sais comment on peut imaginer à Paris, et comment on peut me donner le conseil, de Châlons, de quitter la position de Sainte-Menehould..... »

Servan revient à la charge les 23 et 24 septembre :

« Ce qui me semble le plus important est de couvrir ces deux villes (Châlons et Reims), de manière à vous trouver enfin entre l'ennemi et Paris, quelque route que celui-ci prenne. »

« J'espère toujours, mon cher Général, écrit-il le 27, que vous resterez convaincu, ainsi que nous, que vous n'avez plus un moment à perdre pour vous rapprocher de la Marne, afin de couvrir par là Châlons, Reims et les superbes campagnes du Soissonnais et de la Brie. »

Mais Dumouriez reste inébranlable :

« Ce camp (de Sainte-Menehould), contre lequel on crie tant à Paris,

Napoléon, dans ses Mémoires sur les campagnes de 1796 et de 1797 en Italie, donne un autre exemple de couverture indirecte qu'il eût été opportun d'appliquer. Il fait observer qu'après le combat de Montenotte, les Piémontais, au lieu d'occuper Millesimo, devaient appuyer sur Dego pour se réunir aux Autrichiens. « C'était une erreur, ajoute-t-il, de supposer que, pour couvrir Turin, il fallait se trouver à cheval sur la route de cette ville. Les armées, réunies à Dego, eussent couvert Milan parce qu'elles eussent été à cheval sur la grande route du Montferrat ; elles eussent couvert Turin parce qu'elles eussent été sur le flanc de la chaussée de cette ville (1) ».

Dans sa critique stratégique de la campagne de 1814 en France, Clausewitz estime que le point de concentration des forces françaises était, non pas à l'Est, mais au Sud-Est de Paris, dans le bassin supérieur de la Seine (2).

---

a tenu si bien en échec l'armée prussienne que, quoique placée entre Reims et Châlons et moi, elle n'a pas osé pénétrer ni à Reims, ni à Châlons. » (Lettre du 26 septembre à Servan.)

Le 1ᵉʳ octobre, il triomphe enfin :

« Ce que j'ai calculé, arrangé et prédit est arrivé. Tenez-moi compte de ce qu'on appelait mon obstination ; les Prussiens sont en pleine retraite. »

(1) *Mémoires de Napoléon*, par le général de Montholon, tome IV, page 309. Paris, Firmin Didot, 1824.

(2) Clausewitz. *La campagne de 1814 en France.*

« Si l'on suppose la capitale à l'abri d'un coup de main, il n'était plus nécessaire, pour couvrir Paris, d'être à cheval sur la route qui y conduit ; en occupant une position de flanc, le but eût peut-être été tout aussi bien atteint. »

Le général Pierron, dans la lettre qu'il écrivit au lieutenant-colonel de Vatry, qui venait de publier sa traduction de la *Théorie de la grande guerre*, de Clausewitz, s'exprimait ainsi :

« Sa critique de la campagne de 1814 est un chef-d'œuvre ; et si nos

« Dès lors, en effet, les forces d'Espagne et d'Italie pouvaient rejoindre plus tôt ; Paris pesait dans la balance de tout le poids de son importance propre, et les alliés se trouvaient dès le début en présence d'un problème beaucoup plus difficile (1). »

Le général de Willisen, examinant, en 1841, les conditions dans lesquelles devrait s'effectuer la retraite d'une armée française qui aurait subi un échec à la frontière du Nord-Est n'hésitait pas à préconiser la direction générale du Sud-Ouest.

« Nous savons, dit-il, qu'une retraite excentrique (en ayant derrière soi la plus grande partie du pays) protège mieux le centre et la capitale, contre une invasion, qu'une retraite directe suivant le rayon qui va de la circonférence au centre (2). »

Considérant une armée allemande de 300,000 hommes, ayant sur son flanc gauche, vers Nancy, une armée française de 200,000 hommes, il se demande si la première se risquerait à laisser 200,000 hommes vis-à-vis de la seconde et à marcher sur Paris avec le

---

chefs l'eussent méditée avant 1870, ils n'auraient pas commis, dans cette guerre, des fautes stratégiques irréparables. »

Willisen rappelle, à ce propos, combien on a eu de peine, chez les coalisés, en 1814, après la bataille d'Arcis-sur-Aube, à se décider à marcher sur Paris, malgré l'énorme supériorité numérique qu'on possédait, quand on vit Napoléon se porter en Lorraine pour couper les communications des armées alliées. « Qui sait, dit-il, ce qui serait advenu si Napoléon, au lieu de revenir sur Paris, avait persévéré dans son projet, rallié à lui les garnisons de la Lorraine, enlevé tous les convois de ravitaillement des coalisés et s'était porté sur le Rhin, où Mayence lui appartenait encore, et s'il avait en même temps donné l'ordre de transférer le siège du gouvernement de Paris à Orléans ! » (Cité par le général Pierron. *Méthodes de guerre*, 2ᵉ partie, tome I, page 261.)

(1) Clausewitz. *La campagne de 1814 en France.*
(2) Willisen. (Cité par le général Pierron. *Méthodes de guerre*, 2ᵉ partie, tome , page 200.)

surplus. A son avis, « pas un état-major allemand ne conseillerait une pareille opération, sauf peut-être pour tâter l'ennemi et voir s'il ne quitte pas sa position excentrique, si menaçante, pour céder à la peur ou aux impressions physiques et se retirer par un rayon de la circonférence vers le centre ».

Il fait observer que, dans cette dernière éventualité, l'armée allemande ne manquerait pas de profiter d'une pareille faute et d'attaquer aussitôt l'ennemi partout où elle le rencontrerait en retraite suivant ce rayon. Paris lui paraît, au contraire, hors de danger par une retraite des Français perpendiculaire à la ligne d'invasion, parce que, dit-il fort justement, « l'envahisseur est tenu de suivre le défenseur au Sud, le long de la frontière (1) ». Ce n'est point, en effet, une province ou une ville qui est l'objectif principal de l'attaque, mais bien l'armée adverse : l'assaillant est donc tenu de se maintenir dans son voisinage, tant qu'elle n'a pas été détruite ou désorganisée. La valeur des positions de flanc et l'efficacité des retraites excentriques résultent de ce principe, ainsi que le faisait remarquer le maréchal de Moltke (2) ; ce n'est point à dire, cependant, que ce soit là une panacée universelle, et il est nécessaire, en tout cas, de faire

---

(1) Willisen. *Loc. cit.*, page 262.

(2) *Moltkes Taktische-strategische Aufsätze aus den Jahren* 1857-1871, pages 264 et 267. Berlin, 1900. Mittler.

Voici comment le maréchal de Moltke définissait les positions de flanc :

« Une position de flanc est celle que l'on prend parallèlement à la ligne d'opérations de l'ennemi, et dans le voisinage de cette ligne. C'est une position que l'adversaire ne peut négliger, sans sacrifier ses communications, qu'il ne peut attaquer sans faire un changement de front, ce qui l'amène à avoir sa ligne de communications sur un de ses flancs ; c'est enfin une position qui a pour effet de détourner l'adversaire de son but, s'il a engagé la poursuite après avoir été victorieux. » (*Taktische Aufgaben*, n° 63.)

intervenir les grandeurs morales. Pour ne rappeler qu'un exemple récent, une manœuvre de ce genre exécutée par le général Benedeck, sur Olmütz, après la défaite de Sadowa, n'eut nullement pour conséquence de détourner les Prussiens de leur marche sur Vienne. L'armée autrichienne était trop affaiblie moralement et matériellement pour obliger l'ennemi à lui faire face ; la capitale, d'ailleurs, n'était pas fortifiée.

« En présence d'un adversaire hardi, supérieur en force morale et recherchant une solution énergique, un pareil moyen serait donc fort aventureux et peu à sa place ;...... mais vis-à-vis d'un adversaire circonspect, on le doit considérer comme l'un des meilleurs que puisse utiliser le talent du défenseur (1). »

Or, si l'armée du Rhin avait l'infériorité numérique, par contre, le moral des unités qui n'avaient pas été engagées à Frœschwiller et à Forbach était excellent,

---

(1) Clausewitz. *Théorie de la grande guerre*, tome II, page 138.

Dans sa critique stratégique de la campagne de 1814 en France, Clausewitz fait nettement ressortir l'influence des grandeurs morales.

« Faisons l'hypothèse suivante : d'une part, Bonaparte dispose d'une armée à peu près égale aux deux tiers des forces coalisées ; il se trouve aux environs de Dijon ou de Chaumont, et, d'autre part, Paris est suffisamment défendu pour qu'on ne puisse pas l'attaquer avec moins de 50,000 hommes. La conclusion est immédiate : les coalisés n'oseront pas plus marcher en masse sur Paris, en négligeant l'armée française, qu'ils ne voudront détacher 50,000 hommes contre la capitale, pour se retourner avec le reste de leurs forces contre Bonaparte. Intervertissons les rôles : une armée alliée est à la place de l'armée française et couvre Paris, et c'est Bonaparte qui se porte sur la capitale à la tête de forces égales à celles des alliés..... Notre conclusion est diamétralement opposée : nous considérons Paris comme perdu. Pourquoi ? Parce qu'il y a là moins une question de proportionnalité entre les forces numériques des deux adversaires qu'une question de grandeurs morales. Les forces en présence, telles que nous les supposons disposées, se font à peu près équilibre ; jetons les grandeurs morales dans un des plateaux de la balance et l'équilibre sera rompu. »

ainsi qu'avait pu le constater le Major général. Les 1ᵉʳ et 2ᵉ corps avaient donné d'ailleurs à l'ennemi une haute idée de la valeur, de la ténacité et des vertus militaires des troupes françaises, qui en fournirent de nouveaux et éclatants témoignages dans les batailles des 14, 16 et 18 août. D'autre part, la hardiesse de l'ennemi ne semblait pas extrême, à en juger par la mollesse de sa poursuite après Frœschwiller et par l'interruption de son offensive après Forbach. L'équilibre ne paraissait donc pas rompu, au point de vue des grandeurs morales, sinon peut-être en ce qui concernait le haut commandement. Mais il était possible de supprimer cette cause de faiblesse, en changeant le général en chef. Quant à la disproportion numérique, elle pouvait être diminuée par la concentration de toutes les forces disponibles et la constitution de formations nouvelles.

En somme, la prise en considération des deux facteurs, moral et nombre, ne soulevait aucune objection formelle contre l'adoption d'une ligne de retraite excentrique. Il en était d'ailleurs un troisième, d'influence prédominante, qui devait faire rejeter l'idée d'une retraite vers l'Ouest. Si l'on envisage, en effet, le prolongement de la ligne d'opérations menant de la frontière allemande à Paris, on remarque qu'il passe au nord d'Orléans, et que, par suite, l'armée française, en restant sur cette ligne, s'exposait à perdre la liaison entre Paris et le bassin de la Loire. Elle risquait même, en raison de la supériorité numérique de l'adversaire, d'être débordée par le Sud et, dès lors, d'être séparée du centre du pays, c'est-à-dire de la source de ses renforts et de ses ravitaillements. Ce n'était là qu'une conséquence de ce fait géographique que les trois quarts de la France sont situés au sud de la ligne Paris-Nancy, et il fallait éviter « le danger d'être écartés de la masse principale de notre territoire (1) ». Dans ce but, la retraite, adoptée en principe, devait être orientée par le grand quartier général français, non pas vers l'Ouest, sur Metz ou Châlons, mais vers le Sud-Ouest, dans la direction générale Lunéville, Mirecourt, Langres (2). Les ordres donnés le 7 août, pour la journée du 8, auraient dirigé :

Le 4ᵉ corps, de Boulay, Boucheporn, sur Delme, Nancy; la Garde, de Saint-Avold, sur Château-Salins, Saint-Nicolas-du-Port; le 2ᵉ corps, de Puttelange, sur Dieuze, Lunéville; les 1ᵉʳ et 5ᵉ corps, de Phalsbourg, sur Blâmont, Baccarat; le 3ᵉ corps, formant l'arrière-garde de l'armée de Lorraine, aurait suivi les traces du 2ᵉ corps et de la Garde et l'ensemble du mouvement se serait effectué sous la protection d'un corps de cavalerie fort de quatre divisions de cette arme (3).

La division de cavalerie du Barail, organisée à Lunéville, aurait été envoyée au maréchal de Mac-Mahon pour couvrir la retraite de l'armée d'Alsace; enfin, la réserve générale d'artillerie, prête à Nancy, se serait portée, en doublant l'étape, à la rencontre du 3ᵉ corps, auquel elle aurait été provisoirement adjointe.

Comme les Allemands ne dépassèrent pas Saint-Avold avant le 10 août, comme l'aile gauche de la IIᵉ armée et la IIIᵉ armée s'alignèrent le 10, seulement sur la Sarre, entre Sarreguemines et Sarrebourg, le

---

(1) Clausewitz. *Théorie de la grande guerre*, tome II, page 270.

Les généraux Pelet, Rognat, Duvivier, avaient attiré l'attention sur ce point et signalé toute l'importance des lignes de retraite vers la Loire moyenne.

Voir général Pierron. *Méthodes de guerre*, tome I, 2ᵉ partie.

(2) On savait que l'ennemi avait cessé toute poursuite en Alsace (Voir page 8, note 1); il ne pouvait donc atteindre la Sarre que le 10 août, après trois marches (70 kilomètres environ de Wœrth).

(3) Division de Forton, division de cavalerie de la Garde, divisions de cavalerie des 2ᵉ et 3ᵉ corps; chaque division d'infanterie n'eût conservé qu'un escadron divisionnaire.

mouvement n'eût été nullement inquiété. Mais le grand quartier général français ne pouvait prévoir qu'il en serait ainsi, aussi eût-il été judicieux de chercher à gagner du temps, en attirant les colonnes adverses dans une fausse direction, vers Metz, au moyen d'une division d'infanterie et de la division de cavalerie du 4ᵉ corps. La première aurait servi à constituer la garnison de la place de Metz; la seconde aurait rejoint ultérieurement le gros de l'armée par la rive gauche de la Moselle, au besoin, par un détour plus grand, au moyen du chemin de fer.

Le 11 ou le 12 août, les 120,000 hommes des 2ᵉ, 3ᵉ, 4ᵉ corps et de la Garde auraient été concentrés sur la Meurthe ou sur la Mortagne, et rejoints par les 28,000 hommes du 5ᵉ corps et par les glorieux débris du 1ᵉʳ. Le 6ᵉ corps, fort de 39,000 hommes et débarqué à Nancy, le 7ᵉ, comptant 20,000 hommes et transporté à Lunéville, par Altkirch, Vesoul et Épinal, opéraient leur jonction avec le gros de l'armée.

On constituait ainsi une masse de près de 240,000 hommes disponibles pour prendre l'offensive contre la IIIᵉ armée, à son débouché des Vosges. Formant deux armées, appuyant leur gauche à la forêt de Haye, les Français pouvaient infliger un échec à la IIIᵉ armée, ou la contraindre à s'arrêter et à refuser la bataille jusqu'au moment où les Iʳᵉ et IIᵉ armées eussent effectué un grand mouvement de conversion vers le Sud. Dans ces conditions, une nouvelle campagne s'ouvrait : l'armée française avait ses lignes de communication bien assurées, par Langres, vers la Loire moyenne et le centre de la France, ou par Dijon vers le Morvan; elle couvrait indirectement Paris, vers lequel l'ennemi n'aurait pas osé effectuer de détachement assez fort pour en entreprendre le siège; elle pouvait recevoir par Chaumont, Vesoul et Épinal toutes les nouvelles formations qui furent ultérieurement réunies au camp de Châlons. Si l'on considère que, le 20 août, 140,000 hommes étaient concentrés en ce dernier point, et si l'on y ajoute les 180,000 hommes dont disposait le maréchal Bazaine ; si, d'autre part, on évalue le temps nécessaire aux trois armées allemandes pour exécuter leur conversion vers le Sud, il semble incontestable que l'Empereur aurait pu rassembler, pour une nouvelle bataille, 320,000 hommes sur la Meurthe ou sur la Moselle. La disproportion numérique eût été sensible encore, eu égard surtout au matériel d'artillerie supérieur dont disposaient les Allemands, mais les conditions stratégiques étaient des plus favorables et permettaient d'espérer en la victoire.

Dans la journée du 7 août, les divers corps de l'armée du Rhin exécutent en général des mouvements rétrogrades et se disposent à entamer la retraite qui leur a été prescrite, soit sur Metz, soit sur Châlons.

I. — Armée d'Alsace.

1er *corps.* — Toutes les troupes de l'armée d'Alsace qui avaient pris, après la bataille de Frœschwiller, la route de Saverne (1), arrivèrent dans cette ville dans la

---

(1) On sait que des groupes plus ou moins nombreux, appartenant surtout aux 18e, 96e, 78e de ligne, au 1er tirailleurs, au 17e bataillon de chasseurs, s'étaient engagés sur la route de Niederbronn à Bitche, ainsi que la brigade Abbatucci, de la division de Lespart, du 5e corps. Le général Ducrot s'était jeté, par Zinswiller, à travers bois, avec un bataillon du 18e et 1500 hommes de différents corps, et était arrivé le 6 août, vers 6 heures du soir, au fort de Lichtenberg, d'où il s'était dirigé, le 7 au matin, sur Phalsbourg et Sarrebourg.

Quelques centaines d'isolés de la division de Lartigue avaient fait

matinée du 7, après avoir marché toute la nuit, et se rallièrent sur les emplacements désignés pour chaque division. La brigade de Fontanges, de la division de Lespart du 5e corps, qui leur avait servi d'arrière-garde, n'atteignit Saverne qu'à 10 heures du matin.

Les divisions d'infanterie établirent leurs bivouacs à l'Ouest de la ville, de part et d'autre de la route de Phalsbourg; la division Conseil-Dumesnil, la réserve d'artillerie et les 2e et 3e brigades de la division de cavalerie Duhesme continuèrent jusqu'à Phalsbourg; la brigade de Septeuil et la division de cuirassiers de Bonnemains restèrent à l'Est de Saverne.

La journée du 7 fut employée à rallier les isolés, à reconstituer les compagnies et les régiments, à prendre un repos dont les soldats avaient le plus grand besoin. La plupart d'entre eux avaient perdu leurs sacs et en même temps les ustensiles nécessaires pour préparer leurs repas. Les vivres arrivèrent dans l'après-midi de Sarrebourg (1), de Lunéville (2) et de Nancy (3) et la générosité des habitants de Saverne fournit un supplément de ressources.

---

leur retraite, par Gundershoffen et Haguenau, sur Strasbourg. Enfin, une quantité d'isolés s'étaient échappés vers l'Ouest par divers chemins forestiers.

(1) Par télégramme du 7 août, 7 h. 45 du matin, le Ministre de la guerre invitait le sous-préfet de Sarrebourg à réunir, dans la journée, tout ce qu'il pourrait de pain, de lard, de bestiaux, et à envoyer ces approvisionnements au maréchal de Mac-Mahon, à Saverne, en comptant sur 40,0000 hommes à nourrir.

(2) Par télégramme du 7 août, 8 heures du matin, le Ministre de la guerre prescrivait au sous-intendant militaire à Lunéville d'envoyer, dans la journée, et d'urgence, au maréchal de Mac-Mahon, à Saverne, ce qu'il pourrait réunir en pain, lard, sucre et café. Il lui donnait également des ordres pour compléter les approvisionnements de siège de Phalsbourg, pour 3,000 hommes, pendant quatre mois.

(3) Par télégramme du 7 août, 8 h. 40, le Ministre de la guerre

« Les troupes étaient dans de mauvaises conditions, dit le maréchal de Mac-Mahon, pour soutenir immédiatement la lutte contre des troupes victorieuses. Je résolus d'abandonner la défense des Vosges et de regagner le camp de Châlons où je pourrais me réorganiser, recevoir les réservistes qui ne m'avaient pas encore rejoint, et me pourvoir des effets qui me manqueraient (1). »

Cette solution était-elle la plus avantageuse? N'eût-il pas été préférable, peut-être, de se replier vers le Sud sur Molsheim et Strasbourg, le 5ᵉ corps couvrant la retraite sur la Zorn et le canal de la Marne au Rhin, tandis que le reste du 7ᵉ corps serait venu, par voie ferrée, rejoindre le Maréchal? On eût protégé ainsi indirectement la route de Paris; tout au moins la IIIᵉ armée eût-elle été obligée, pour la suivre, de masquer l'armée d'Alsace, au moyen d'un détachement important. Mais l'Empereur approuva le projet du Maréchal, qui concordait avec la détermination qu'il avait prise lui-même, dans la matinée du 7, de porter toutes les troupes de l'armée du Rhin sur le camp de Châlons (2). A 1 h. 10

---

donnait au sous-intendant militaire de Nancy, l'ordre d'expédier dans la journée, au 1ᵉʳ corps, à Saverne, 12 quintaux de sucre, 10 quintaux de café, 30 quintaux de riz. Ce même fonctionnaire était chargé de porter l'approvisionnement de Marsal à 1000 quintaux de farine au minimum et de constituer, dans cette place, l'approvisionnement de combustible pour 3,000 hommes, pendant deux mois.

(1) *Souvenirs inédits du maréchal de Mac-Mahon*, 7 août.

Le Maréchal demanda au Ministre l'envoi de 1000 marmites, 60,000 paires de souliers, 30,000 havresacs, 30,000 tentes-abri, 30,000 paires de guêtres de toile, 30,000 chemises, 8,000 pantalons pour zouaves et tirailleurs.

(2) On a vu précédemment que l'ordre en fut apporté au Maréchal, à Saverne, par le général de Waubert de Genlis, aide de camp de l'Empereur.

Quand, dans la soirée, le grand quartier général français renonça au

du soir, le Maréchal lui fit connaître, par dépêche télégraphique, que l'ennemi avait cessé toute poursuite depuis la veille, 8 heures du soir, et que ce fait pouvait faire croire qu'une partie des troupes prussiennes, engagées contre le 1er corps, le 6 août, avait été dirigée par voie ferrée sur d'autres points.

Le général Soleille avait pensé très judicieusement que la retraite du 1er corps ne s'effectuerait pas sans combats d'arrière-garde contre les têtes de colonne de l'armée ennemie. Aussi, avait-il pris l'initiative de diriger sur le 1er corps, par voie ferrée, toute la partie du grand parc de campagne qui se trouvait en voie de formation à Metz (1) ; il demandait en même temps au général Forgeot, commandant l'artillerie du 1er corps, de lui fournir, par télégramme, l'indication de ce qui lui était nécessaire pour ravitailler complètement en munitions l'armée d'Alsace. Le convoi de munitions, formant un train spécial, partit de Metz le 7 au soir ; la partie sur roues fut débarquée à Blainville (2) le 8 au matin, et dirigée sur Dombasle au moyen d'attelages venus d'Auxonne (3) ; les munitions en caisses blanches arrivèrent à Sarrebourg le même jour, à 11 heures du soir (4).

---

projet de retraite sur le camp de Châlons et adopta la concentration à Metz, une dépêche fut envoyée (9 heures) par le Major général au maréchal de Mac-Mahon et au général de Failly, à l'effet de maintenir les ordres de retraite sur le camp de Châlons, qu'ils avaient déjà reçus.

(1) L'envoi consistait dans le chargement de 12 caissons de 12, 53 caissons de 4, et de 691,200 cartouches modèle 1866.

(2) Le maréchal de Mac-Mahon avait indiqué Lunéville pour le débarquement de la partie sur roues ; mais, de son côté, le grand quartier général avait prescrit d'évacuer cette ville et de tout faire refluer sur Nancy. Le capitaine Anfrye, de l'état-major du général Soleille, prit sur lui de faire débarquer la partie sur roues à Blainville.

(3) Envoyés au 1er corps par les soins du Ministre de la guerre.

(4) Le général Soleille écrivait déjà, le 7, au général directeur de l'artillerie à Paris, de reconstituer à Châlons la portion du grand parc de campagne formée à Metz et envoyée au 1er corps.

Les troupes de l'armée d'Alsace ne purent consacrer toute la journée du 7 au repos. Vers 4 h. 30 de l'après-midi, deux escadrons du 11e chasseurs, envoyés en reconnaissance vers Ingwiller, signalèrent l'approche, par Steinbourg, d'une nombreuse cavalerie ennemie, accompagnée d'artillerie. D'autre part, un grand nuage de poussière semblait indiquer que des troupes nombreuses se dirigeaient vers l'Ouest, par les montagnes (1). Le maréchal de Mac-Mahon, estimant que les troupes du 1er corps ne pourraient tenir à Saverne et redoutant d'être attaqué sur son flanc droit pendant la marche ultérieure, donna l'ordre de continuer le soir même la retraite sur Sarrebourg. Toute l'infanterie du 1er corps devait suivre la voie ferrée, tandis que l'artillerie et les bagages prendraient la route de Phalsbourg, couverts par la brigade de Fontanges et par la brigade de cavalerie de Septeuil, formant arrière-garde. Les têtes de colonne se mirent en marche à 5 h. 1/2 du soir; mais la 3e division du 1er corps, « trompée par une fausse indication d'un officier d'état-major, » prit la direction de Phalsbourg (2).

---

(1) *Souvenirs inédits du maréchal de Mac-Mahon.*

(2) Le maréchal de Mac-Mahon effectua sa retraite de Saverne sur Sarrebourg sans mettre la voie ferrée de Strasbourg à Paris hors de service, par la destruction d'un des tunnels qu'elle traverse. D'après le commandant de Chalus, « le général Le Brettevillois, commandant le génie du 1er corps, proposa au Maréchal de faire sauter les tunnels du chemin de fer entre Saverne et Sarrebourg. Les fourneaux de mine nécessaires étaient prêts depuis longtemps. Le Maréchal ne voulut pas qu'il fût procédé à cette destruction, en vue de retours offensifs, dont l'état actuel des circonstances ne lui enlevait pas encore l'espoir. Quelques jours plus tard, le Ministre de la guerre ordonna de faire sauter les tunnels; mais la chose n'était plus possible..... » (*Wissembourg, — Fræschwiller*, page 165, Paris, Dumaine, 1882).

Sur la proposition de la Compagnie des chemins de fer de l'Est (18 juillet 1870), des fourneaux de mine avaient été préparés, en effet, dans les tunnels et dans les grandes tranchées que le chemin de fer de

5ᵉ *corps*. — Parti de Bitche le 6 août, à 9 heures du soir, le 5ᵉ corps (moins la division Guyot de Lespart et la brigade mixte Lapasset) avait pris l'itinéraire : Lemberg, Gœtzenbrück, Wimmenau, le Moosthal, Erckartswiller, et, après une marche de nuit, avait atteint La Petite-Pierre le 7, la tête de colonne à 9 heures du matin, les derniers éléments vers 3 heures de l'après-midi (1). Les bivouacs furent établis au Nord du fort. Le général de Failly, « reconnaissant l'impossibilité d'y faire séjourner plus d'un jour ses 20,000 hommes épuisés par une marche de nuit de 30 kilomètres en montagnes, donne l'ordre qu'on partira le lendemain matin, à 4 heures, pour Phalsbourg (2) ». Un télégramme de l'Empereur lui prescrivait d'ailleurs de se replier sur Nancy et, d'autre part, le maréchal de Mac-Mahon l'avait informé, à 5 h. 50 du matin (3), de l'issue de la bataille de Frœschwiller et de la direction de sa retraite. Vers 7 h. 50 du soir, une dépêche du Major général lui apprenait que, par ordre de l'Empereur, le 5ᵉ corps devait se replier sur le camp de Châlons (4). Un second télégramme du Major gé-

---

Strasbourg à Paris utilisé pour la traversée des Vosges. « Lorsque parvint à Paris la nouvelle de la perte de la bataille de Frœschwiller, on ne comprit pas la gravité de cet échec; on supposa que les corps d'armée de Mac-Mahon et de Failly se reformeraient sur le versant oriental des Vosges..... et on ne donna aucun ordre relatif aux souterrains du chemin de fer. Les représentants locaux de l'autorité militaire n'osèrent rien prendre sur eux, et deux ou trois jours furent ainsi perdus. Lorsqu'enfin on se décida, à Paris, à donner des ordres de destruction des ouvrages, il était trop tard..... » (Jacqmin. *Les chemins de fer pendant la guerre de* 1870-1871, page 316, Paris, Hachette, 1872).

(1) L'allongement de la colonne avait été considérable sur les chemins étroits et accidentés qu'elle avait suivis.

(2) Journal de marche du 5ᵉ corps.

(3) Le télégramme ne parvint au général de Failly que dans l'après-midi. Le maréchal de Mac-Mahon l'avait adressé à Bitche.

(4) Une première dépêche, prescrivant la retraite sur le camp de Châlons n'était pas parvenue au général de Failly.

néral, arrivé peu après, faisait connaître au général de Failly que l'Empereur réunissait l'armée sous les ordres du maréchal de Mac-Mahon « en arrière de la Marne ».

Dans la soirée du 6, la brigade Abbatucci, de la division de Lespart, se repliant de Niederbronn sur Bitche, avait reçu l'ordre de gagner d'abord Lemberg en passant par Mouterhausen, puis de se diriger sur Phalsbourg. Elle atteignit cette place le 7 au soir, par des chemins forestiers, après avoir effectué ainsi une marche de 100 kilomètres en 36 heures.

7e corps. — Le général Douay, commandant le 7e corps, avait appris à Mulhouse, dans la nuit du 6 au 7 août, la défaite du 1er corps. Le 7, à 5 h. 30 du matin, l'Empereur lui adressa une dépêche ainsi conçue :

« Si vous le pouvez, envoyez une division à Strasbourg pour défendre la place. Gardez les autres à Belfort. »

L'Empereur ignorait donc que la division Conseil-Dumesnil avait été envoyée, le 5 août, au maréchal de Mac-Mahon et que la division Dumont était encore en formation à Lyon. Le général Douay devait-il diriger la division Liébert sur Strasbourg, conformément à l'ordre de l'Empereur? Le mouvement lui parut sans doute hasardé et il prit la résolution de se replier de Mulhouse sur Belfort (1). La marche devait être exécutée sur deux colonnes : le 8e lanciers, la 1re brigade de la division Liébert et l'artillerie divisionnaire suivant la route de Brunstatt, Illfurth, Altkirch; le 4e lanciers, la 2e brigade, la réserve d'artillerie, les bagages prenant l'itiné-

---

(1) « Quant à nous, nous n'avions pas à hésiter : rentrer immédiatement à Belfort avec notre unique division, et y prendre toutes les dispositions de défense que la situation commandait, tel était le plan qui s'imposait. On l'exécuta sans retard. » (Prince Bibesco. *Belfort, Reims, Sedan. Le 7e corps de l'armée du Rhin*, page 28).

raire Modenheim, Dannemarie. Mais, « par suite d'erreurs dans la mise en marche des diverses colonnes », toutes les troupes vinrent s'accumuler sur la route d'Altkirch (1) et campèrent : la 2ᵉ brigade, l'artillerie divisionnaire et de réserve près de cette localité; la 1ʳᵉ brigade à Dannemarie. Une reconnaissance avait eu lieu, pendant ce temps, sur Bartenheim et Huningue, exécutée par le 4ᵉ régiment de hussards, sous la direction du général Cambriel. Il lui était prescrit de rallier le 7ᵉ corps, le lendemain, 8 août.

Le général Douay avait pris les devants pour étudier, à Altkirch, les dispositions à prendre dans le cas où l'ennemi aurait franchi le Rhin à Huningue et marcherait sur Belfort. Une alerte, déterminée par cette nouvelle, non fondée d'ailleurs, se produisit vers 9 h. 30 du soir; les troupes prirent leurs positions de combat.

II. — Armée de Lorraine.

2ᵉ corps. — Parti de Sarreguemines dans la matinée du 7, le 2ᵉ corps s'était dirigé sur Puttelange (2) où il établit ses bivouacs entre 11 heures du matin et 4 heures de l'après-midi. La brigade mixte Lapasset, du 5ᵉ corps, avait suivi le mouvement du 2ᵉ, et lui avait servi d'arrière-garde, jusqu'à Ernestwiller où elle avait pris

---

(1) « Les ordres de marche, donnés avec trop de précipitation, furent mal exécutés : les troupes se trouvèrent toutes massées près du pont du canal, n'ayant d'autre débouché qu'un passage de cinq mètres. En vain le général Renson, chef de l'état-major général, se porta de sa personne au point de départ, faisant des efforts inouïs pour débrouiller ce chaos. Les régiments se confondirent dans les routes qu'ils devaient suivre; le défilé d'une seule division dura trois heures..... » (*Histoire de l'armée de Châlons*, par un volontaire de l'armée du Rhin, page 37).

(2) Les divisions se succédant dans l'ordre : 1ʳᵉ, 3ᵉ, 2ᵉ.

position. La division Montaudon, du 3ᵉ corps, se trouvait déjà installée à Puttelange, depuis 10 heures du matin, et la division Metman vint y camper également dans la journée (1). Le général Frossard expédia, dès son arrivée, la dépêche suivante au maréchal Bazaine :

« Je suis à Puttelange ; tout le 2ᵉ corps va y être réuni dans quelques heures ; il y arrive par fractions. Toute mon artillerie et ma cavalerie y sont déjà. Je vais grouper et remettre en ordre les divisions. Je trouve la division Montaudon établie ici ; elle y augmentera l'encombrement. Ne croirez-vous pas préférable de la porter en avant ?

« Si j'avais eu votre soutien deux ou trois heures plus tôt, je n'aurais pas quitté Forbach ; j'ai été tourné par Wehrden. »

Dans la soirée, le général Frossard fut informé par le capitaine Vosseur, de l'état-major général, du projet de l'Empereur relatif à la retraite de l'armée de Lorraine sur Châlons, après un premier ralliement sous Metz. Le Major général demandait en même temps au commandant du 2ᵉ corps de lui indiquer « approximativement la direction qu'il se proposait de suivre », et le maréchal Bazaine, l'avisant de la marche sur Metz des 3ᵉ et 4ᵉ corps, sans spécifier d'ailleurs leurs itinéraires, lui posait une question analogue. Ce mouvement d'ensemble eût dû être réglé, soit par le maréchal Bazaine, commandant supérieur des trois corps d'armée, soit, à son défaut, par le grand quartier général. Le général Frossard répondit qu'il commencerait également, le lendemain 8 août, sa marche sur Metz, par la route dite de Nancy à Sarreguemines et qu'il transférerait,

---

(1) Voir, pour ces deux divisions, le paragraphe : 3ᵉ corps, pages 29 et 30.

à cette date, son quartier général à Gros-Tenquin (1).

L'ordre de mouvement du 2ᵉ corps, pour la journée du 8 août, est résumé dans le tableau ci-après :

UNITÉS DANS L'ORDRE DE MARCHE.	HEURES DE DÉPART de Puttelange.	POINT DE STATIONNEMENT.
	matin.	
Artillerie de réserve..............	3 h. 00	Altroff.
1ʳᵉ division.....................	3 h. 30	Gros-Tenquin.
2ᵉ —	4 h. 00	Leinstroff.
3ᵉ —	4 h. 30	Erstroff.
Division de cavalerie..............	5 h. 00	Altroff.
Brigade Lapasset (arrière-garde).....	6 h. 00	A l'Ouest d'Hellimer.

L'artillerie de réserve, les divisions et la brigade Lapasset devaient se faire précéder chacune de leurs bagages, les voitures en formation doublée ; marcher « militairement » ; s'établir au campement « suivant toutes les règles en se gardant et s'éclairant du côté où l'ennemi peut venir ». Cet ordre de mouvement appelle quelques commentaires. Il eût été judicieux : de grouper tous les bagages en une colonne séparée qui aurait pris les devants, sous escortes ; d'échelonner plus largement les heures de départ ; d'intercaler l'artillerie de réserve dans la 3ᵉ division (de Laveaucoupet) et de placer la division de cavalerie à l'extrême arrière-garde, avec un

---

(1) Le maréchal Bazaine approuva ces dispositions.

Le maréchal Bazaine au général Frossard.

Saint-Avold, 7 août.

J'approuve parfaitement la route que vous voulez suivre et, dès demain matin, je me mets en route pour satisfaire aux instructions de Sa Majesté.

J'aurai mon quartier général demain soir à Faulquemont.

escadron sur chacun des flancs de la colonne ; de prévoir, en raison de la marche du 9, le stationnement en profondeur ; de ne pas laisser le bivouac de l'artillerie de réserve sans autre protection que des troupes à cheval ; de prescrire, enfin, à la brigade Lapasset d'établir des avant-postes bordant le ruisseau de Zellen (1).

3ᵉ *corps*. — La division Montaudon, qui était restée jusqu'à 1 h. 30 du matin sur les hauteurs au Sud-Est de Bousbach, se replia ensuite sur Woustwiller pour appuyer la gauche du 2ᵉ corps (2) puis sur Puttelange où elle établit ses bivouacs à 10 heures du matin (3).

La division Castagny, qui avait quitté sa position de Folckling à 1 h. 30 du matin, était revenue à son camp de la veille, à Puttelange, à 4 heures. L'intention du général était de se mettre en route à 9 heures sur Sarreguemines, où il avait appris que se dirigeait le 2ᵉ corps ; mais, sur l'ordre du maréchal Bazaine, il se porta, à

---

(1) Le directeur du parc du 2ᵉ corps, qui se trouvait à Lunéville, avait rendu compte au général commandant l'artillerie de ce corps d'armée de l'évacuation de Lunéville par les divisions de la réserve de cavalerie. Il demandait en même temps des instructions. Aucune réponse ne lui étant parvenue, il s'adressa, le 7 août, à 4 heures du soir, au général Soleille. Celui-ci lui prescrivit de diriger sur Metz tout le reste du parc du 2ᵉ corps (parties attelée et non attelée). Cette mesure n'était pas opportune à la suite d'une journée de combat. Il eût été préférable d'envoyer au 2ᵉ corps toute la partie attelée, de façon à commencer le ravitaillement, que l'on aurait complété ultérieurement, par des apports de la voie ferrée de Metz à Saint-Avold.

(2) Rapport du général Montaudon sur la journée du 6 août.

(3) Le maréchal Bazaine avait chargé le général de Castagny de prévenir la division Montaudon de prendre position à Guebenhausen, jusqu'à l'arrivée d'une division du 2ᵉ corps. Il ne semble pas que cette communication soit parvenue à temps à la 1ʳᵉ division du 3ᵉ corps, car, ni le Journal de marche, ni les *Souvenirs du général Montaudon* n'en font mention. Une dépêche du général de Castagny au maréchal Bazaine (3 h. 30 du matin) mentionne cependant que la division Montaudon « est en position à Guebenhausen ».

8 heures, sur Marienthal où la division « prit une position défensive » (1) puis sur le plateau de Guenwiller où elle établit son camp, à 5 h. 30 du soir.

La division de cavalerie de Forton prit également « position » à Marienthal et revint, le soir, à son bivouac de Folschwiller.

La division Metman, partie d'Œting à 4 heures du matin, s'était portée, par des chemins de traverse, sur Puttelange, où elle était arrivée vers midi.

La division Decaen resta sur ses positions de la veille à Saint-Avold ; il en fut de même de la division de cavalerie de Clérembault (2) et des réserves d'artillerie et du génie. La brigade de dragons de Juniac (3), partie de Morsbach à 1 heure du matin, était arrivée à Puttelange à 5 heures, et forma son camp près de cette localité.

Le maréchal Bazaine, après son entretien, à Saint-Avold, avec le Major général, écrivit de sa main ses instructions pour la marche en retraite sur Metz. Elles sont résumées dans le tableau ci-après :

---

(1) Ainsi s'exprime le Journal de marche de la division Castagny, sans donner les raisons de ce mouvement et sans indiquer dans quelle direction les troupes firent face.

(2) Le Journal de marche de cette division ne mentionne l'envoi d'aucune reconnaissance sur Forbach dans la journée du 7. Le maréchal Bazaine, en sa qualité de commandant supérieur des 2e, 3e et 4e corps, avait pourtant le plus grand intérêt à être renseigné sur les mouvements des troupes ennemies qui avaient combattu à Forbach la veille.

(3) 3º de la division de cavalerie de Clérembault.

UNITÉS dans L'ORDRE DE MARCHE	POINT DE DÉPART.	HEURES DE DÉPART.	ITINÉRAIRE.	STATIONNEMENT.	OBSERVATIONS.
Colonne du Nord.					
Garde	Longeville-les-St-Avold	3 heures du matin.	Marange, Bionville, Courcelles-Chaussy.	Rive gauche de la Nied française.	Le 8 à Metz.
Division Castagny du 3e corps.	Guenwiller	4 heures du matin.	Id	Bionville (r. g. de la Nied allemande).	
Réserves d'artillerie et du génie.	St-Avold	?	?	?	
Division Grenier (1) du 3e corps.	Id	5 heures du matin.	Id	Non fixé.	
Division Decaen du 4e corps.	Id	Non fixée.	Id	Id	Arrière-garde.
Division de cavalerie du 3e corps avec une batterie à cheval.	Id	Id	Id	Id.	Extrême arrière-garde.
Colonne du Sud.					
Division Metman du 3e corps.	Puttelange	3 heures du matin.	Barst, Faulquemont.	Faulquemont	
Division Montaudon du 3e corps.	Id	4 heures du matin.	Id	Id.	

(1) Réunie momentanément au 3e corps par ordre du Major général. (Voir plus loin page 33.)

Les instructions recommandaient aux troupes de marcher autant que possible par demi-peloton, « pour faciliter les à droite et à gauche en bataille »; les voitures sur deux files.

« On devra bien se faire éclairer, écrivait le maréchal Bazaine, se flanquer, fouiller la lisière des bois; quand ce sera nécessaire, prendre position; puis, dans le cas d'une attaque face à droite, la colonne de la route impériale (ou colonne de droite) se formera rapidement à droite en bataille, faisant occuper les positions militaires en avant de son front, etc....; la deuxième colonne (celle de gauche), se portant par des chemins latéraux derrière la première, afin de former une deuxième ligne. » Si l'attaque venait de gauche, on y ferait face par un procédé analogue. Il était recommandé enfin, à la cavalerie légère attachée aux divisions de se tenir, au loin, sur le flanc extérieur des colonnes.

Les instructions du maréchal Bazaine appellent quelques commentaires. Elles accumulaient cinq divisions d'infanterie, deux divisions de cavalerie, les réserves d'artillerie et du génie du 3ᵉ corps sur la route de Sarrebrück à Metz et n'utilisaient l'itinéraire Puttelange, Barst, Faulquemont que pour deux divisions, sans prescrire d'ailleurs aucune mesure pour la liaison des colonnes. Elles ne prévoyaient pas le stationnement en profondeur à l'issue de la marche du 8 août et plaçaient, de ce fait, les unités dans des conditions défectueuses pour la marche du 9 (1). La distance que devait garder la division Decaen, arrière-garde de la colonne du Nord, restait indéterminée. La réserve d'artillerie du 3ᵉ corps avait sa place désignée avec cette division, tout au moins avec la division Grenier; de même, la division de cavalerie de la Garde, au lieu de marcher presque en tête de colonne, devait logiquement être réunie à la division de cavalerie du 3ᵉ corps. L'heure de départ de la division Grenier était erronée, car la division Castagny, partie de Guenwiller à 4 heures, ne pouvait atteindre Saint-Avold que vers 6 heures et, comme elle devait précéder la division Grenier, il était impossible que celle-ci se mît en marche à 5 heures.

---

(1) L'ordre de mouvement adressé à la 3ᵉ division semble avoir pressenti les inconvénients du stationnement groupé. Il prescrit en effet à la division Metman de venir s'établir, le 7 août dans la soirée, « entre Puttelange et Barst, afin de précéder demain la division Montaudon dans la marche sur Faulquemont ». Mais il n'en laissait pas moins subsister le stationnement, pour le 8, des deux divisions groupées à Faulquemont.

La place, dans la colonne du Nord, du quartier général du 3ᵉ corps n'est pas indiquée, pas plus que son emplacement dans la soirée du 8 août (1). Le mouvement des convois n'est pas prévu ; celui du parc d'artillerie fut réglé, d'une façon peu précise, par un ordre ultérieur prescrivant à cet élément de « continuer la route de Faulquemont jusqu'à Pange en passant par Mainvillers et prenant, à partir de là, l'ancien chemin des Romains » pour s'établir à Pange, sur la rive gauche de la Nied française.

A 9 h. 55 du soir, le Major général adressa au maréchal Bazaine un télégramme où il le prévenait que, d'après quelques renseignements qui lui étaient parvenus, une attaque était possible pour la journée du 8. D'autre part, le capitaine Delauzon, du 3ᵉ régiment de chasseurs, envoyé en reconnaissance sur la route de Saint-Avold, rendait compte d'informations inexactes qu'il avait recueillies et dont il résultait qu'un corps prussien se trouvait à Théding.

4ᵉ corps. — Conformément à l'ordre télégraphique qu'il avait reçu directement de l'Empereur, vers 5 h. 30 du matin (2), le 4ᵉ corps, au lieu de se porter sur Saint-Avold, prend sa direction générale au Sud-Ouest, vers Metz. La 2ᵉ division, seule, se porte de Boucheporn sur Saint-Avold, où, par ordre du Major général, présent sur les lieux, elle est rattachée provisoirement au 3ᵉ corps, jusqu'à la concentration sous Metz (3). Le maréchal

---

(1) Une lettre du maréchal Bazaine au Major général (9 h. 35 soir), apprend que le quartier général du 3ᵉ corps devait être transféré à Faulquemont.

(2) L'heure d'arrivée de l'ordre ne peut être fixée exactement. On sait seulement que le général de Ladmirault en accuse réception au Major général, à 5 h. 46 du matin.

(3) Dans un télégramme à l'Empereur (Saint-Avold, 9 h. 30 du

Bazaine lui fait prendre immédiatement une position défensive sur les hauteurs dominant le village de Petit-Eberswiller.

La 1re division se porte de Teterchen sur Boulay par Valmunster, Bettange et Éblange « pour ne pas encombrer la route que doit suivre la 3e division » (1). Celle-ci partant de Coume à midi, se porte sur Helstroff. Il eût été facile, semble-t-il, d'éviter à la 1re division le détour par Valmunster ; il suffisait de lui prescrire de rompre de Teterchen à 8 heures du matin (2), sans rien changer à l'heure de départ réelle de la 3e division.

Les réserves d'artillerie et du génie et la division de cavalerie Legrand restent à Boulay ; le grand convoi du quartier général est envoyé à Noisseville.

On ne s'explique pas bien les faibles étapes parcourues, le 7, par les 1re et 3e divisions du 4e corps. L'ordre de l'Empereur était de « se rabattre rapidement sur Metz » et, néanmoins, le général de Ladmirault estimait, dans une dépêche au Major général (5 h. 46 du matin), qu'il arriverait à Metz en trois jours, au lieu de deux qui suffisaient largement. Peut-être ne voulut-il pas accélérer le mouvement, conformément aux instructions du maréchal Bazaine, pour continuer à couvrir l'armée contre un débouché éventuel de l'ennemi par Sarrelouis. Quoi qu'il en soit, cette considération cessa vraisemblablement d'être valable dans la soirée, car les troupes du 4e corps se portèrent, dans la nuit du 7 au 8 août, de Boulay sur les Étangs et Pont-à-Chaussy (3). Ce surcroît

---

matin), le Major général rendait compte de la décision qu'il avait prise. Il considérait la division Grenier comme indispensable au mouvement du 3e corps, « réduit à trois régiments présents pour le moment ».

(1) Journal de marche du 4e corps.

(2) En tenant compte du temps nécessaire (1 h. 30) à la transmission du contre-ordre, de Boulay à Teterchen, et en évaluant à une heure le temps nécessaire à la 1re division pour se mettre en marche.

(3) Voir, pour le détail de cette marche, la journée du 8 août.

de fatigue aurait pu leur être épargné en exécutant dans la journée une marche normale, la distance de Teterchen aux Étangs n'étant pas supérieure à 22 kilomètres.

Garde. — Le mouvement de la garde de Courcelles-Chaussy sur Saint-Avold s'était effectué de la manière suivante :

La division de cavalerie qui, dans la soirée du 6 août, était allée stationner à Marange, en part le 7, à 3 heures du matin, établit un nouveau bivouac à Zimming, après une marche de 4 kilomètres environ, laisse passer devant elle les deux divisions d'infanterie, puis se remet en mouvement, vers midi, sur Longeville. Les documents ne permettent pas de se rendre compte des motifs qui ont conduit à cette manière d'opérer irrationnelle.

La division Deligny, suivie de la réserve d'artillerie, part de Courcelles à 4 h. 30 du matin ; la division Picard à 6 h. 30 ; la colonne, dite du quartier-général (1), à 8 h. 30. Les bivouacs des trois divisions sont établis entre 11 heures et 3 heures de l'après-midi à l'Ouest de Longeville-les-Saint-Avold.

Les ordres donnés à la garde pour le 8, conformément aux instructions du maréchal Bazaine, prescrivaient :

A la division de cavalerie de se mettre en route à 3 heures du matin et de se diriger par Marange et Fouligny sur Courcelles-Chaussy. Le régiment de chasseurs devait être détaché à la division de voltigeurs pour la flanquer sur la droite et faire l'extrême arrière-garde (2) ;

---

(1) Parcs d'artillerie et du génie, bagages du quartier général, convoi de l'administration, escortés par deux bataillons du 3e grenadiers et placés sous les ordres du général Pé de Arros, commandant l'artillerie de la Garde.

(2) On observera que c'était là une mesure bien inutile, la Garde étant suivie d'autres troupes d'infanterie.

Aux divisions Picard et Deligny, celle-ci suivie de l'artillerie de réserve, de rompre respectivement à 3 h. 45 et 4 h. 30 du matin et de prendre le même itinéraire, en marchant « par section à distance entière, de manière à pouvoir s'établir en bataille le cas échéant (1). » En cas d'attaque, chaque général de division devait faire sortir un régiment entier de sa colonne et le placer « en arrière de sa ligne de bataille, de manière à former une deuxième ligne qui servira de réserve... Aussitôt que possible, on gagnerait un point favorable pour livrer le combat qui s'offrirait... Le général Desvaux se porterait tout de suite sur un terrain propre à la charge et en échelons derrière l'infanterie qui se serait formée en bataille (2) ».

Ces prescriptions, conséquence des instructions du maréchal Bazaine, montrent, une fois de plus, ce qu'étaient, en matière de tactique, les errements alors en vigueur dans l'armée française.

Le parc d'artillerie, le train des équipages, toutes les voitures de réquisition, les voitures de bagages régimentaires furent renvoyés, dans la journée même, sur Pange par Fouligny, sous les ordres du colonel de Vassoigne, directeur du parc.

Les marches et contremarches de la Garde, dans les journées des 4, 5, 6, 7 août, peuvent être considérées comme un exemple caractéristique de l'absence de tout plan méthodique au grand quartier général de l'armée du Rhin. Le 4 août, elle se porte de Metz à Volmerange ; le 5, après un premier ordre de rétrograder sur Metz, elle est dirigée sur Courcelles-Chaussy ; le 6, elle est

---

(1) Ordre de mouvement de la Garde pour le 8 août. C'est cette préoccupation de pouvoir se former en bataille rapidement, le cas échéant, qui semble avoir été primordiale ; celle de diminuer la longueur de la colonne ne venant sans doute qu'en seconde ligne.

(2) Ordre de mouvement pour le 8 août.

appelée à Saint-Avold, pour être renvoyée à Metz à peine arrivée. Ces mouvements, mal préparés et dont l'opportunité n'apparaît pas toujours clairement, s'exécutaient au prix de fatigues et de privations sérieuses et étaient faits pour démoraliser toute troupe moins bien trempée que ne l'était ce corps d'élite (1).

III. — Renseignements et Opérations de la cavalerie.

Les documents ne contiennent pas, pour la journée du 7 août, de bulletin de renseignements du grand quartier général français. De fait, les informations reçues sont peu nombreuses. « L'ennemi, écrit le Major général au maréchal Bazaine, paraît se concentrer en attendant des renforts qui sont en marche ». D'après un journal allemand, reproduisant des rapports officiels, la bataille de Forbach aurait été livrée par les *13e*, *14e* et *16e* divisions prussiennes, la *13e* ayant débouché par Völklingen et la vallée de la Rosselle.

Les nouvelles de la Haute-Alsace semblent prendre un caractère plus grave. De Saint-Louis, on signale l'arrivée, dans la soirée du 6, à Lörrach, de nouvelles troupes allemandes en nombre inconnu ; de Bâle, on annonce que « toute la ligne des bords du Rhin est pleine de Würtembergeois et de Badois » ; un train, venant de Fribourg, aurait débarqué la veille 500 hommes à Rheinweiler. « 80,000 à 100,000 hommes doivent entrer en France, on croit entre Mulhouse et Huningue », dit un rapport d'espion. D'autre part, le sous-préfet de Saverne transmet un télégramme du maire de Marckolsheim faisant connaître l'arrivée de troupes prussiennes au

---

(1) « Nous avons mis 10 heures pour faire 26 kilomètres... » (4 août). « A 4 heures du soir, le 1er grenadiers, qui attend depuis 3 heures du matin, s'ébranle et reprend la route de Metz... » (5 août). (Journal d'un lieutenant au 1er régiment de grenadiers de la Garde impériale.)

Sponeck ; d'après une autre dépêche du sous-préfet de Schlestadt, une armée, venant de Francfort, remonterait la rive droite du Rhin pour franchir le fleuve au Sponeck, à Rhinau, Schœnau, Ottenheim ; enfin, dans la nuit du 7 au 8, il fait connaître au Major général que cette armée effectue son passage à hauteur du Limbourg (1). Toutes ces nouvelles étaient inexactes.

Le maréchal de Moltke semble ne pas avoir été beaucoup mieux renseigné, dans la journée du 7 août, que le grand quartier général de l'armée du Rhin. A 3 h. 30 du matin, il sait que la IIIe armée a remporté, le 6, une victoire sur le maréchal de Mac-Mahon « et une partie des corps Canrobert et de Failly (2) », mais « les données les plus importantes manquent (3) ». Il ignore même où a eu lieu la lutte et la direction dans laquelle s'est retiré l'ennemi (4). Vers 8 h. 15 du matin, le maréchal de Moltke apprend que la bataille, livrée en Alsace par le Prince royal, s'est déroulée à Wœrth, mais il pense que « Mac-Mahon s'est retiré sur Bitche où il pourrait arriver aujourd'hui (5) ». Il en conclut que la cavalerie et l'aile gauche de la IIe armée pourraient peut-être atteindre, le 8, le 1er corps français vers Rohrbach, dans le cas où il se dirigerait sur Sarreguemines (6).

« Jusqu'ici, écrit-il à 9 h. 30 du matin, au général de Blumenthal, on n'a que des conjectures au sujet de l'emploi que l'adversaire compte faire de ses masses

---

(1) Au point même où se trouve actuellement le pont de bateaux qui réunit Marckolsheim à la rive badoise.
(2) *Correspondance militaire du maréchal de Moltke*, tome I, n° 116. Au commandant de la Ire armée.
(3) *Ibid.*, n° 118. Au commandant de la IIIe armée.
(4) *Ibid.*
(5) *Ibid.*, n° 117. Au commandant de la IIe armée.
(6) *Ibid.*, n° 119. Au général-lieutenant de Blumenthal (chef d'état-major général de la IIIe armée).

principales..... Autant qu'on en peut juger, il me semble que les Ire et IIe armées doivent actuellement, non pas se porter vers la Moselle en avant de Metz, mais bien s'avancer d'abord dans la direction du Sud afin d'assurer la jonction avec votre armée. Toutefois, il faut encore être éclairé sur les dispositions prochaines de l'armée principale française. Les troupes ennemies qui se trouvent à Haguenau sont peut-être destinées à la garnison de Strasbourg où il n'y a presque que de la garde mobile..... Le parc de siège est mobilisé aujourd'hui. On peut, dès maintenant, envisager sérieusement le siège de Strasbourg (1) ».

Le maréchal de Moltke estime que la résistance de l'adversaire en Alsace et à Forbach rend très vraisemblable la présence de forces françaises importantes près de la Sarre (2), mais il attend avant d'envoyer « les directives pour le mouvement en avant ultérieur (3) » d'avoir reçu, par les soins de la cavalerie, « des indications certaines sur l'attitude de l'ennemi (4) ». Les divisions de cette arme n'ayant pas encore constaté si les Français se sont repliés de Forbach et Sarreguemines sur Metz ou dans la direction du Sud (5), on se bornera, à la Ire armée, à l'occupation des hauteurs de Spicheren, tandis que les corps de première ligne de la IIe armée marqueront un temps d'arrêt.

« L'on n'était pas encore complètement fixé sur la conduite de l'ennemi après les batailles de Wœrth et de Spicheren, et....., par suite, les décisions ultérieures se trouvaient ainsi subordonnées aux renseigne-

---

(1) *Correspondance militaire du maréchal de Moltke*, tome I, n° 119. Au général-lieutenant de Blumenthal.
(2) *Ibid.*, n° 116. Au commandant de la Ire armée.
(3) *Ibid.*, n° 120. *Ibid.*
(4) *Ibid.*
(5) *Ibid.*, n° 121. Au commandant de la IIe armée.

ments que fournirait la cavalerie sur la situation de la principale armée française (1) ».

Le maréchal de Moltke ne veut donc point remettre les Ire et IIe armées en mouvement avant d'être renseigné par sa cavalerie, et cela au lendemain de deux victoires. La doctrine de l'offensive stratégique, ainsi subordonnée à l'exploration de la cavalerie et se traînant, pour ainsi dire, « à la remorque des informations (2) », ne laisse pas que d'être très contestable; elle conduit un chef à faire reposer ses conceptions sur des données qui peuvent n'être plus exactes au moment où elles lui parviennent et à se régler exclusivement sur les mouvements de l'adversaire, au lieu de viser à lui imposer ses volontés.

« L'offensive s'exécute autrement que par l'exploration stratégique; elle relève d'un plan préconçu, fondé sur les possibilités et le caractère de l'adversaire; elle exige un dispositif souple et susceptible de faire face dans toutes les directions. Son type nous paraîtra toujours le *bataillon carré* de la Grande Armée; ses vues, celles qui portèrent d'un vol continu l'aigle impériale à Schleiz, à Géra, à Naumbourg, pour la rabattre sur Iéna (3) ».

Les opérations de la cavalerie allemande, dans la journée du 7 août, aussi bien en Alsace qu'en Lorraine, n'étaient pas faites, d'ailleurs, pour dissiper promptement les incertitudes du grand quartier général.

Dans la soirée du 6 août, le général de Steinmetz disposait sur le champ de bataille de Forbach, pour la

---

(1) *Historique du Grand Etat-Major prussien*, 4e livraison, page 403.
(2) G. G. *Essais de critique militaire*, page 177.
(3) *Ibid.*

poursuite du 2e corps, du *19*e dragons, des *11*e et *17*e hussards (*5*e division de cavalerie), du *6*e cuirassiers (*6*e division de cavalerie), des *9*e et *15*e hussards (1) et de trois escadrons du *12*e dragons (2). En outre, le reste de la *14*e brigade (3) (Grüter) (*3*e uhlans et trois escadrons du *15*e), toute la *15*e brigade et les escadrons du *12*e dragons et du *15*e uhlans détachés vers Sarreguemines, n'étaient pas à plus de 15 kilomètres du champ de bataille, en mesure d'agir contre le flanc droit de l'adversaire. On a vu que la cavalerie allemande était restée à peu près inactive après la bataille (4).

Sur l'ordre du commandant de la IIe armée, la *6*e division de cavalerie fut concentrée au sud de Sarrebrück (5) avec mission de « conserver, quoi qu'il arrive, le contact de l'ennemi et de pousser de l'avant le plus loin possible (6) ». La brigade Grüter arriva sur le terrain de manœuvres le 7, à 4 heures du matin (7); la brigade Rauch, avec la batterie à cheval à 6 heures (8). Bien que le grand-duc de Mecklembourg (9) n'eût reçu aucune instruction du général de Steinmetz, il se décida, sur les instances de son officier d'état-major, le major de Schönfels, à diriger sur Forbach, en reconnaissance,

---

(1) Affectés respectivement aux *16*e et *14*e divisions d'infanterie.
(2) Affecté à la *5*e division d'infanterie.
(3) *6*e division de cavalerie.
(4) Voir 7e fascicule, pages 162 et suiv.
(5) La *6*e division de cavalerie passait ainsi à l'aile droite et, par suite de ce mouvement, la séparation de la *5*e division en deux colonnes cessait.
(6) Général de Pelet-Narbonne. *La cavalerie des Ire et IIe armées allemandes dans les journées du 7 au 15 août 1870*, page 33.
(7) Le quartier général de la brigade Grüter avait été, dans la nuit du 6 au 7, à Eschringen.
(8) Le quartier général de la brigade Rauch avait été, dans la nuit du 6 au 7, à Wittersheim.
(9) Commandant la *6*e division de cavalerie.

les *3ᵉ* et *15ᵉ* uhlans, sous le commandement du général de Grüter, tandis que la *15ᵉ* brigade et le *6ᵉ* cuirassiers resteraient en réserve.

« Cette mesure ne peut se comprendre. Les régiments de uhlans qui se portaient en avant n'avaient pas besoin de réserve, puisque les troupes de toutes armes, très nombreuses à l'Ouest de Forbach, leur offraient un repli suffisant. La division devait agir concentrée (1). »

La direction donnée à la brigade, sur Forbach, vers une sorte de défilé étroitement resserré entre des hauteurs boisées, n'était pas très heureusement choisie (2). Celle de Spicheren, Etzling, Behren eût été préférable à tous égards.

Le 3ᵉ escadron du *3ᵉ* uhlans, formant avant-garde de la brigade Grüter, s'avança à travers un épais brouillard et fut accueilli à Forbach, à 6 heures, par le feu de soldats français isolés qui avaient passé la nuit à la gare (3). Mais, peu après (6 h. 15), l'avant-garde de la *13ᵉ* division d'infanterie se déployait à l'ouest et au nord du bourg, où elle pénétra, vers 6 h. 45, après un court engagement.

Les Français se replièrent, tandis que l'avant-garde de la *13ᵉ* division prenait position à l'Est, sur le Creutzberg, face à Sarreguemines ; le gros de la colonne s'avançait jusqu'à la gare.

La brigade Grüter, à part l'escadron d'avant-garde, était restée masquée derrière une ondulation de terrain, à l'Est de Forbach, où elle n'entra qu'après l'occupation

---

(1) Général de Pelet-Narbonne. *Loc. cit.*, page 40.

(2) Le *8ᵉ* régiment de hussards, affecté à la *13ᵉ* division d'infanterie, devait avoir constaté qu'aucune colonne importante ne s'était retirée de Forbach sur Saint-Avold.

(3) Peut-être aussi par le feu de fractions prussiennes qui prirent, dans le brouillard, la cavalerie allemande pour de la cavalerie française. (Général de Bernhardi. *Militär-Wochenblatt*, nᵒˢ 71-72.)

de cette localité par l'infanterie de la *13*e division (1). Elle avait été rejointe, entre temps, par le *15*e hussards avec une batterie à cheval et par le *12*e dragons qu'avaient envoyés, chacun pour son compte, en reconnaissance sur Forbach, le commandant du VIIe corps et celui de la *5*e division d'infanterie (2). D'autre part, le général de Grüter avait rendu compte au commandant de la division de la nécessité où il se trouvait de s'arrêter devant Forbach, occupé par l'ennemi. Ce rapport fut transmis au général de Steinmetz qui le reçut vers 7 heures du matin et fit « inviter » le grand-duc de Mecklembourg à « ne pas exciter l'ennemi, parce que la Ire armée ne comptait pas se porter en avant le 7 et qu'il fallait plutôt rassembler, d'abord, et mettre en ordre les troupes mélangées avec celles de la IIe armée (3) ». Cette communication du général de Steinmetz parvint au général de Grüter vers 10 heures.

Cependant, après la prise de Forbach, la cavalerie allemande s'était reportée en avant par Morsbach sur Rosbrück. L'escadron d'avant-garde (2e du *3*e uhlans) attaqua, au delà de Morsbach, le convoi de la division Metman, tandis que la batterie adjointe au *15*e hussards, en position au Sud-Ouest de ce village le canonnait (9 h. 15 environ). Ce convoi de 500 voitures, escorté par un demi-bataillon du 29e de ligne, parvint néanmoins à n'en laisser que trois entre les mains de l'en-

---

(1) Une heure après seulement, d'après le général de Bernhardi.

(2) « C'était là un de ces moments où il eût été indiqué de placer sous les ordres du commandant de la *6*e division tous les régiments de cavalerie divisionnaire qui se trouvaient à portée, en vue d'unifier leur emploi. » (Général de Pelet-Narbonne. *Loc. cit.*, page 41, note 1).

(3) Journal de marche de la *6*e division de cavalerie, cité par le général de Pelet-Narbonne (*loc. cit.*, page 40), qui ajoute : « Si positivement les troupes étaient pêle-mêle, il y avait cependant, entre Forbach et Rosbrück trois lignes de postes l'une derrière l'autre. »

nemi (1). Le 5ᵉ escadron du *3ᵉ* uhlans, envoyé de Morsbach sur la gare de Cocheren, n'avait pu empêcher le départ d'un train qui s'y trouvait formé, mais s'y était emparé de plusieurs voitures et d'approvisionnements. Le feu de fractions du 29ᵉ de ligne, échelonnées le long de la grande route, au Sud-Ouest de Rosbrück, l'empêcha de pousser plus loin, ainsi d'ailleurs que l'escadron d'avant-garde de la brigade Grüter (2). Celle-ci venait d'ailleurs de recevoir du général de Steinmetz « l'invitation » de ne pas exciter l'ennemi et crut devoir s'arrêter (3). Le *12ᵉ* dragons et le *15ᵉ* hussards rejoignirent

---

(1) Voir 8ᵉ fascicule, page 223.

(2) Général de Pelet-Narbonne. — *Verfolgung und Aufklärung der deutschen Reiterei am Tage nach Spicheren*, pages 11 et 12. — Berlin, Mittler, 1901.

Cette brochure est une réponse à une série d'articles publiés par le général de Bernhardi dans le *Militär-Wochenblatt* de 1900 (nᵒˢ 71, 72, 90, 91, 92), et dont le but était : 1° de convaincre le général de Pelet-Narbonne d'une série d'erreurs commises dans la description des opérations de la cavalerie allemande, particulièrement au lendemain de la bataille de Spicheren ; 2° de démontrer que cette cavalerie n'a pas rendu les services qu'on était en droit d'attendre d'elle.

Le général de Bernhardi a répliqué, à son tour, dans le journal *Armee und Marine*, nᵒ du 29 mars 1901, et a maintenu la plupart de ses affirmations premières.

On peut retenir aussi, de ce dernier article, son opinion au sujet des Historiques des régiments allemands qu'il considère comme des sources à consulter avec certaines réserves.

(3) Une longue discussion s'est engagée à ce sujet entre le général de Pelet-Narbonne et le général de Bernhardi. Ce dernier a émis l'opinion que Steinmetz « n'avait aucun ordre à donner au grand duc (de Mecklembourg) » et que, d'ailleurs, il ne lui envoya point un *ordre* mais une *invitation* qui lui laissait toute sa liberté d'action. La distinction est un peu subtile. Le général de Pelet-Narbonne estime que cette « invitation », postérieure à l'ordre du prince Frédéric-Charles de rester au contact, « enchaînait la cavalerie » parce que Steinmetz avait le « commandement supérieur de toutes les troupes présentes sur le champ de bataille ». Il ajoute toutefois : « Le grand-duc pouvait récla-

leurs divisions respectives (1); la brigade Grüter se disposa à établir son bivouac à Morsbach, en se couvrant par le 2ᵉ escadron du *3ᵉ* uhlans qui prit le service d'avant-postes devant Merlebach avec des détachements à Cocheren et Folckling. Des patrouilles du *15ᵉ* uhlans, envoyées sur Carling et sur Farschwiller, trouvèrent ces villages inoccupés, mais signalèrent de fortes masses de troupes aux environs de Saint-Avold (2). Dans l'après-midi, deux bataillons du *55ᵉ* et une batterie du gros de la *13ᵉ* division se portèrent au delà de Morsbach, au soutien de la cavalerie, tandis que l'avant-garde prenait

---

mer, sans doute, et un général von Schmidt l'eût fait assurément, surtout après que l'ennemi eût abandonné Forbach. Mais le grand-duc Guillaume avait malheureusement très peu d'esprit d'entreprise et se résigna facilement à un rôle passif ».

Il n'est pas douteux que le devoir strict de la cavalerie allemande fût de poursuivre et ce n'était guère « exciter l'ennemi » que de rechercher la direction de sa retraite, au moyen de reconnaissances d'officier. Le grand-duc eût donc pu concilier les deux ordres, en apparence contradictoires, de son commandant d'armée et du général de Steinmetz. Le colonel Cardinal de Widdern critique également l'attitude passive de la brigade Grüter (*Die Befehlsführung am Schlachttage von Spicheren*, pages 297 et 298).

Les circonstances atmosphériques ne furent pas sans influence sur les opérations de la cavalerie allemande. Mais si le brouillard devait évidemment ralentir le mouvement des patrouilles, il ne justifie pas l'inaction d'une partie de la 6ᵉ division de cavalerie (11 escadrons sur 20), pas plus que la direction défectueuse assignée à la découverte.

(1) Sur l'ordre du général commandant la 5ᵉ division d'infanterie, dit l'Historique du *12ᵉ* dragons.

(2) Il semble, d'après l'*Historique du Grand État-Major prussien*, que ce dernier renseignement soit parvenu au commandement dans la journée du 7. Il n'en est rien, ainsi que le fait observer le général de Pelet-Narbonne, dans sa seconde brochure (page 21). Le rapport du chef de patrouille est daté du 8 août, 8 h. 10 du matin, sans indication de point de départ. Le journal de marche de la *6ᵉ* division de cavalerie corrobore le fait. Le seul renseignement du 7, relatif à l'occupation de Saint-Avold est celui du lieutenant Stumm du *8ᵉ* hussards.

d'abord position sur la route de Saint-Avold et s'installait ensuite au bivouac, au Sud-Ouest de Forbach.

Pendant la marche de la brigade Grüter sur Forbach, un escadron du *6*ᵉ cuirassiers fut envoyé en reconnaissance sur Etzling. Un autre escadron, le 3ᵉ du *15*ᵉ uhlans, fut poussé, vers 12 h. 30, sur le flanc gauche, pour se mettre en liaison, par Behren, avec la *5*ᵉ division de cavalerie, vers Lixing-Grosbliederstroff. Bien que ces escadrons parcourussent le terrain où s'était effectuée la retraite des divisions Vergé et de Laveaucoupet, ils ne signalèrent rien. Le *8*ᵉ hussards, cavalerie divisionnaire de la *13*ᵉ division, fournit au contraire des renseignements importants. Le 2ᵉ escadron, envoyé dès le 6 par le général de Goltz vers Carlsbrunn, Emmersweiller, pour éclairer le flanc droit, constata le 7, de bonne heure, l'occupation des hauteurs de Betting par des troupes ennemies comprenant de l'artillerie et une forte proportion de cavalerie (1) et apprit la présence à Saint-Avold de forces importantes (2). Une reconnaissance d'officier confirma ce dernier renseignement. Une patrouille du 1ᵉʳ escadron, lancée sur Creutzwald et Ham-sous-Varsberg, signala que 8,000 hommes de toutes armes avaient bivouaqué récemment de ce côté et devaient s'être portés vers le Sud (3). Le 4ᵉ escadron, envoyé dans l'après-midi sur Sarreguemines, rendit compte de l'évacuation de cette ville (4); ce renseigne-

---

(1) D'après le général de Pelet-Narbonne, ce seraient la division Castagny, du 3ᵉ corps, et la division de cavalerie de Forton. L'observation est erronée, ainsi que le démontre le général de Bernhardi : la division Castagny n'est arrivée près de Betting qu'à 5 heures du soir et la division de Forton est restée à Marienthal.

(2) Il fut ensuite rappelé au bivouac de Forbach et perdit ainsi le contact.

(3) Vraisemblablement la division Grenier, du 4ᵉ corps.

(4) La découverte, dans cette direction, n'incombait guère à la cavalerie de la *13*ᵉ division, placée à l'extrême droite.

ment fut confirmé d'ailleurs par deux officiers du 15ᵉ uhlans que le général de Grüter avait dirigés sur Sarreguemines, en exécution d'un ordre pressant du prince Frédéric-Charles (1).

La 5ᵉ division de cavalerie ne contribua pas beaucoup à éclaircir la situation. Au lieu de poursuivre l'ennemi, dès le matin du 7, sur la rive gauche de la Sarre, le général de Rheinbaben s'en éloigna et concentra sa division vers l'aile gauche (2), en passant sur la rive droite de la rivière qu'il aurait forcément à franchir de nouveau le lendemain (3). La *13*ᵉ brigade (Redern) se porta par Brebach sur la ligne Blies-Bolchen, Bliesbrücken ; la *11*ᵉ (Barby) sur le front : Kleinblidersdorf, Blies-Bolchen. Le *13*ᵉ uhlans prit le service d'avant-postes à Auersmacher. Dans l'après-midi, deux reconnaissances d'officier ayant fait connaître que Sarreguemines était évacuée, le prince Frédéric-Charles ordonnait aussitôt son occupation par le *17*ᵉ hussards. Ce régiment y apprenait, très tard dans la soirée (11 h. 30), le mouvement de retraite de l'ennemi sur Puttelange.

La liaison entre les 5ᵉ et 6ᵉ divisions n'avait pu être établie, de sorte que celle-ci n'eut pas, avant la nuit, la moindre connaissance des résultats obtenus devant Sarreguemines par la 5ᵉ. Il en eût été tout autrement si les deux divisions avaient été concentrées en une seule masse, placée sous le commandement unique d'un chef

---

(1) Ils rendirent compte directement de leur mission au commandant de la IIᵉ armée.

(2) Journal de marche de la 5ᵒ division de cavalerie.

(3) « Au point de vue cavalier, cette mesure est inexplicable. Certes, la concentration était désirable, mais nullement urgente, et l'on devait en tout cas chercher à l'obtenir vers l'avant..... La nécessité la plus urgente, c'était de s'attacher à l'ennemi et de chercher à lui faire le plus de mal possible. » (Général de Pelet-Narbonne. *La cavalerie des Iʳᵉ et IIᵉ armées allemandes*, page 44).

énergique. Elles auraient pu ainsi, sans nul doute, obtenir, le 7 août, de grands résultats en débouchant, au point du jour, sur le plateau de Spicheren et en prenant leur direction générale vers Bousbach et Puttelange. Il est possible que le 2ᵉ corps eût été coupé ainsi du reste de l'armée et obligé de se jeter vers le Sud, entraînant avec lui, peut-être, les divisions Metman et Montaudon du 3ᵉ. L'effet moral ainsi produit eût été considérable, autant que le résultat matériel et, de toutes façons, la situation de l'armée française eût été bien déterminée avant midi.

A l'extrême droite, la *3ᵉ* division de cavalerie qui avait passé la nuit du 6 au 7 aux environs Nord de Sarrelouis ne semblait destinée, dans l'esprit du général de Steinmetz, qu'à couvrir le flanc extérieur de la Iʳᵉ armée. Une de ses reconnaissances constata pourtant que « les troupes ennemies signalées hier à Tromborn, se retiraient vers le Sud-Ouest (1) » ; une autre du *8ᵉ* hussards (*13ᵉ* division) aperçut un camp à Boucheporn (2), des forces de toutes armes à l'Ouest de Longeville-les-Saint-Avold (3) et put renseigner ainsi le commandant de la Iʳᵉ armée (4).

A l'extrême gauche, il ne semble pas que rien ait été entrepris le 7, par la brigade Bredow (5ᵉ division de cavalerie), pour retrouver le contact perdu depuis la veille; « aucune tentative ne fut faite pour

---

(1) Probablement la division de Cissey, du 4ᵉ corps.
(2) Division Grenier, du 4ᵉ corps.
(3) Division Grenier et Garde.
(4) Le rapport de cette dernière reconnaissance parvint à la *13ᵉ* division le 7 août, à 9 h. 30; au VIIᵉ corps à midi 30 et, vingt-deux heures seulement plus tard, au grand quartier général.

« Il semble, dit le général de Pelet-Narbonne, qu'il ait été commis une impardonnable bévue par l'un des états-majors intéressés. » (*La cavalerie des Iʳᵉ et IIᵉ armées allemandes*, page 37, note 1).

réparer les fautes commises, ce qui eût été très possible (1) ».

En somme, les renseignements fournis par la cavalerie allemande ne permettaient pas aux quartiers généraux des Ire et IIe armées de se rendre un compte exact de la situation de l'armée ennemie (2). Si la position de son aile gauche aux environs de Saint-Avold était à peu près déterminée, le 7 au soir, grâce à un régiment divisionnaire, le commandement ignorait presque tout, à ce moment, des mouvements que les Français avaient exécutés sur leur front et à leur aile droite (3). Pourtant, tout, de leur part, facilitait les investigations fructueuses de l'adversaire : inertie à peu près complète de leur cavalerie, insuffisance de leur service de sûreté, défectuosités de leurs procédés de stationnement en camps non défilés aux vues.

La médiocrité relative des résultats obtenus tient à plusieurs causes : mauvais emploi des divisions de cavalerie de la part du haut commandement (4), absence totale de poursuite, manque d'unité de direction, défaut de liaison entre les divers groupes, accumulation de reconnaissances sur certains points, découverte nulle

---

(1) Général de Pelet-Narbonne. *Loc. cit.*, page 47.
(2) *Ibid.*, page 49.
(3) Cardinal von Widdern. *Loc. cit.*, pages 298 et 306.
(4) Il est juste de dire que le prince Frédéric-Charles comptait que le général de Rheinbaben se porterait, le 7, à la poursuite de l'adversaire. Dans une lettre du 7, le Prince, faisant part au commandant du IVe corps de la victoire de Forbach, ajoute que « l'aile droite de la 5e division (de cavalerie) et la 6e division, portée en avant dans la nuit, poursuivent l'ennemi..... »

Dans une lettre du même jour, adressée au maréchal de Moltke, le commandant de la IIe armée écrit :

« Quatre brigades de cavalerie de la IIe armée sont aujourd'hui dans cette direction (Spicheren) à la poursuite de l'ennemi..... » (Cardinal von Widdern. *Loc. cit.*, page 304.)

sur d'autres, pertes fréquentes du contact, transmission des renseignements mal assurée (1).

*
* *

Les opérations de la cavalerie de la IIIᵉ armée ne présentaient pas un caractère plus satisfaisant.

La 4ᵉ division de cavalerie n'avait reçu le 6, qu'à 6 heures du soir, l'ordre de venir sur Gunstett où elle était arrivée à 9 h. 30.

Le prince Albrecht y trouva de nouvelles instructions du Prince royal lui prescrivant de poursuivre le 7, dès le point du jour, l'ennemi dans les directions d'Ingwiller et de Bouxwiller, tandis que la cavalerie bavaroise suivrait la route de Bitche et que les Würtembergeois fouilleraient les environs de Zinswiller et d'Uhrwiller. Pour regagner le temps perdu, le Prince prend l'initiative de profiter de la nuit pour se rapprocher des avant-postes. Il porte le gros de sa division à Eberbach, où il lui donne trois heures de repos et pousse le 2ᵉ hussards jusqu'à Gundershoffen. Les résultats de la poursuite des régiments divisionnaires ayant fait supposer à tort que le gros des forces françaises s'était retiré sur Bitche, le prince Albrecht laisse le 2ᵉ hussards continuer sur Ingwiller et porte, au point du jour, sa division sur Niederbronn où elle rencontre la brigade de cuirassiers bava-

---

(1) « J'ai affirmé, dit le général de Bernhardi, que le service de découverte (de la cavalerie allemande) avait été très défectueux. Le 2ᵉ corps français s'est rassemblé, le soir de la bataille de Forbach, sur le Kelsberg et a marché par plusieurs routes le 7, de bon matin, sur Puttelange par Sarreguemines. A Puttelange se sont réunies aussi, dans le courant du 7, les divisions Montaudon et Metman du 3ᵉ corps français, de sorte qu'au total il y avait là cinq divisions. La division Castagny..... qui s'était portée dans la nuit du 6 au 7 sur les hauteurs de Théding, en partit le 7 au matin et se rendit, par Puttelange, à Bening où elle

rois(1). Mais la présence de fantassins français l'empêche de s'engager dans des chemins de montagne, et comme les renseignements recueillis à Niederbronn ne permettent pas de douter qu'une partie au moins des forces ennemies ait battu en retraite sur Saverne, le Prince prend cette direction, accompagné de la brigade de cuirassiers bavarois(2). Dans cette marche, il est précédé par le 2ᵉ hussards qui a environ une heure d'avance et qui trouve bientôt de nombreuses traces du passage des Français : des armes, un canon brisé, des voitures, des isolés dont le nombre va grossissant et qui, embusqués dans les vignes, brûlent leurs dernières cartouches.

A 10 heures du matin, la 4ᵉ division de cavalerie mande d'Ingwiller au commandant en chef « que le gros des forces françaises s'était retiré, par Niederbronn, sur Bitche, mais qu'une notable partie avait pris par Ingwiller (3) ». A 11 heures, elle atteint Bouxwiller et y fait un repos prolongé. A 5 heures du soir, la marche est reprise sur Saverne ; le 2ᵉ hussards, toujours à l'avant-garde, est accueilli à Steinbourg, à 8 heures, par des coups de fusil partant des premières maisons. La batterie bavaroise lance quelques obus sur le village que les isolés s'empressent d'évacuer et près duquel la 4ᵉ division établit son bivouac.

Si l'on considère, d'une part, que l'armée française était épuisée par une lutte inégale, désorganisée par

---

prit position. La division de cavalerie de Forton alla de son côté, le 7, de Folschwiller à Marienthal et envoya de là un escadron seulement en reconnaissance. La cavalerie allemande n'eut aucune connaissance de tous ces mouvements. » (*Armee und Marine*, numéro du 29 mars 1901.)

(1) Partie au point du jour de Lampertsloch et venue par Wœrth.
(2) *Das 2. Leib-Husaren-Regiment nº 2*, page 29. L'effectif total des forces du prince Albrecht s'élevait ainsi à 30 escadrons et 3 batteries.
(3) *Historique du Grand État-Major prussien*, 3ᵉ livraison, page 287.

des pertes considérables, presque entièrement dépourvue de munitions ; si, d'autre part, on examine le terrain et l'on constate que cette armée est acculée aux Vosges, il est impossible de ne pas reconnaître que la cavalerie allemande a perdu, les 6 et 7 août, l'occasion la plus belle qui se soit présentée à une cavalerie. Enfin, si l'on compare cette poursuite, si pauvre en résultats, à celle de la cavalerie française en 1806 (1), il est impossible de la qualifier d'énergique (2).

« La soirée était déjà avancée, quand de nouvelles informations, parvenant au camp de cavalerie, donnent à craindre une menace sérieuse du côté de Saverne (3)... »

Immédiatement, sans contrôler ces renseignements, le prince Albrecht donne l'ordre de lever le bivouac et se reporte en arrière de Bouxwiller, où la 4e division s'établit le 8, à 1 heure du matin. Le contact, momentanément rétabli dans la soirée du 7, était de nouveau perdu.

Les autres reconnaissances de cavalerie prescrites par le commandant de la IIIe armée permettaient de conclure que, dans les directions de l'Ouest et du Nord-Ouest, il n'y avait plus de forces ennemies de quelque importance. De son côté, la brigade de cavalerie badoise La Roche avait occupé Haguenau le 7, à 7 h. 30 du matin,

---

(1) « Sire, écrivait Murat à l'Empereur, le 7 novembre 1806, le combat finit faute de combattants ; la cavalerie n'a plus qu'à rallier la Grande Armée. »

(2) « Il faut qu'un général de cavalerie suive toujours l'ennemi l'épée dans les reins, écrivait Napoléon au maréchal Lannes, le 18 novembre 1805, surtout dans la retraite, et je ne veux pas qu'on ménage les chevaux quand ils peuvent prendre des hommes. »

(3) *Historique du Grand Etat-Major prussien*, 3e livraison, page 288.

Un détachement, envoyé au Sud de Steinbourg pour y couper la voie ferrée, avait essuyé des feux d'infanterie ; il en était de même pour les patrouilles poussées au delà du canal ; on signalait enfin, de Monswiller, plusieurs bataillons français en marche sur Steinbourg.

et, bien qu'elle y eût trouvé un grand nombre de blessés et d'isolés elle constatait qu'une faible partie seulement de l'armée française s'était repliée vers le Sud (1). En somme, en raison du mode d'emploi défectueux de la 4ᵉ division de cavalerie, le 6 août, et de la mollesse de la poursuite après la bataille de Frœschwiller, le quartier général de la IIIᵉ armée n'était nullement fixé sur le degré de démoralisation de l'armée française et sur la direction exacte qu'elle avait suivie (2). Il inclinait cependant à croire que le maréchal de Mac-Mahon s'était retiré sur Bitche « pour rejoindre la masse principale de l'armée impériale (3) ».

IV. — Mouvements des armées allemandes.

Les mouvements des armées allemandes sont, en général, de peu d'amplitude, dans la journée du 7, exception faite pour la IIᵉ.

Iʳᵉ armée. — Les VIIᵉ et VIIIᵉ corps avaient reçu l'ordre de consacrer la journée du 7 à faire serrer les divers éléments sur les têtes de colonnes et à reconstituer les unités désorganisées par le combat. En conséquence, la *14ᵉ* division se réunissait à Saint-Wendel ; l'artillerie de corps du VIIᵉ corps arrivait à Sarrebrück et, apprenant que la route de Forbach était réservée au VIIIᵉ corps, elle se dirigeait sur Vôlklingen. La *13ᵉ* division bivouaquait près de Forbach.

La *16ᵉ* division s'établissait aux environs de Drahtzug ; la *15ᵉ* division et l'artillerie de corps installaient leurs bivouacs entre Malstatt et Burbach.

La *3ᵉ* division de cavalerie se portait de Sarrewel-

---

(1) Von Hahnke. *Opérations de la IIIᵉ armée*, page 83.
(2) *Historique du Grand Etat-Major prussien*, 4ᵉ livraison, page 371.
(3) *Ibid.*, page 372.

lingen sur Fraulautern et était chargée d'éclairer les routes qui vont des environs de Sarrelouis sur Metz (1).

Parmi les troupes affectées depuis peu à la Ire armée, les deux divisions du Ier corps s'étaient rendues le 7 des environs de Tholey et Ramstein à Lebach et Sand (2). La *1*^{re} brigade de la *1*^{re} division de cavalerie commençait à débarquer à Birkenfeld ; la 2e se dirigeait de ce point sur Lebach.

Sur ces entrefaites, le général de Steinmetz reçut de Mayence le télégramme du maréchal de Moltke qui attribuait à la IIe armée la route Sarrebrück-Saint-Avold (3). Il transférait aussitôt son quartier général de Saint-Jean à Völklingen et envoyait l'ordre aux VIIe et VIIIe corps de dégager cette route le lendemain en appuyant vers l'Ouest. Dans la soirée, un nouveau télégramme du grand quartier général lui prescrivit de maintenir, le 8, les deux corps de la Ire armée sur la position qu'ils occupaient entre Sarrebrück et Völklingen et de défendre, en cas

---

(1) « On n'ordonna pas même un mouvement en avant de la 3e division pour assurer sa coopération dans la journée du 8 août; elle fit seulement une légère marche jusqu'auprès de Sarrelouis avec mission de pousser des reconnaissances sur les routes conduisant à Metz..... L'emploi insuffisant qui fut fait de la 3e division de cavalerie est d'autant moins explicable que le commandant en chef, dès le début, considérait l'armée comme un flanc offensif par rapport à la IIe armée (télégramme de Steinmetz à Moltke, du 4 août, 3 h. 35 de l'après-midi), et que le grand quartier général lui avait indiqué, comme étant sa mission, l'offensive contre le flanc gauche ennemi..... On pouvait penser, d'après cela, que la 3e division, arme offensive *par excellence*, serait poussée, aussitôt que possible, sur l'aile extérieure. Au lieu de cela, son déplacement vers Lebach fut encore ordonné le 5 août, à un point de vue purement défensif « pour couvrir le flanc droit » et elle fut amenée, de sa position, directement en arrière, à une position en arrière et sur le flanc. » (Général de Pelet-Narbonne. *Loc. cit.*, page 29.)

(2) L'*Historique du Grand Etat-Major prussien* ne fait pas mention de l'artillerie de corps.

(3) *Correspondance militaire du maréchal de Moltke*, tome I, n° 112.

d'attaque, les hauteurs de Spicheren. On l'informait, en outre, que les directions pour le mouvement en avant ultérieur ne pourraient être données qu'après l'obtention, par la cavalerie, de renseignements certains « sur l'attitude de l'ennemi » (1). Il semblait donc que le maréchal de Moltke se préoccupât d'une offensive possible des Français et ce souci apparaît également dans un télégramme du 7 (9 h. 30 matin) au général de Blumenthal. « La mesure la plus à propos pour l'adversaire, dit-il, serait peut-être une offensive générale contre la IIe armée. Celle-ci, dont la tête est toujours en marche, n'a pu encore faire serrer tous ses corps. Toutefois les Français se heurteraient à des forces supérieures et une décision aussi vigoureuse cadre bien peu avec l'attitude qu'ils ont eue jusqu'ici (2) ».

IIe armée. — Le quartier général était transféré de Hombourg à Blieskastel.

Au IIIe corps, la *6e* division d'infanterie se portait à 3 heures du matin de Neunkirchen sur Sarrebrück (3), où elle recevait l'ordre de relever la 5e division dans ses positions. En conséquence, le gros bivouaquait sur le Galgen-Berg, avec des avant-postes fournis par la *11e* brigade depuis Stiring-Wendel jusqu'à la Sarre. La *5e* division se cantonnait à Sarrebrück et Saint-Jean.

Des renseignements fournis le 6 et le 7 au matin par la brigade Bredow de la *5e* division de cavalerie et la brigade Rauch de la *6e* et de la nouvelle de la retraite du maréchal de Mac-Mahon sur Bitche, le commandant de la IIe armée conclut que l'ennemi semblait vouloir « défendre la route de Sarreguemines à Bitche » (4). Il

---

(1) *Correspondance militaire du maréchal de Moltke*, tome I, n° 120.
(2) *Ibid.*, n° 119.
(3) Sauf les fractions qui se trouvaient déjà sur le champ de bataille de Forbach.
(4) *Historique du Grand Etat-Major prussien*, 4e livraison, page 398.

fut confirmé dans cette hypothèse par un télégramme du grand quartier général qui émettait l'avis d'opposer au maréchal de Mac-Mahon le 8, à Rohrbach, la cavalerie et l'aile gauche de la II⁰ armée (1). Dans ce but, le prince Frédéric-Charles envoya au IV⁰ corps, en marche vers Alt-Hornbach, l'ordre de venir, le jour même, jusqu'à Volmünster, de pousser son avant-garde sur Rohrbach et de se trouver réuni près de cette localité le 8, à 8 heures du matin au plus tard. Il lui adjoignait la brigade Bredow de la *5*ᵉ division de cavalerie. De plus, la division de cavalerie et la *2*ᵉ division d'infanterie de la Garde devaient se tenir prêtes à soutenir le IV⁰ corps le 8, à 11 heures du matin, à Gros-Rederching ; enfin le X⁰ corps concourrait au même but en prenant sa direction plus au Sud-Ouest.

« Dans le cas où l'ennemi résisterait vigoureusement à Sarreguemines, ce point ne devait pas être attaqué sérieusement par l'Est ; on avait, au contraire, l'intention de le faire aborder, du Nord, par le III⁰ corps, qui se trouvait déjà sur la rive gauche de la Sarre (2). »

En conséquence, le IV⁰ corps prenait, dès le 7, les positions qui lui étaient assignées (3), les autres corps de la II⁰ armée atteignaient le même jour les points qui leur avaient été fixés par l'ordre du 4 août, savoir : Garde, Assweiler ; X⁰ corps, Saint-Ingbert ; IX⁰, Bexbach ; XII⁰, Hombourg.

La 5ᵉ division de cavalerie cantonnait sur la basse Blies, entre Kleinblidersdorf et Habkirchen ; la *6*ᵉ bivouaquait à Morsbach (brigade Grüter) et sur le Terrain de Manœuvres de Sarrebrück (brigade Rauch).

---

(1) *Correspondance militaire du maréchal de Moltke*, tome I, n° 117.
(2) *Historique du Grand État-Major prussien*, 4ᵉ livraison, page 399.
(3) La *8*ᵉ division vint à Boussewiller, la *7*ᵉ à Urbach ; le *7*ᵉ dragons fut poussé sur Rohrbach ; la brigade Bredow se concentra au Nord de cette localité.

IIIe armée. — Les troupes de la IIIe armée restent, pour la plupart, le 7 août, dans les cantonnements et les bivouacs qu'elles avaient pris le 6 au soir, à proximité ou sur le champ de bataille même (1). Seuls, le IIe corps bavarois achève de se concentrer autour de Niederbronn, le Ier corps bavarois à Oberbronn ; le quartier général du Ve corps est transféré de Preuschdorf à Langensoultzbach ; la division badoise se porte de Gunstett et Schwaabwiller sur Haguenau.

La *12e* division du VIe corps, affecté à la IIIe armée (2), s'était portée le 6, de Landau à Dahn, avec mission de faire une démonstration sur Bitche, tout en assurant la liaison de la IIIe armée avec la IIe (3). Dans la nuit du 6 au 7, le Prince royal lui expédia un télégramme lui prescrivant de pousser sur Bitche le 7 et d'y couper la route aux troupes françaises en retraite. En conséquence, elle atteignit Stürzelbronn le 7, avec son avant-garde à la Main du Prince. Les reconnaissances, dirigées vers la route de Niederbronn et sur Bitche, mandaient que, durant la nuit précédente, beaucoup de troupes avaient passé à Eguelsberg, que d'autres campaient encore à Bitche; dans l'après-midi du 6, mais avaient quitté la place dans la soirée, pour se replier vers le Sud.

Les premiers renseignements de la cavalerie et la

---

(1) Il eût été préférable de s'éloigner un peu du terrain de la lutte couvert de cadavres d'hommes et de chevaux. On aurait pu en profiter pour échelonner les corps d'armée sur leurs routes de marche ultérieures. (Von Zanthier, *Die III Armee im Elsass*, pages 287 et 320.)

(2) Les 1er, IIe et VIe corps d'armée avaient été laissés provisoirement à l'intérieur du pays. Ils furent affectés, à la date du 5 août (*Correspondance militaire du maréchal de Moltke*, tome I, n° 109) : le Ier à la Ire armée, le IIe à la IIe armée, le VIe à la IIIe armée et transportés dans le Palatinat dans les premiers jours d'août.

(3) Le *15e* régiment de dragons établit cette liaison, le 6, par Hinter-Weidenthal.

retraite réelle de la brigade Abbatucci sur Bitche avaient fait croire ainsi au quartier général de la IIIe armée que le maréchal de Mac-Mahon avait pris cette direction. « C'est cette supposition qui servit de base à la continuation du mouvement (1). » Mais, d'autre part, il ne pouvait plus être question, après le succès de Forbach, de porter la IIIe armée sur Sarreguemines, ainsi que le grand quartier général en avait eu primitivement l'intention, quand il supposait que les forces françaises de Lorraine attendraient, entre Sarrebrück et Sarrelouis, l'attaque des Ire et IIe armées. C'est au Sud de Bitche qu'il fallait désormais faire franchir les Vosges à la IIIe armée pour la réunir aux deux autres. Le Prince royal décida donc que la IIIe armée se porterait tout d'abord vers la haute Sarre, sur la ligne Sarre-Union, Sarrebourg que toutes ses colonnes s'efforceraient d'atteindre à peu près simultanément le 12 août.

L'ordre suivant, donné dans l'après-midi du 7 août, réglait jusqu'au 12, d'après les considérations qui précèdent, la marche de la IIIe armée à travers les basses Vosges :

Soultz, le 7 août 1870 (2).

« Demain, l'armée continuera sa marche sur cinq colonnes, conformément au tableau ci-joint, et se dirigera sur la Sarre.

« Il est de toute nécessité que, le 12 août, elle ait atteint cette rivière, et qu'elle occupe les points indiqués (3). Partout où l'on rencontrera l'ennemi, il faudra donc l'attaquer aussitôt et le rejeter en arrière, sans lui

---

(1) *Historique du Grand État-Major prussien*, 4e livraison, page 372.
(2) D'après von Hahnke. *Opérations de la IIIe armée*, page 85.
(3) Le colonel de Zanthier fait observer que l'on pouvait arriver plus tôt sur la Sarre avec des dispositions de marche mieux appropriées. (*Loc. cit.*, page 322.)

laisser le temps de recevoir des renforts. Les colonnes seront souvent séparées les unes des autres par des montagnes élevées et difficiles, et ne pourront pas toujours se soutenir; elles devront cependant se prêter réciproquement appui lorsque les circonstances le permettront et par conséquent rester autant que possible en communications entre elles.

« Je n'ai pas à rappeler que les corps d'armée doivent être, au moins en partie, établis dans des cantonnements serrés, et que l'ennemi, servi probablement par une quantité d'espions, étant constamment devant nous, il faut, moins que jamais, se départir des mesures de précautions ordinaires.

« En principe, les troupes seront nourries au moyen de réquisitions régulières; mais chaque homme emportera trois jours de vivres de réserve, afin de n'être pas exposé à manquer de ressources dans les montages.

« Les voitures et les colonnes des parcs suivront leurs corps d'armée à une distance de un à deux jours de marche (1); toutefois, ils ne s'engageront jamais dans un défilé avant que les troupes en soient sorties.

« Les corps d'armée seront trop éloignés pour que l'ordre puisse être régulièrement donné au grand quartier général; je compte cependant recevoir, aussi souvent qu'il le sera nécessaire, les rapports des troupes isolées sur les combats qu'elles auront eu à livrer ou les obstacles qui les auront arrêtées. Si quelque colonne se trouvait dans l'impossibilité d'arriver sur la Sarre au jour fixé, je devrais en être immédiatement informé.

« FRÉDÉRIC-GUILLAUME, *prince royal.* »

---

(1) Le colonel de Zanthier blâme cet éloignement qu'il considère comme une précaution excessive et nuisible par les privations qu'elle imposait aux troupes. (*Loc. cit.*, page 324.)

Tableau de marche.

DATES.	IIe CORPS BAVAROIS.	Ier CORPS BAVAROIS.	DIVISION WURTEMBERGEOISE. (1)	Ve CORPS.	XIe CORPS.	4e DIVISION de CAVALERIE.	GRAND QUARTIER GÉNÉRAL.
8 août......	Eguelsberg.	Baerenthal.	Ingwiller.	Uhrwiller.	Walk et environs.	Dauendorf.	Mertzwiller.
9 août......	Bitche et environs.	Lemberg.	Meisenthal et Puberg.	Weitorswiller.	Hattmatt et Dossenheim.	Kirrwiller.	Obermodern.
10 août......	Rohrbach.	Rahling.	Haubach et Adamswiller.	Petersbach.	Saverne.	Steinbourg et Hattmatt.	Petersbach.
11 août......	Lorentzen.	Diemeringen et Mackwiller.	Eywiller.	Rauwiller et Hirschland.	Mittelbronn et Vilsberg.	Phalsbourg.	Schalbach.
12 août......	Sarre-Union (2).	Pistorf.	Fénétrange.	Fénétrange.	Reding ou Sarrebourg.	Lixheim.	Rauwiller.

(1) Était subordonnée au Ve corps et devait lui servir d'avant-garde aussi longtemps que son itinéraire le comportait.
(2) La 12e division (du VIe corps) constituait une colonne distincte par Stürzelbronn ; elle devait appuyer le IVe corps de la IIe armée s'il avait un engagement à Rohrbach, sinon suivre le IIe corps bavarois sur Sarre-Union.

L'ordre général de la IIIᵉ armée, qui précède, appelle quelques commentaires. Il est muet sur la direction de retraite supposée de l'ennemi, et sur la mission ultérieure de la IIIᵉ armée. Il abandonne, pendant cinq jours, les corps d'armée à eux-mêmes et se borne à recommander d'attaquer les Français partout où on les rencontrera, au lieu de prévoir les principales éventualités, d'indiquer la ligne de conduite à suivre pendant toute la durée du passage, de prescrire les communications à échanger journellement en des points déterminés (1). Napoléon, fort sagement, n'avait pas manqué de prendre toutes ces précautions pour la traversée du Franken-Wald le 8 octobre 1806 et les jours suivants (2) et se réservait de manœuvrer dans l'intérieur même du massif si les circonstances l'exigeaient. A la vérité, le procédé qu'avait employé le quartier général de la IIIᵉ armée pour le franchissement des Vosges, lui enlevait à peu près complètement la possibilité d'exercer son action pendant cette période. Il avait adopté, en effet, un dispositif linéaire, consistant à faire marcher la IIIᵉ armée en autant de colonnes qu'il y avait de routes depuis Bitche jusqu'à Phalsbourg, en vertu sans doute de ce principe théorique qui veut qu'une armée se fractionne en un grand nombre de colonnes pour traverser un massif montagneux au delà duquel on peut rencontrer l'ennemi (3).

---

(1) Voir général Bonnal, *Frœschwiller*, page 464 et suivantes.

(2) Voir à ce sujet : Foucart, *Campagne de Prusse (1806)*. Journées des 4, 5 et 6 octobre, et, en particulier, la lettre de l'Empereur au maréchal Soult, datée de Würtzbourg, 5 octobre 1806, 11 heures du matin, et celles du Major général aux maréchaux Soult et Lannes de la même date.

(3) Général Bonnal. *Loc. cit.*, page 467.

« On pouvait s'attendre à trouver l'ennemi concentré sur le revers occidental des montagnes ». (*Historique du Grand Etat-Major prussien*, 4ᵉ livraison, page 372.) Stieler von Heydekampf estime, au contraire, « qu'il n'y avait plus à craindre de résistance sérieuse de la part

Peut-être, aussi, le Prince royal voulait-il opérer le déploiement stratégique de la IIIe armée, conformément aux instructions, antérieures aux batailles du 6 août, qui lui avaient été données par le grand quartier général. Mais ces deux considérations n'avaient plus qu'une importance très relative, depuis les événements de Frœschwiller et de Forbach, et devaient s'effacer devant une nécessité impérieuse.

Il ne s'agissait plus en effet, actuellement, pour la IIIe armée d'exécuter méthodiquement son déploiement stratégique sur la Sarre, mais « de se trouver en ligne au moment de la grande bataille qui allait être livrée aux forces réunies de l'armée française du Rhin (1) ». Dès lors, elle devait chercher à atteindre rapidement la Sarre avec un dispositif qui lui permît, sans aucun temps d'arrêt, soit de manœuvrer pour déborder par le Sud l'aile droite de l'adversaire, s'il faisait tête sur la Nied ou sur la Moselle, soit de faire face au Sud-Ouest s'il s'était retiré sur Lunéville et Charmes.

On en venait ainsi, logiquement, à ployer immédiatement la IIIe armée en « bataillon carré » et à renoncer aux routes septentrionales qui, divergeant vers le Nord-Ouest, arrivaient sur la Sarre, dans la zone probable de marche de l'aile gauche de la IIe armée. Dans ces conditions, le mouvement se fût exécuté de la façon suivante :

Colonne de droite. — Ier et IIe bavarois : Weiterswiller, la Petite-Pierre, Drülingen, Fénétrange ;

Colonne du centre. — V^e corps et division würtembergeoise : Dossenheim, Rauwiller, Oberstinzel ;

Colonne de gauche. — 4e division de cavalerie et XIe corps : Saverne, Sarrebourg.

---

de l'ennemi en rase campagne ». (*Opérations du Ve corps prussien*, page 77.)

(1) Von Hahnke. *Loc. cit.*, page 84.

Il n'y avait pas à tenir grand compte, d'ailleurs, des vieilles forteresses des Vosges, la Petite-Pierre et Phalsbourg, qui ne barraient complètement aucun des itinéraires, mais l'ordre général du 7 août aurait dû prévoir des retards résultant de la recherche de chemins dérivés, moins praticables que les routes assignées aux colonnes.

On observera enfin que, par une précaution qui semble excessive, la 4e division de cavalerie était reléguée derrière le XIe corps. On aurait pu lui attribuer un soutien d'infanterie et lui faire précéder ce corps d'armée à une distance de 10 ou 15 kilomètres, ce qui lui eût permis de fournir plus tôt des renseignements précieux au commandant de l'armée, avant que les colonnes eussent achevé leur débouché au delà des montagnes.

V. — Situation de l'armée du Rhin dans la soirée.

Dans la soirée du 7 août, l'armée du Rhin occupait les emplacements ci-après :

Grand quartier général : Metz.

1er corps.....	En marche de Saverne sur Sarrebourg.	
2e corps......	Puttelange.	
3e corps......	Quartier général.......	Saint-Avold.
	1re division..........	Puttelange.
	2e division..........	Guenviller.
	3e division..........	Puttelange.
	4e division..........	Saint-Avold.
	Division de cavalerie...	Saint-Avold et Puttelange.
	Réserves d'artillerie et du génie..........	Saint-Avold.
4e corps......	Quartier général.......	Boulay.
	1re division..........	Boulay.
	2e division..........	Saint-Avold.
	3e division..........	Helstroff.
	Division de cavalerie...	Boulay.
	Réserves d'artillerie et du génie..........	Boulay.

5ᵉ corps......	La Petite-Pierre : sauf la division de Lespart (brigade de Fontanges avec le 1ᵉʳ corps ; brigade Abbatucci, à Phalsbourg) et la brigade Lapasset avec le 2ᵉ corps à Ernestwiller.
6ᵉ corps......	Camp de Châlons, sauf la 4ᵉ division d'infanterie, à Paris.
7ᵉ corps......	Quartier général....... Altkirch.
	1ʳᵉ division.......... En marche de Saverne sur Sarrebourg.
	2ᵉ division.......... Altkirch.
	3ᵉ division.......... Lyon.
	Division de cavalerie... Altkirch et Lyon.
	Réserves d'artillerie et du génie.......... Altkirch.
Garde.......	Longeville-les-Saint-Avold.
Réserve générale de cavalerie......	Division du Barail..... Nancy.
	Division de Bonnemains En marche de Saverne sur Sarrebourg.
	Division de Forton..... Folschwiller.
Réserve générale d'artillerie.......	Pont-à-Mousson et Nancy.
Parcs........	1ᵉʳ corps............. Besançon et Strasbourg.
	2ᵉ corps............. Lunéville (équipage de pont à Saint-Avold).
	3ᵉ corps............. Saint-Avold.
	4ᵉ corps............. Metz et Verdun.
	5ᵉ corps............. Épinal.
	6ᵉ corps............. La Fère.
	7ᵉ corps............. Vesoul.
	Garde............... Pange.
	Réserve générale d'artillerie............... Toulouse.
Grand parc d'artillerie.	S'organise à Toul.
Équipages de ponts de réserve......	En route de Toul sur Châlons.

E.

La journée du 8 août.

Dans la journée du 8, l'armée du Rhin continue les mouvements de retraite commencés la veille : les 1er et 5e corps arrivent à Sarrebourg, le 7e à Belfort ; les corps de Lorraine se replient dans la direction de Metz.

I. — Armée d'Alsace.

1er corps. — Après une marche de nuit des plus pénibles, la majeure partie des troupes du 1er corps est réunie à Sarrebourg, le 8, à 6 heures du matin. La division Conseil-Dumesnil du 7e y arrive, de Phalsbourg, à 10 heures. La 3e division (L'Hériller), arrêtée la nuit à Phalsbourg « où le passage de l'artillerie de réserve avait occasionné un encombrement » (1), avait bivouaqué sous les murs de cette place jusqu'au 8 à midi et n'arriva à Sarrebourg qu'à 6 heures du soir. Un grand nombre d'isolés qui, après la bataille de Frœschwiller, avaient effectué leur retraite sur Bitche et la Petite-Pierre, rallient leurs régiments ; le général Ducrot, en particulier, à la tête de quelques détachements dont l'effectif se monte à 3,000 hommes environ, arrive de la Petite-Pierre dans la journée. Mais ces renforts ne suffisaient pas à compenser les pertes qu'avait subies le 1er corps par les fatigues de deux marches de nuit successives, par les privations de toute sorte, suivant de près les

---

(1) Journal de marche du 1er corps.

cruelles épreuves d'une lutte disproportionnée (1). La désorganisation est telle « qu'il n'est pas possible de compter sur lui, en cas d'une nouvelle rencontre de l'ennemi, avant qu'il n'ait été pourvu aux vacances existant dans les cadres et que les hommes n'aient pu être munis des effets de campement de première nécessité qu'ils ont perdus le 6 août (2). »

Les divisions de cavalerie de Bonnemains et Duhesme, moins la brigade légère de Septeuil, partirent de Sarrebourg, à 2 heures de l'après-midi, pour aller coucher à Blâmont, où elles arrivèrent à 7 heures du soir : leur place normale était non pas en tête, mais à l'arrière-garde du 1er corps (3).

Dans la soirée, un grand nombre d'éclopés (5,000 à 6,000) furent expédiés par voie ferrée sur Toul ; d'autre part l'arrivée d'un train, chargé de munitions en caisses blanches, permit de ravitailler en partie les troupes (4) ; enfin le Ministre de la guerre envoyait à Lunéville, sur la demande du maréchal de Mac-Mahon, 42 caissons de 4 et 10 caissons de cartouches.

5e *corps*. — Le 5e corps partit de la Petite-Pierre de

---

(1) « Les hommes sont fatigués, harassés. Ils viennent de livrer une grande bataille, de faire une retraite longue et rapide, sans prendre pour ainsi dire un instant de repos, souvent sans nourriture. Ils n'ont plus ni tentes, ni havresacs et, par surcroît de malheur, le temps est affreux. Au départ de Phalsbourg, nous sommes assaillis par un orage épouvantable. C'était le prélude des pluies torrentielles que nous n'avons cessé de recevoir chaque jour, pendant cette longue retraite sur Châlons. » (Journal de marche de la 3e division).

(2) Journal de marche du 1er corps.

(3) « La cavalerie divisionnaire se tient en arrière des divisions ; la réserve générale de cavalerie en arrière du flanc le moins appuyé et sur le terrain le plus favorable à son action. » (*Observations sur le service de la cavalerie en campagne*, 1868. Article 2 : Retraite.)

(4) Voir Journée du 7 août. 9e fascicule, page 22.

grand matin (1) dans l'ordre suivant : division de cavalerie Brahaut, ambulances, réserves d'artillerie et du génie ; 2ᵉ division (de l'Abadie), moins la brigade Lapasset ; 1ʳᵉ division (Goze), et se dirigea par Ottwiller sur Sarrebourg. Le 5ᵉ hussards se porta par Asswiller sur Durstel, pour éclairer et couvrir le flanc droit de la colonne.

« Arrivé à Ottwiller, le général en chef, frappé de l'extrême privation qu'impose à tous l'abandon des bagages à Bitche, conçoit le projet d'envoyer vers cette place un détachement avec mission d'essayer de les ramener (2). » Le général Brahaut fut chargé de cette opération avec le 5ᵉ lanciers, le 12ᵉ chasseurs et deux batteries à cheval. Tandis qu'il gagnerait Bitche par Lorentzen, Montbronn et Lemberg, le 5ᵉ hussards exécuterait une reconnaissance de Durstel sur Rohrbach. La division de cavalerie qui avait déjà atteint Rauwiller et Hirschland se rassembla près de cette dernière localité et en partit à midi, l'artillerie intercalée entre le 12ᵉ chasseurs et le 5ᵉ lanciers. A Mackwiller, la colonne rencontra le 5ᵉ hussards dont l'avant-garde, qui s'était portée sur Lorentzen, avait eu un léger engagement, vers Diemeringen, avec un détachement de cavalerie ennemie. D'autre part, tous les renseignements recueillis signalaient la présence de forces nombreuses à Rohrbach, Lorentzen et vers Sarre-Union (3).

Sans chercher à s'enquérir de l'exactitude de ces informations, le général de division considère qu'il faut « renoncer à l'espoir de faire sortir le convoi de bagages

---

(1) L'heure du départ varie, suivant les documents, de 2 heures du matin (réserve d'artillerie) à 6 h. 30 (division Goze, arrière-garde).

(2) Journal de marche du 5ᵉ corps.

(3) Journal de marche de la division de cavalerie Brahaut.

de Bitche » (1) et se dirige, par Bœrendorf, sur Sarre- où il arrive à minuit et demi.

Sur ces entrefaites, le 5ᵉ corps avait poursuivi sa marche en deux colonnes, à partir d'Ottwiller. Le quartier général, les réserves d'artillerie et du génie, les ambulances prennent la route de Drülingen, Weyer, Hirschland, Rauwiller, Sarrebourg où ils arrivent à 4 heures de l'après-midi (2) et où s'est reconstituée la division Guyot de Lespart; les divisions de l'Abadie et Goze se portent par Veckerswiller, Schalbach, Bickenholtz, sur Lixheim qu'elles atteignent vers 3 heures. La division de l'Abadie campe au Sud de Lixheim, à cheval sur la route de Sarrebourg; la division Goze reste à Alt-Lixheim. Les dispositions de combat furent prescrites en prévision d'une attaque de l'ennemi dont la présence était signalée vers Fénétrange et Kirrberg (3); « des précautions militaires et particulières furent prises pour la nuit et le départ du lendemain fut avancé, afin d'arriver le plus tôt possible sur la rive gauche de la Sarre (4). » Il fut fixé par le général de l'Abadie à 3 heures 30 du matin.

Le journal de marche du 5ᵉ corps fait observer que la perte du train auxiliaire et de la plus grande partie du personnel des services administratifs, laissés à Sarreguemines et à Bitche, rendait les approvisionnements des plus difficiles pendant la route. « L'intendance, ajoute-

---

(1) Journal de marche de la division Brahaut.

(2) « Avant d'arriver à Sarrebourg, nous rencontrâmes des troupes du 1ᵉʳ corps venant de Saverne et de Phalsbourg; elles marchaient dans un ordre parfait, particulièrement les zouaves. A la tête d'un bataillon, je retrouvai le capitaine Hervé, mon ancien chef au Mexique; son régiment avait beaucoup souffert le 6 août; la vue de ces débris imposait l'admiration. » (Extrait du Journal du capitaine de Lanouvelle, de l'état-major du 5ᵉ corps).

(3) Journal de marche de la brigade Nicolas (2ᵉ de la 1ʳᵉ division).

(4) Journal de marche de la division de l'Abadie.

t-il, est obligée de recourir aux réquisitions de pain et de viande dans tous les villages traversés. Les différents détachements de la colonne s'échelonnent sur la route de façon à ne pas épuiser les mêmes centres de population pendant la grand'halte. »

Il est assez curieux de constater que, sous l'empire de la nécessité, on en venait au 5ᵉ corps au mode d'alimentation le plus logique, par voie de réquisitions, et au stationnement en profondeur pendant la grand'halte.

A son arrivée à Sarrebourg, le général de Failly eut une entrevue avec le maréchal de Mac-Mahon et les décisions suivantes furent adoptées pour la continuation de la retraite sur Châlons :

Les troupes des deux corps d'armée, précédées par les divisions de cavalerie Duhesme et de Bonnemains, se porteraient sur Lunéville en trois colonnes :

Colonne de droite : division Goze et de l'Abadie, réserves d'artillerie et du génie; par Héming, Réchicourt-le-Château ;

Colonne du centre : 1ᵉʳ corps et division Conseil-Dumesnil du 7ᵉ; par Blâmont ;

Colonne de gauche : division de cavalerie Brahaut et division Guyot de Lespart; par Cirey et Baccarat.

On ne se rend pas compte des raisons qui ont fait adopter ce dispositif de marche qui intercalait le 1ᵉʳ corps entre deux colonnes du 5ᵉ; qui comportait un itinéraire excentrique par Baccarat, d'où résulterait nécessairement un retard pour les troupes qui le suivraient (1); qui plaçait enfin la cavalerie en tête. Il eût été préférable,

---

(1) D'une part, le Journal de marche du 1ᵉʳ corps dit qu'on appuya vers le Sud « pour éviter le trouble que jetterait dans les troupes désorganisées l'apparition de l'ennemi ». D'autre part, le général de Failly dit que la question très importante des vivres dut être prise en considération « et s'allier aux dispositions militaires arrêtées pour la retraite. » (*Opérations et marches du 5ᵉ corps*, page 18).

semble-t-il, de faire prendre les devants au 1ᵉʳ corps, par les deux routes de Réchicourt et de Blâmont; d'attribuer au 5ᵉ corps, marchant également en deux colonnes, le rôle d'arrière-garde et de lui adjoindre toute la cavalerie.

Dans la soirée, le maréchal de Mac-Mahon reçut un télégramme du Major général lui prescrivant de continuer la retraite sur le camp de Châlons, mais de ne pas dépasser Nancy sans un ordre de l'Empereur (1).

7ᵉ *corps*. — La 2ᵉ brigade de la division Liébert, l'artillerie divisionnaire et la réserve d'artillerie du corps d'armée quittent leurs bivouacs d'Altkirch, à 3 h. 15 du matin, et se portent sur Belfort. La 1ʳᵉ brigade, campée le 7 au soir à Dannemarie, exécute le même mouvement, en prenant la tête de la colonne (2). Il en est de même de la division de cavalerie Ameil qui, sur l'ordre du général Douay, laisse, « pour nous éclairer, » un peloton dans chaque village entre Dannemarie et Belfort.

A midi, le Ministre de la guerre faisait connaître au Major général que les troupes de Rome avaient commencé à débarquer; il pensait que les 35ᵉ et 42ᵉ de ligne seraient à Lyon dans deux jours, et demandait la destination à donner à la 3ᵉ division du 7ᵉ corps qu'il devait primitivement diriger sur Belfort, au moment de l'arrivée à Lyon des troupes du corps d'occupation des

---

(1) « Dans la soirée, écrit le maréchal de Mac-Mahon, je reçus une dépêche de l'Empereur disant que, désormais, le général de Failly recevrait directement les ordres du quartier général et qu'il eût à se diriger sur Châlons. » (*Souvenirs inédits*, 8 août).

Les documents du 8 août ne contiennent pas cette dépêche.

(2) Les renseignements alarmants du sous-préfet de Schlestadt (9ᵉ fascicule, page 38) avaient déterminé chez les populations de cette région une véritable panique. (*Histoire de l'armée de Châlons*, par un volontaire de l'armée du Rhin, page 41.)

États pontificaux. Le maréchal Le Bœuf fit répondre au Ministre de maintenir cette division, jusqu'à nouvel ordre, à Lyon, sans doute en raison des troubles qu'on redoutait dans cette ville.

II. — Armée de Lorraine.

2e *corps*. — Le mouvement du 2e corps, de Puttelange sur Gros-Tenquin, commence à 3 heures du matin dans l'ordre : réserve d'artillerie, 1re, 2e, 3e divisions (1), division de cavalerie, la brigade Lapasset du 5e corps formant l'arrière-garde.

« La division Vergé s'établit dans une forte position à gauche et en avant du village (Gros-Tenquin). La division Bataille prend position entre Leinstroff et Gros-Tenquin, en avant du village et à droite de la route. La division de Laveaucoupet arrive vers midi à Erstroff et prend, sur la droite de la route, une bonne position militaire appuyée par des bois. La brigade Lapasset campe en arrière du village d'Hellimer et met une grand'garde à l'entrée du village, du côté de Puttelange. »

La division de cavalerie de Valabrègue s'établit à Altroff avec les réserves d'artillerie et du génie (2).

L'extrait précédent du journal de marche du 2e corps est un exemple frappant des errements en vigueur dans l'armée française de 1870 en matière de stationnement.

---

(1) D'après l'ordre de mouvement du 7 août, la division de Laveaucoupet devait rompre à 4 h. 30 du matin, mais elle ne put entrer dans la colonne qu'à 6 heures, « à cause de l'encombrement ». (Journal de marche de la 3e division.)

Le fait était à prévoir ; on n'avait échelonné que d'une demi-heure les départs des trois divisions d'infanterie.

(2) La réserve d'artillerie partit dans la nuit d'Altroff pour se rendre à Brulange. Voir page 76.

Vers 3 heures, eut lieu une alerte qui fit prendre les armes aux 24ᵉ et 40ᵉ de ligne et à un bataillon du 63ᵉ.

Le général Frossard reçut dans la journée une lettre du Major général l'avisant que les 2ᵉ, 3ᵉ, 4ᵉ corps et la Garde ne se replieraient pas sur Châlons « en raison des nouvelles reçues cette nuit de l'ennemi (1) », mais constitueraient à Metz une forte armée, destinée soit à arrêter celle « du prince Charles », soit à se jeter « sur le flanc ou les derrières de celle qui paraît devoir pénétrer par Saverne ». Le Major général ordonnait en conséquence au 2ᵉ corps, au nom de l'Empereur, de se porter sur Metz par la ligne la plus directe, en se conformant aux instructions du maréchal Bazaine, et sans contrarier le mouvement des autres corps d'armée. L'Empereur espérait que le 2ᵉ corps serait rendu le 9 sous Metz ou à petite distance de la place, en même temps que les 3ᵉ, 4ᵉ corps et la Garde.

De son côté, le général Frossard avait écrit, de Gros-Tenquin, au Major général pour lui rendre compte des événements de la journée du 6 août, l'informer de son intention de porter le lendemain son quartier général à

---

(1) La lettre du Major général disait textuellement :

« L'Empereur vient de décider *en ce moment même* que ces trois corps (3ᵉ, 4ᵉ, Garde) ne marcheront pas sur Châlons, en raison des nouvelles qu'on a reçues cette nuit de l'ennemi. »

Il semble, d'après ce passage, que le projet de retraite sur Châlons, abandonné dans la soirée du 7, ait été repris dans la matinée du 8. De fait, on trouve dans les documents du 8 (Grand quartier général. — Opérations et mouvements), un résumé du projet de mouvement de retraite de l'armée, qui fut préparé, le 8 août au matin, par les deux aides-majors généraux, et qui indiquait les étapes de Metz, par Verdun, sur Mourmelon.

On reçut, sans doute, ultérieurement, des renseignements rassurants sur les mouvements des Prussiens, ainsi qu'en témoigne cette dépêche de l'Empereur au Ministre de la guerre (Metz, 8 août, 1 heure soir) : « L'ennemi ne paraît pas avoir fait de mouvements ».

Brulange (1) et lui faire part de l'état de fatigue et de dénuement de son corps d'armée : « Plusieurs régiments, disait-il, n'ont plus ni sacs, ni campement, ni ustensiles. Les vivres, hier, nous ont manqué ; aujourd'hui, nous avons trouvé ici quelque chose, mais, demain, je ne sais quelles distributions nous pourrons faire..... Mes hommes sont extrêmement fatigués ; je ne pourrais pas les garder longtemps dans cet état. Je vous envoie un officier qui vous dira en détail ce dont j'ai besoin. Il me faudrait des vivres assurés pour demain, par un fort convoi, à la gare de Remilly. Veuillez me faire envoyer aussi des marmites, des gamelles, ainsi que de petites tentes-abri ; mes pauvres hommes ne peuvent faire la soupe, ni se préserver de la pluie la nuit..... »

Le commandant du 2ᵉ corps considérait d'ailleurs « la concentration sur Metz, dans son grand camp retranché », comme « une nécessité et un moyen assuré de salut ». De même, les 1ᵉʳ, 5ᵉ et 7ᵉ corps devaient, à son avis, se rassembler à Langres. « Sur ces deux points, on se tirera d'affaire, je l'espère ; autrement l'Empire serait perdu. »

Il est probable que le général Frossard n'entendait pas concentrer l'armée du Rhin à l'intérieur du camp retranché de Metz ; rien, en effet, ni le rôle véritable que cette place devait jouer, ni l'état de l'armée n'aurait pu justifier une pareille détermination. Sa pensée était, sans doute de demander à la forteresse un « appui extérieur », en la considérant comme une « place de manœuvres » (2) dont les ouvrages serviraient de points

---

(1) L'ordre de mouvement pour le 9 août indique, au contraire, que le quartier général du 2ᵉ corps serait établi à Arraincourt.

(2) Général Frossard. *Rapport sur les opérations du 2ᵉ corps de l'armée du Rhin*, page 119.

L'auteur établit très bien la distinction entre ces deux questions.

d'appui efficaces et de *jalons*, pour ainsi dire, à des *lignes de bataille* que l'armée... viendra occuper, pour y attendre l'attaque de l'ennemi (1). »

Le général Frossard attribuait donc à Metz le rôle « de pivot stratégique », sous l'influence vraisemblable de doctrines erronées (2), qui semblaient, d'ailleurs, avoir fait d'autres adeptes dans l'armée française de 1870 (3). Le danger de leur application était que les armées actives restassent attachées trop longtemps à ces « pivots de manœuvre » et n'y fussent bloquées

---

Parlant des dispositions de l'armée après la bataille du 18, il s'exprime ainsi :

« L'armée avait donc fait encore un pas en arrière ; ce n'était plus un appui extérieur qu'elle demandait à Metz, *place de manœuvres*, c'était un refuge qu'elle venait chercher, sous la protection des forts, dans le *camp retranché* de Metz. » (Page 120).

« L'espace intérieur protégé par cette ceinture de forts ne doit devenir *un camp retranché, un refuge*, que dans des circonstances malheureuses, quand l'armée qui tenait la campagne a été défaite, mise en désordre et dans un état de désorganisation qui ne lui permet plus de lutter au dehors. » (Page 120).

(1) Général Frossard. *Loc. cit.*, page 120.
(2) Général Brialmont. *Étude sur la défense des États*, 1863.

« Les places ainsi constituées, où une armée peut vivre, se réorganiser, tenir tête à des forces supérieures pendant un temps considérable, portent le nom de grands pivots stratégiques. » (Page 17).

« L'armée défensive se retirera sur la place de refuge la plus rapprochée..... Si l'agresseur continue à s'avancer, il s'expose à être attaqué en flanc par l'armée active pivotant sur la place de refuge. » (Page 31).

(3) Le Major général paraît également vouloir attribuer ce rôle à Metz. Voir sa lettre au général Frossard, datée de Metz, 8 août. (Documents annexes, 2ᵉ corps.)

« Cet avis, alors partagé par un grand nombre d'officiers, prévalut le 8 dans le conseil de l'Empereur, et je crois qu'on eut raison de l'adopter. » (*Journal d'un officier de l'armée du Rhin*, page 54).

« Je pensais, dit le général Coffinières, qu'il était plus convenable et plus utile de laisser l'armée de Châlons autour de Paris et de donner à l'armée de Metz un rôle très important, celui de harceler l'ennemi et

par l'ennemi (1). L'histoire militaire du passé permettait de le prévoir, et l'avenir l'a démontré pour Metz et pour Plewna. L'erreur de ces doctrines consistait, en réalité, dans la liaison intime qu'elles préconisaient entre les armées actives et la fortification permanente. Le véritable rôle de Metz était de favoriser les mouvements de l'armée du Rhin en constituant une double tête de ponts sur la Moselle, de faciliter sa retraite, mais, en aucun cas, de devenir sa base d'opérations.

Dans la soirée du 8, le général Frossard donna, pour la marche du 9 août, des ordres qui peuvent être résumés ainsi :

UNITÉS.	HEURES DE DÉPART.	ITINÉRAIRE.	POINTS de STATIONNEMENT.
Quartier général............	Non fixée.	Non fixé.	Arraincourt.
2ᵉ division.................	3 h. matin.	Non fixé.	Brulange.
3ᵉ division.................	3 h. matin.	Morhange et Baronville.	Thonville.
Brigade Lapasset...........	2 h. matin.	Non fixé.	Suisse-Basse.
1ʳᵉ division.................	Non fixée.	Id.	Holacourt (1).
Division de cavalerie et une batterie à cheval.	3 h. matin.	Id.	Suisse-Basse.

(1) Arrière-garde.

Frappé des lenteurs et de l'encombrement que les convois et les bagages avaient occasionnés dans la

---

de menacer sa ligne d'opération..... Enfin, je ferai encore observer que la place de Metz avait été agrandie et améliorée justement dans le but de jouer ce rôle, c'est-à-dire pour servir de centre et de pivot de manœuvres à une armée chargée de défendre la Lorraine. » (Procès Bazaine. Déposition du général Coffinières, page 423).

(1) « Une enceinte de forts..... peut créer un péril grave par

colonne (1), le général Frossard leur fit prendre les devants, dans la soirée du 8, ainsi qu'aux ambulances, au trésor et même aux réserves d'artillerie (2) et du génie, et les dirigea sur Brulange sous l'escorte d'un escadron du 12e dragons. Ces éléments partirent, entre 9 heures et minuit, et marchèrent, toute la nuit, sous une pluie battante. L'assimilation de la réserve d'artillerie aux *impedimenta* n'était pas heureuse, surtout dans une marche en retraite, au cours de laquelle le général Frossard s'attendait d'ailleurs à être attaqué (3).

Pour la première fois, on constate, le 8 août, à la division de cavalerie du 2e corps, l'envoi de reconnaissances à une certaine distance en avant de l'infanterie : sur Sarralbe, par Insming et Gueblange; sur Albestroff et Munster, par Petit-Tenquin. Leurs renseignements de la soirée, « d'accord avec ceux des habitants des différents villages situés en avant de notre position », signalent de l'infanterie ennemie, en assez grande quantité, à Puttelange et des forces importantes de cavalerie à Sarralbe. « Au dire des habitants », il y aurait un camp entre Remering et Richeling, et de nombreux partis de cavalerie ennemie se seraient montrés à Marienthal, Barst, Lanning. Enfin, un cavalier du 7e dragons, parti le 7 de Forbach, et rentré à son régiment le 8, fait connaître que, le 7, l'armée prussienne campait encore sur les anciens emplacements du 2e corps.

3e corps et Garde. — Le 3e corps et la Garde marchent

---

l'attraction, *l'aspiration*, en quelque sorte, que ce camp retranché exerce sur une armée manœuvrant à proximité, plus ou moins battue et qui, en venant s'y réfugier, sans y être absolument contrainte, s'expose à n'en plus jamais sortir. » (Général Frossard. *Loc. cit.*, page 121).

(1) Journal de marche du 2e corps.
(2) Moins une batterie à cheval, mise à la disposition de la division de cavalerie.
(3) Journal de marche du 2e corps.

en deux colonnes pour se porter sur la rive gauche de la Nied. La colonne du Sud est formée des divisions Metman et Montaudon du 3ᵉ corps, qui rompent respectivement de Puttelange, à 3 et 4 heures du matin, et suivent l'itinéraire : Barst, Biding, Val-Ebersing ; elles campent, la première, entre Faulquemont et Créhange (1 h. 30 de l'après-midi), la seconde, à Vahl-les-Faulquemont (5 heures), détachant à Pont-Pierre, comme poste avancé, le 18ᵉ bataillon de chasseurs (1).

La colonne du Nord est composée de la Garde, du reste du 3ᵉ corps et de la division Grenier du 4ᵉ. La division de cavalerie de la Garde, formant tête de colonne, part de Longeville-les-Saint-Avold, à 2 h. 30 du matin, et prend la route de Metz ; les divisions Picard et Deligny, la réserve d'artillerie suivent le mouvement ; les parcs d'artillerie et du génie se rendent de Pange à Metz. Toute la Garde se trouve établie, avant midi : la division de cavalerie et la réserve d'artillerie à Courcelles-Chaussy, les divisions d'infanterie à Pont-à-Chaussy. L'ordre de mouvement pour le 9 août lui prescrit de se rendre à Metz dans l'ordre suivant :

Grand convoi de l'administration : départ à 4 heures du matin ;

---

(1) Pont-Pierre fut occupé par le 18ᵉ bataillon de chasseurs, en exécution de l'ordre suivant, envoyé de Longeville, à 8 h. 30 du matin, par le maréchal Bazaine au général Montaudon :

« Vous camperez ce soir sur la rive gauche de la Nied allemande, votre extrême droite à hauteur de Pont-Pierre, que vous ferez garder, et votre gauche à Faulquemont. Vous aurez également des postes au delà du chemin de fer, sur la rive droite de la Nied. »

Le Maréchal recommandait de bivouaquer sur deux lignes déployées de brigade, la seconde ligne à 500 ou 600 mètres de la première.

Le général Montaudon, accusant réception au maréchal Bazaine, lui signale l'état de fatigue de ses troupes, « déjà épuisées par les marches de nuit et les alertes des jours précédents », et demande qu'il leur soit accordé un jour de repos, si cela est possible.

Division de cavalerie : départ à 5 heures du matin ;

Troupes et services du quartier général ; réserves d'artillerie et du génie : départ à 6 heures du matin ;

Division Deligny : départ à 7 heures du matin ;

Division Picard : départ à 8 h. 30 du matin.

Le 3ᵉ corps succède à la Garde sur la route de Metz (1). La division Castagny part de Guenviller à 4 heures et arrive à Saint-Avold à 6 heures, d'où elle va prendre position successivement à l'Auberge de Longeville-les-Saint-Avold et à Marange pour couvrir l'écoulement de la colonne. Les réserves d'artillerie et du génie, puis la division Grenier du 4ᵉ corps quittent Saint-Avold à leur tour.

Le maréchal Bazaine prescrit à la division Grenier d'établir sa 2ᵉ brigade à l'Est de Longeville-les-Saint-Avold, près de l'intersection des routes de Metz et de Château-Salins ; sa 1ʳᵉ brigade à l'Ouest de cette même localité, jusqu'au moment où les bagages auront défilé devant elle. Elle se porte alors sur les hauteurs de l'auberge de Longeville, où elle remplace la division Castagny, qui va prendre position à Marange (2). La division Decaen succède à la division Grenier à l'auberge de Longeville, où elle se maintient jusqu'au passage complet de la division de cavalerie de Clérembault.

A 7 heures du matin, celle-ci fait « prendre position » (3) à sa 1ʳᵉ brigade (de Bruchard) à la sortie Est

---

(1) L'ordre de marche est ainsi réglé : Division Castagny et ses bagages, division Grenier (du 4ᵉ corps) et ses bagages, bagages de la division Decaen, bagages de la division de cavalerie, division Decaen, division de Clérembault avec une batterie à cheval.

(2) La division Grenier devait remplacer la division Castagny sur ses positions de Marange ; mais, au moment de les occuper, l'ennemi ne s'étant pas montré, le Maréchal donna l'ordre au général Grenier de poursuivre sa route.

(3) Journal de marche de la division de Clérembault.

de Saint-Avold, tandis que la 2ᵉ (de Maubranches) s'établit à la sortie Ouest; la 3ᵉ brigade (de Juniac), venant de Puttelange, se joint à la 2ᵉ. La division de Clérembault reste immobile dans cette formation jusqu'à midi. A ce moment, elle envoie la batterie à cheval (1ʳᵉ du 17ᵉ), qui lui est adjointe, sur une hauteur au Nord de Saint-Avold, pour battre éventuellement les routes de Carling et de l'Hôpital; puis, après deux heures d'attente, elle s'ébranle enfin sur Longeville, où elle s'arrête jusqu'à 6 heures, dépasse la division Decaen et se dirige sur Fouligny par la grande route.

« La nuit arrive et avec elle la pluie ; les troupes d'infanterie gagnent leurs bivouacs; la colonne, ralentie par ses *impedimenta*, s'allonge; les troupes piétinent sur place..... » (1). La division de Clérembault avait reçu l'ordre d'aller camper « derrière et à côté de la division Castagny », au Sud de Fouligny et de Raville; mais l'obscurité et la pluie empêchent de reconnaître un terrain de bivouac convenable (2) et, d'autre part, le sous-intendant de la division se trouve à Bionville, en mesure de ravitailler les troupes. Le général de Clérembault prend le parti de s'établir sur ce point : l'installation de ses régiments n'est terminée que vers 2 heures du matin (3).

---

(1) Journal de marche de la division de Clérembault.
(2) *Ibid.*
(3) « L'infanterie faisant des repos longs et fréquents, j'ai mis onze heures et demie pour faire 18 kilomètres; je ne réclame pas : c'était aujourd'hui urgent et nécessaire; mais je solliciterai de Votre Excellence, quand ce ne sera pas utile, de me laisser arriver de manière à quitter le bivouac et y arriver de jour. » (Le général de Clérembault au maréchal Bazaine. 8 août, minuit).

La division de cavalerie du 3ᵉ corps était extrêmement fatiguée, surtout la brigade de Juniac, qui, le 7 août, était restée vingt et une heures à cheval, et qui, le 8, était partie de Puttelange à 3 heures du matin pour arriver au bivouac de Bionville le 9, après minuit.

Pendant ce temps, la division Castagny s'était établie, vers 8 heures du soir, entre Raville et Guinglange; la division Grenier, du 4ᵉ corps, vers 11 heures du soir, entre Bionville et Plappecourt (1); la division Decaen se place, plus tard encore (2), devant la division Grenier; la réserve d'artillerie est dirigée, par Bambiderstroff et Guinglange, sur Arriance; la réserve du génie sur Faulquemont, avec le quartier général du 3ᵉ corps; le parc à Pange. Les 2ᵉ, 3ᵉ et 4ᵉ divisions avaient laissé des avant-postes sur la rive droite de la Nied, conformément aux instructions qui leur avaient été adressées en cours de route (3).

Dans la soirée (8 h. 50), le maréchal Bazaine rendit compte au Major général des emplacements occupés par les 3ᵉ, 4ᵉ corps et la Garde. « Tout s'est passé, ajoutait-il, avec ordre, très militairement, sans un coup de fusil; l'ennemi s'est borné à faire occuper Saint-Avold par le 15ᵉ de uhlans. Les troupes sont très fatiguées et il est indispensable qu'elles fassent séjour sur leurs positions. La Garde doit-elle rentrer demain à Metz? »

Le Major général, dans sa réponse (10 heures du soir), se prononce pour le retour de la Garde, si le maréchal Bazaine n'en avait « aucun besoin »; mais il l'autorisait à la garder, s'il y avait « apparence de lutte ». Il lui recommandait de s'éclairer très au loin avec sa cavalerie, de tâcher d'enlever quelques uhlans et de pres-

---

(1) Un ordre du maréchal Bazaine, daté de Longeville, 8 h. 30 du matin, prescrivait à la division Grenier de se rendre à Landonvillers et de prendre les instructions du général de Ladmirault. Cet ordre ne parvint pas sans doute ou fut rapporté, car la division Grenier campa le 8 août au château du Prince, entre Bionville et Plappecourt.

(2) « L'encombrement des routes par les différentes colonnes ne permet pas à certains corps de s'établir au bivouac avant 3 heures du matin. » (Journal de marche de la division Decaen).

(3) La 3ᵉ division faisait partie de la colonne du Sud. Voir page 77.

crire au général de Ladmirault de continuer à couvrir la gauche de l'armée. Il lui annonçait aussi la possibilité d'une bataille sous Metz, dans deux ou trois jours, quand l'ennemi, qui paraissait se concentrer, aurait reçu ses renforts. L'initiative la plus complète était laissée d'ailleurs au commandant en chef des corps de Lorraine. « Vous seul », écrivait le Major général, « avez des ordres à donner. Faites donc ce que les circonstances vous inspireront..... »

Dans la nuit, le Major général adressa au maréchal Bazaine un second télégramme qui lui parvint le 9, à 3 h. 30 du matin. Le 3ᵉ corps devait séjourner à Faulquemont pour rester lié au 2ᵉ, le 4ᵉ restant en position sur la gauche du 3ᵉ, la Garde s'établissant de manière à pouvoir soutenir celui-ci. « Un nouvel avis qui m'arrive, écrivait-il, m'indique que l'ennemi est en marche sur notre gauche..... Tâchez de concentrer le plus tôt possible sous Metz les 2ᵉ, 3ᵉ, 4ᵉ corps et la Garde, qui sont tous placés sous vos ordres et doivent s'y conformer strictement. Faites-vous éclairer très au loin par votre cavalerie légère. »

4ᵉ corps. — La marche de nuit prescrite par le général de Ladmirault, dans la soirée du 7 août, pour porter ses troupes, de Boulay et d'Helstroff, sur la rive gauche de la Nied française, est précédée de l'envoi du grand convoi de vivres du quartier général à Noisseville, des convois divisionnaires et des bagages à Glattigny.

La division de cavalerie commence le mouvement : la brigade de hussards, partant de Boulay à minuit, se rend, par Volmerange, à Lauvallier (1); la brigade de dragons, rompant à 1 heure du matin, se dirige, par Helstroff, sur Silly (2). Les réserves d'artillerie et du

---

(1) Derrière l'infanterie du 4ᵉ corps.
(2) Derrière l'infanterie du 3ᵉ corps.

génie suivent immédiatement la brigade de hussards et vont bivouaquer sur les hauteurs entre Glattigny et les Étangs ; puis marchent le quartier général et la 1re division, qui s'établissent à Glattigny et aux Étangs. La 3e division quitte Helstroff à 3 heures du matin et se porte à Silly-sur-Nied par Varize, Vaudoncourt, Courcelles-Chaussy, Pont-à-Chaussy ; elle campe sur les hauteurs entre Silly et Glattigny (1).

Aux Étangs, le 4e corps se trouvait à l'extrême gauche de l'armée ; de ce fait, il lui appartenait de faire exécuter des reconnaissances de cavalerie dans les directions de Bouzonville et de Teterchen. Les documents du 8 août n'en mentionnent qu'une seule, ordonnée par le général

---

(1) « Ainsi, à la fin de cette journée du 8, le 4e corps était en entier établi sur la rive gauche de la Nied, derrière une barrière qu'il aurait pu défendre grâce à ses positions avantageuses. Mais dans quel misérable état ! Le mouvement de la nuit précédente s'était exécuté dans les conditions les plus difficiles et sous une pluie battante. Les hommes, trempés jusqu'aux os, ne pouvant ni assujettir leurs misérables petites tentes sur un sol qui n'était plus qu'une mer de boue, ni allumer les feux pour faire la soupe, n'ayant pas même à manger leur pain transformé en bouillie sur les sacs, les hommes, la figure tirée et les vêtements souillés, semblaient prêts à tomber d'épuisement.

« Les cavaliers qui, en raison de l'encombrement des routes, avaient marché très lentement, après avoir passé une partie de la nuit à la bride de leurs chevaux, et erraient maintenant à la recherche d'abreuvoirs, traversaient les bivouacs en escadrons épars, plus fatigués d'être inutiles que s'ils fussent revenus d'une lointaine exploration..... On ne savait ni ce qu'on faisait, ni où on allait, et déjà les ailes du malheur semblaient frôler cette armée ballottée dans tous les sens ! Telles y étaient, cependant, la force de la discipline, la valeur des hommes et leur résistance, que pas un murmure ne se faisait entendre sous les tentes, où s'étendaient, transis d'humidité et de froid, des êtres affamés. Il devait suffire, trois jours plus tard, d'un rayon de soleil et d'espérance pour que chacun se retrouvât, ardent et fort, prêt à combattre avec joie et à mourir sans regrets..... » (Lieutenant-colonel Rousset. *Le 4e corps de l'armée de Metz*, page 49. Paris, H. Charles-Lavauzelle.)

de Ladmirault au général Legrand, dans des termes caractéristiques :

« La cavalerie enverra ce soir une reconnaissance sur la route directe de Metz à Bouzonville ; à cet effet, elle s'avancera jusqu'au Petit-Marais et prendra la route qui se dirige vers Vry et Gondreville. Elle se portera un peu au delà de ce dernier point. Cette reconnaissance sera faite par un peloton de la brigade de hussards ; elle partira de Lauvallier vers 5 heures du soir. »

L'ordre de mouvement pour le 9 août prescrivait à la division de cavalerie deux autres reconnaissances, à 3 heures du matin : l'une, d'un escadron, qui se porterait à Vry et enverrait, de là, des patrouilles sur la route de Bouzonville ; l'autre, opérant sur la route de Boulay. Pendant ce temps, le 4ᵉ corps devait se mettre en marche sur Metz à 4 heures, précédé de ses bagages et des voitures du trésor : la 1ʳᵉ division par Petit-Marais, Sainte-Barbe, Saint-Julien ; la 3ᵉ par Retonfey, Petit-Marais, Lauvallier. La brigade de dragons reçut l'ordre d'être rassemblée, à 4 heures du matin, à Petit-Marais, où le général de Ladmirault lui indiquerait la direction à prendre.

Réserves générales de cavalerie et d'artillerie. — La division de Forton avait reçu, le 7 au soir, à Marienthal, l'ordre de gagner le plus tôt possible Pont-à-Mousson : elle revint camper à Folschwiller et atteignit, le 8, Solgne et Luppy. La division du Barail, partie de Nancy dans la matinée du 8, se porta à Bernécourt.

Tout ce qui restait à Nancy de la réserve d'artillerie (12 batteries) (1) fut également appelé à Metz et partit à une heure de l'après-midi.

---

(1) Les quatre autres batteries étaient parties, le 7 août, de Nancy pour Metz.

III. — Renseignements et opérations de la cavalerie.

Les renseignements recueillis le 7 août, tant par les corps d'armée que par le grand quartier général de l'armée du Rhin, sont peu nombreux et généralement assez vagues. Cependant, la nouvelle du passage du Rhin à Marckolsheim, qui la veille avait produit à Metz une certaine émotion (1), est définitivement démentie, le 8 au matin, par un télégramme du sous-préfet de Schlestadt au Major général. Mais, d'autre part, le général Douay mande de Belfort que le village de Rheinweiler était bondé de troupes ennemies le 7 août, et que d'autres descendaient, des coteaux du grand-duché de Bade, vers Petit-Kembs et Istein. Une dépêche d'Huningue annonce, sans indiquer, il est vrai, l'origine de cette information, que 80,000 à 100,000 hommes doivent pénétrer en France, entre cette ville et Mulhouse.

Au grand quartier général des armées allemandes, on attendait de la cavalerie des renseignements certains sur la situation de l'ennemi, avant de donner « des directives » pour la continuation de la marche. Néanmoins, les *1re* et *3e* divisions de cavalerie, affectées à la Ire armée, restèrent immobiles le 8 août.

Deux reconnaissances d'officier des *5e* et *14e* uhlans (2) poussèrent jusqu'à Boulay où elles trouvèrent de grands bivouacs abandonnés, mais ne firent pas connaître la direction suivie par les troupes qui les avaient occupés. La première manda même qu'elle n'avait

---

(1) Le général Soleille avait, en raison de cette nouvelle, prescrit au directeur du parc du 5e corps de replier son matériel sur Langres, au directeur du parc du 7e corps d'évacuer le sien sur Besançon. L'opération fut suspendue.

(2) Appartenant tous deux à la *3e* division de cavalerie, 7e brigade.

rencontré aucune troupe ennemie depuis Boulay jusqu'aux Étangs (1).

Dans l'après-midi, la brigade Grüter, de la 6ᵉ division de cavalerie, dirigea, de Morsbach, sur Saint-Avold et Lixing, une reconnaissance forte de trois escadrons du 15ᵉ uhlans, sous les ordres du colonel d'Alvensleben. Un escadron, lancé sur Lixing, découvrit à Gros-Tenquin un vaste campement français; les deux autres constatèrent que Saint-Avold était fortement occupé; ils y pénétrèrent, vers 5 heures, après l'évacuation de cette localité par l'ennemi, qu'ils suivirent jusqu'à Longeville. Ils se heurtèrent en ce point à la division Decaen du 3ᵉ corps, dont ils observèrent ensuite la retraite dans la direction de Bionville. Le colonel d'Alvensleben laissa, pour la nuit, un escadron à Longeville avec des patrouilles au contact et ramena les deux autres à Saint-Avold (2).

La brigade Grüter avait chargé aussi un escadron du 3ᵉ uhlans de chercher, par Metzing, le contact avec la 5ᵉ division de cavalerie (3), de préciser la direction de retraite de l'adversaire, au moyen de patrouilles lancées vers le Sud, et de faire connaître en particulier si Puttelange et Cappel étaient déjà évacués. L'escadron cons-

---

(1) Général de Pelet-Narbonne. *La cavalerie allemande du 7 au 15 août*, page 52.

(2) Le rapport du colonel d'Alvensleben (arrivé à 6 h. 45 soir à la 6ᵉ division de cavalerie), signalait, d'après les dires d'un prisonnier, la présence à Saint-Avold du 3ᵉ corps français et en particulier des régiments nᵒˢ 81, 95, 62, 51. A 10 heures du soir, il envoya un second rapport où il donnait l'avis que le 2ᵉ corps n'avait pas passé par Saint-Avold, mais au Sud de cette ville. (Général de Pelet-Narbonne. *Loc. cit.*, pages 63 et 64.)

(3) L'ordre du grand-duc de Mecklembourg, en vertu duquel ces deux reconnaissances furent envoyées, disait :
« Il faut déployer la plus grande énergie pour reprendre coûte que coûte le contact perdu et pour le conserver. » (Général de Pelet-Narbonne. *Loc. cit.*, page 59.)

tata que les Français n'occupaient plus ces deux localités mais apprit que, le matin même, deux régiments d'infanterie et deux d'artillerie se trouvaient encore à Puttelange ; il ramena quelques prisonniers.

De son côté, le général de Stülpnagel, commandant la 5ᵉ division d'infanterie, avait chargé sa cavalerie divisionnaire (*12ᵉ* dragons) de deux reconnaissances. La première, dirigée par le major Thiele et forte de trente chevaux, était chargée de faire connaître la direction suivie par l'ennemi. Parti de Sarrebrück le 8, à 2 h. 30 du matin, le major Thiele, en arrivant près de Haut-Hombourg, aperçut, sur les pentes Nord du Mittenberg, une grosse masse de cavalerie française, puis de l'infanterie, dont il évalua la force à treize bataillons et trois pièces de canon qui prirent position. Le détachement se replia sans garder le contact (1). Le major Thiele rendit compte personnellement au prince Frédéric-Charles, à 7 h. 45 du matin. La seconde reconnaissance, de trente chevaux également, avait été envoyée vers le Sud ; passant par Brebach et Kleinblidersdorf, elle traversa la Blies à la nage et arriva à Sarreguemines que le *17ᵉ* hussards occupait déjà.

La 5ᵉ division de cavalerie avait reçu, dans la matinée du 8 août, un ordre du commandant de la IIᵉ armée, qui retirait au général de Rheinbaben la direction de la 6ᵉ division de cavalerie, plaçait la brigade Bredow sous les ordres du commandant du IVᵉ corps, et prescrivait aux deux brigades restantes (Barby et Redern), de la 5ᵉ division, de se porter, des environs d'Habkirchen, par

---

(1) « Quant à l'abandon du contact acquis, après l'exécution de cette reconnaissance, c'est un fait si général à cette époque que je ne veux pas revenir encore sur ce sujet. Cette pratique était, en effet, fondée sur les idées, encore insuffisamment nettes, que l'on avait alors au sujet des nécessités du service d'exploration. » (Général de Pelet-Narbonne. *Loc. cit.*, page 58.)

Sarreguemines, sur Puttelange, puis d'établir des avant-postes sur la ligne Puttelange-Sarralbe. Les patrouilles signalèrent une colonne française, d'environ 8,000 hommes, en retraite au Sud-Ouest de Puttelange ; vers Sarralbe, on n'aperçut pas trace de l'adversaire (1). La brigade Bredow qui s'était concentrée, le 7, au Nord de Rohrbach, se mit en mouvement à 4 heures du matin et parvint à Lorentzen à 10 heures 45 ; de là, le *10e* hussards se porta à Herbitzheim, le *16e* uhlans à Sarre-Union (2). Pendant ce temps, le *7e* cuirassiers se dirigeait sur Bitche et au Sud de la place, avec mission de chercher à se relier avec la IIIe armée. A Lemberg, il rencontra un détachement du IIe corps bavarois, chargé d'opérer des réquisitions et considéra la liaison comme établie, puis il se porta sur Wimmenau où des soldats français isolés l'empêchèrent de pousser plus loin. Il revint alors par Lorentzen à Sarre-Union, après « avoir parcouru treize milles sans obtenir de résultat réel (3) ». En somme, dans la journée du 8, la cavalerie allemande,

---

(1) « Parce qu'on a observé l'ennemi à grande distance....., ou parce qu'on s'est emparé de quelques traînards, *on ne peut pas encore estimer qu'on a pris le contact*. Avec un peu plus d'esprit d'entreprise, ce but eût certainement été atteint le 8, car on était sur la bonne piste. Les renseignements vagues qui terminent le rapport font voir, d'ailleurs, combien peu le commandant de la division lui-même était éclairé sur la situation. » (Général de Pelet-Narbonne. *Loc. cit.*, page 66.)

(2) La brigade Bredow (*12e* de la *5e* division de cavalerie) se composait du *7e* cuirassiers, du *16e* uhlans et du *13e* dragons. Le *10e* hussards, appartenant à la brigade Redern (*13e* de la *5e* division), avait été rattaché provisoirement à la brigade Bredow.

Dans la journée du 8, le *13e* dragons ne se joignit pas au gros de la brigade, l'ordre ne lui étant pas parvenu. Il rallia le lendemain.

(3) Général de Pelet-Narbonne. *Loc. cit.*, page 68. Le mille prussien est de 7 kilom. 532 mètres. La mission dont était chargée le 7e cuirassiers exigeait qu'il se mît en relations avec un des généraux du IIe corps bavarois qui fût en mesure de l'orienter sur la situation d'ensemble de la IIIe armée.

à part la brigade Grüter et le *12ᵉ* dragons, n'avait pas encore recueilli de renseignements bien importants sur la situation de l'armée française. Le commandement avait obtenu quelques informations au centre, sur la route de Saint-Avold à Metz, mais il manquait de nouvelles précises aux deux ailes. On ignorait encore, en effet, au grand quartier général, à Hombourg, si l'adversaire avait évacué Bouzonville et Boulay (1) et l'on n'avait que des données vagues sur la direction suivie par le 5ᵉ corps (2). Les dispositions prises, le 8, par le commandant de la IIᵉ armée à l'égard des 5ᵉ et 6ᵉ divisions de cavalerie n'étaient pas faites pour remédier à l'insuffisance du service d'exploration dans les journées précédentes.

« Le mouvement de l'aile gauche par Rohrbach avait donné un tel développement au front de la IIᵉ armée, que le commandant en chef jugeait utile de répartir, entre les divers corps d'armée, la cavalerie, formée jusqu'alors en divisions indépendantes (3). » La 6ᵉ division de cavalerie fut donc affectée au IIIᵉ corps ; la 5ᵉ fut fractionnée entre le IVᵉ corps (brigade Bredow) et le Xᵉ (brigades Barby et Redern). Le prince Frédéric-Charles se réservait seulement, en cas de bataille, de réunir ces divisions et d'en disposer lui-même (4). »

Ces dispositions étaient-elles judicieuses ? Était-il nécessaire d'affecter ces divisions à des corps d'armée qui trouvaient, dans leurs huit escadrons de cavalerie

---

(1) Le maréchal de Moltke au commandant de la Iʳᵉ armée (*Correspondance militaire*, tome I, n° 123). D'après l'*Historique du Grand Etat-Major prussien*, on reçut très tard dans la soirée, à Hombourg, la nouvelle de l'évacuation de Bouzonville, Boulay, Boucheporn (4ᵉ livraison, page 405).

(2) Croquis représentant les positions des corps français le 9 août au matin, de la main du lieutenant-colonel Verdy du Vernois (*Correspondance militaire du maréchal de Moltke*, tome I, page 262).

(3) *Historique du Grand Etat-Major prussien*, 4ᵉ livraison, page 401.

(4) *Ibid.*

divisionnaire, des ressources suffisantes pour pourvoir à leur sûreté, en marche et en station, malgré l'extension du front de la IIe armée ? Était-il logique de scinder la 5e division en deux tronçons, au lieu de s'efforcer de les réunir ? La réponse à ces questions n'est pas douteuse. Plus était grande l'étendue du front de la IIe armée, plus devait être considérable la distance à laquelle on devait pousser en avant la cavalerie d'exploration et le service de découverte. Or, la répartition des divisions de cette arme entre les corps d'armée devait avoir pour conséquence fatale d'entraver leur liberté d'action, de limiter leur horizon, de les réduire au rôle de cavalerie divisionnaire, d'arrêter les renseignements recueillis par elles aux premiers échelons du commandement ou de les faire parvenir fort tard au commandant d'armée (1). Du moins, les *1*[re] et *3*[e] divisions de cavalerie de la Ire armée demeuraient-elles disponibles pour constituer une masse, véritable organe du général en chef et à sa disposition exclusive. On aurait pu même leur adjoindre, un peu plus tard, la division de cavalerie de la Garde et celle du corps saxon. Mais le grand quartier général allemand qui, pourtant, ne voulait pas donner des directives sans avoir des renseignements certains sur la situation et l'attitude de l'ennemi, ne jugea pas à propos d'opérer ce groupement et de créer ainsi les moyens appropriés au but qu'il se proposait d'obtenir.

Quant à la *4*[e] division de cavalerie de la IIIe armée, elle était maintenue provisoirement à Bouxwiller et à Steinbourg, de façon à ne franchir les Vosges qu'à la suite de l'infanterie du XIe corps.

---

(1) « L'emploi des divisions de cavalerie ne répondit plus aussi bien au rôle stratégique qui leur incombe, il se rapprocha davantage des missions que doit remplir la cavalerie divisionnaire. » (Général de Pelet-Narbonne. *Loc. cit.*, page 69.)

IV. — Mouvements des armées allemandes.

Les mouvements des trois armées allemandes, dans la journée du 8 août, sont les suivants :

Ire armée. — L'intention du général de Steinmetz était de faire appuyer les VIIe et VIIIe corps vers l'Ouest, de façon à dégager la route de Sarrebrück à Saint-Avold, affectée à la IIe armée. Déjà les mouvements étaient commencés, quand ils furent contremandés, sur de nouvelles instructions du commandant de la Ire armée, qui, dans la nuit du 7 au 8, avait reçu, du grand quartier général, l'ordre de laisser ces deux corps « dans leurs positions actuelles entre Sarrebrück et Völklingen, d'occuper les hauteurs de Spicheren » et de s'y maintenir en cas d'attaque.

En conséquence, le VIIe corps qui, partant de Saint-Wendel et Forbach, avait commencé à s'établir sur la route de Völklingen à Carling, n'y conserva que l'avant-garde de la *13e* division, à Ludweiler. Le gros de celle-ci s'arrêta à Petite-Rosselle ; la *14e* division vint à Forbach et Morsbach, et plaça des avant-postes à cheval sur la route de Saint-Avold. Le VIIIe corps, après avoir levé ses bivouacs de Drathzug et de Malstatt, se dirigeait sur Völklingen et Wehrden, par les deux rives de la Sarre, pour se former derrière le VIIe. Mais, sur des renseignements inexacts, signalant une attaque venant de Puttelange, le général de Goeben, commandant le corps d'armée, rappela la *16e*, puis la *15e* division sur la rive gauche pour leur faire occuper les hauteurs de Spicheren. L'artillerie de corps restait dans la vallée.

Le Ier corps venait à Völklingen et Püttlingen (*1re* division) et Stiring-Wendel (*2e* division). La *3e* division de cavalerie, qui s'était avancée un peu au Sud de Sarrelouis, était ramenée sur la rive droite de la Sarre et bivouaquait à Derlen. La 1re atteignait Saint-Jean, sauf le 9e uhlans encore à Lebach (1).

Le général de Steinmetz avait reçu du grand quartier général l'ordre de conserver, le 9 août, ses positions du 8.

« Le mouvement projeté des masses allemandes de la basse Sarre vers les environs de Metz devait se continuer sous la forme d'une conversion successive à droite, dans laquelle la Ire armée constituerait en quelque sorte le pivot. On supposait que l'Empereur Napoléon était sur la Moselle avec une armée composée de cinq corps (2); si on voulait l'aborder de front, en même temps que l'on tournerait sa droite avec des forces supérieures, il fallait dès à présent maintenir en arrière notre aile droite, c'est-à-dire la Ire armée. Son mouvement offensif devait être, en effet, d'autant plus ralenti que l'aile gauche de la IIe armée avait dû s'étendre fort loin vers le Sud, tandis que le centre achevait encore de se masser (3). »

A ces arguments, destinés à justifier l'immobilité de la Ire armée, l'*Historique du Grand État-Major prussien* ajoute que l'on n'était pas encore complètement fixé sur la conduite de l'ennemi, après les batailles de Wœrth et de Spicheren, et que, par suite, les décisions ultérieures se trouvaient être ainsi subordonnées aux renseignements que fournirait la cavalerie sur la « situation » de la principale armée française. Il semble que l'on aurait pu se contenter, à cet égard, des informations puisées à d'autres sources, sans doute, et qui avaient permis d'éta-

---

(1) Débarqué dans le courant de la matinée même à Birkenfeld.

(2) L'*Historique du Grand État-Major prussien* vise ici, sans doute, l'avenir, car de Moltke connaissait les emplacements des corps français le 8 août au matin, et savait qu'il ne pouvait y en avoir cinq sur la Moselle. Voir plus loin, page 92.

(3) *Historique du Grand État-Major prussien*, 4e livraison, page 403.

blir, au grand quartier général allemand, des croquis des positions des corps français, les 7 et 8 août au matin. Le second indique le 2ᵉ corps évacuant Puttelange, le 3ᵉ à Saint-Avold, le 4ᵉ en marche au Sud-Ouest de Boucheporn vers Metz, le 5ᵉ en retraite de Sarreguemines vers le Sud (1).

Le maréchal de Moltke prescrivant, le 8 août, au général de Steinmetz, de conserver le lendemain ses positions, ne donne, d'ailleurs, d'autre motif que l'incertitude où il se trouve de l'occupation ou de l'évacuation, par l'ennemi, de Boulay et de Bouzonville.

Il n'est nullement question du « pivot » que doit constituer la Iʳᵉ armée dans la conversion ultérieure. Par contre, dans un télégramme précédent du 7 août, c'est l'idée de défensive sur les hauteurs de Spicheren qui prédomine : le maréchal de Moltke demande à la cavalerie des indications certaines, non pas sur la *situation*, mais sur l'*attitude* de l'ennemi (2). Le même jour, il expose au général de Blumenthal que « la mesure la plus à propos pour l'adversaire serait peut-être une offensive générale contre la IIᵉ armée (3). » Il devait admettre, en effet, que, le 7, les 3ᵉ et 4ᵉ corps français et la Garde, avec le 2ᵉ, reformé en seconde ligne, pouvaient attaquer le général de Steinmetz à Forbach. C'est, en effet, ce qui aurait dû se produire si le 2ᵉ corps, continuant à jouer le rôle d'avant-garde générale de l'armée, se fût maintenu, le 6 au soir, à Forbach, et sur les hauteurs de Spicheren, en fixant l'adversaire. Ignorant d'ailleurs que le 5ᵉ corps avait été dirigé sur Bitche, le maréchal de Moltke devait logiquement supposer qu'il

---

(1) *Correspondance militaire du maréchal de Moltke*, tome I, page 262. Les croquis dont il est question sont de la main du lieutenant-colonel de Verdy du Vernois.

(2) *Correspondance militaire du maréchal de Moltke*, tome I, n° 120.

(3) *Ibid.*, n° 119.

avait été ramené vers Puttelange ou Saint-Avold pour concourir à cette offensive générale. On n'en est que plus surpris de voir le grand quartier général allemand détacher, le 7 au matin, vers Rohrbach, les deux corps (Garde et IVe) qui arrivaient le plus à portée sur la Blies, pour soutenir éventuellement les VIIe, VIIIe et IIIe. Pourtant l'hypothèse d'une offensive française semble être entrée en ligne de compte, le 8 août, dans les décisions du maréchal de Moltke et paraît avoir été la cause déterminante du maintien de la Ire armée dans une attitude défensive, jusqu'au moment où l'on serait fixé sur celle de l'adversaire, ou en mesure d'y parer efficacement.

IIe armée. — Le prince Frédéric-Charles avait quitté de bonne heure son quartier général de Blieskastel et s'était dirigé, par Petit-Rederching, sur la route de Bitche à Rohrbach, en prévision d'une rencontre avec les troupes du maréchal de Mac-Mahon. Dans le même but, « le IVe corps, prêt à s'engager, se tenait déployé entre Petit-Rederching et Rohrbach (1) », déploiement prématuré, en raison de l'absence totale de renseignements. La brigade de cavalerie Bredow n'ayant découvert aucune trace de colonne française dans la région de Bitche—Lemberg, on en conclut que le maréchal de Mac-Mahon avait dû effectuer sa retraite plus au Sud et le IVe corps s'avança sur la route de Rohrbach à Sarre-Union, poussant son avant-garde jusqu'à Lorentzen.

La Garde venant d'Assweiler se rassembla à Gros-Rederching ; le Xe corps, de Saint-Ingbert, gagna les environs de Sarreguemines qu'occupa son avant-garde. Les IXe et XIIe corps se concentrèrent à Bexbach et Hombourg. Le IIIe conserva ses emplacements du 8 à Sarrebrück et au Sud, sauf la 6e division qui se

---

(1) *Correspondance militaire du maréchal de Moltke*, tome I, n° 120.

porta au delà de Stiring-Wendel et vint occuper Forbach dans l'après-midi. Les quartiers généraux des 5ᵉ et 6ᵉ divisions de cavalerie étaient à Woustwiller et Forbach, celui de la IIᵉ armée était transféré de Blieskastel à Sarreguemines.

Le 9 août, la IIᵉ armée devait continuer à porter ses derniers corps sur la Sarre.

IIIᵉ armée. — Conformément à l'ordre général du 7 août, la IIIᵉ armée exécute la première étape de sa traversée des Vosges. Le IIᵉ corps bavarois se porte, de Reichshoffen, à Niederbronn et Eguelsberg où il bivouaque, poussant une brigade jusqu'à deux kilomètres de Bitche. La *12ᵉ* division se dirigeait de Stürzelbronn sur Petit-Rederching, quand, dans le courant de l'après-midi, sa tête de colonne est reçue, aux abords de Bitche, par des feux très vifs de la place. Une batterie lance quelques obus sur la ville, mais sans résultats appréciables (1).

Tandis que la *12ᵉ* division s'établit au bivouac à la Main-du-Prince, elle fait améliorer de mauvais chemins qui permettent de tourner Bitche par le Nord et se porte, par une marche de nuit, sur Haspelscheidt.

Le Iᵉʳ corps bavarois, passant par Zinswiller, gagne Baerenthal et Mouterhausen où il bivouaque. La division würtembourgeoise se rend de Gundershoffen aux environs d'Ingwiller. Un parti du 4ᵉ régiment de cavalerie cantonné à Rothbach, ayant poussé une reconnaissance sur le fort de Lichtenberg et ayant été accueilli par des coups de feu, la division reçoit l'ordre d'en faire l'attaque le 9. Le général d'Obernitz désigne, pour cette opération, les *1ᵉʳ* et *3ᵉ* bataillons de chasseurs,

---

(1) L'ouvrage du capitaine Mondelli : *La vérité sur le siège de Bitche*, dit deux batteries, l'une à 2,500 mètres environ, l'autre à 2,000 mètres, à droite et à gauche de la route de Niederbronn. » (Page 11.)

un demi-escadron du 4ᵉ régiment de cavalerie, les 2ᵉ et 3ᵉ batteries de 4 et un détachement de pionniers. Ce détachement est placé sous les ordres du général de Hügel.

Le Vᵉ corps, venant de Frœschwiller et d'Engelshof, arrive le 8 à Uhrwiller et Kindwiller.

Le XIᵉ corps se porte d'Elsashausen aux environs de Mertzwiller où est transféré le quartier général de la IIIᵉ armée.

V. — Situation de l'armée du Rhin dans la soirée.

Les divers corps de l'armée du Rhin occupent, dans la soirée du 8 août, les emplacements ci-après :

Grand quartier général : Metz.

1ᵉʳ corps	Tout entier à Sarrebourg, sauf les 1ʳᵉ et 2ᵉ brigades de la division de cavalerie Duhesme, à Blâmont.	
2ᵉ corps	Quartier général......	Gros-Tenquin.
	1ʳᵉ division..........	Ibid.
	2ᵉ division..........	Leinstroff.
	3ᵉ division..........	Erstroff.
	Division de cavalerie..	Altroff.
	Réserves d'artillerie et du génie..........	Ibid.
	Brigade Lapasset (du 3ᵉ corps)..........	Hellimer.
3ᵉ corps	Quartier général......	Faulquemont.
	1ʳᵉ division..........	Vahl-les-Faulquemont.
	2ᵉ division..........	Entre Raville et Guinglange.
	3ᵉ division..........	Entre Faulquemont et Créhange.
	4ᵉ division..........	Entre Bionville et Plappecourt.
	Division de cavalerie..	Bionville.
	Réserve d'artillerie....	Arriance.
	Réserve du génie.....	Faulquemont.

4º corps.....	Quartier général......	Glattigny.
	1re division..........	Les Étangs.
	2º division..........	A l'Ouest de Bionville.
	3º division..........	Entre Silly et Glattigny.
	Division de cavalerie..	Lauvallier et Silly.
	Réserves d'artillerie et du génie..........	Entre Glattigny et les Étangs.
5º corps.....	Quartier général......	Sarrebourg.
	1re division..........	Vieux-Lixheim.
	2º division..........	Lixheim.
	3º division..........	Sarrebourg.
	Division de cavalerie..	*Ibid.*
	Réserves d'artillerie et du génie..........	*Ibid.*
6º corps.....	Quartier général......	Camp de Châlons.
	1re division..........	*Ibid.*
	2º division..........	*Ibid.*
	3º division..........	*Ibid.*
	4º division..........	Paris.
	Division de cavalerie..	Camp de Châlons et Paris.
	Réserves d'artillerie et du génie..........	Camp de Châlons.
7º corps.....	Quartier général......	Belfort.
	1re division..........	Sarrebourg.
	2º division..........	Belfort.
	3º division..........	Lyon.
	Division de cavalerie..	Belfort et Lyon.
	Réserves d'artillerie et du génie..........	Belfort.
Garde......	Quartier général......	Pont-à-Chaussy.
	Division Deligny......	*Ibid.*
	Division Picard......	*Ibid.*
	Division de cavalerie..	Courcelles-Chaussy.
	Réserves d'artillerie et du génie..........	*Ibid.*
Réserve générale de cavalerie.	Division du Barail....	Bernécourt.
	Division de Bonnemains	Blâmont.
	Division de Forton....	Solgne et Luppy.

Réserve générale d'artillerie.	En route de Nancy à Metz, sauf quatre batteries de 12 à Metz.
Parcs d'artillerie.	1ᵉʳ corps............ Besançon et Strasbourg. 2ᵉ corps............ Lunéville. 3ᵉ corps............ Pange. 4ᵉ corps............ Verdun et Metz. 5ᵉ corps............ Épinal. 6ᵉ corps............ La Fère. 7ᵉ corps............ Épinal et Besançon. Garde............ Metz. Réserve générale d'artillerie............ Toulouse.

Grand parc d'artillerie : s'organise à Toul.

Équipages de pont de réserve : en route de Toul sur Châlons.

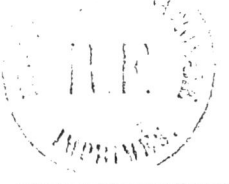

9ᵉ fascicule.

La journée du 9 août.

I. — Les projets du commandement français.

La journée du 8 août avait été extrêmement pénible pour certaines unités, en raison de la longue durée de la marche, résultant de dispositions défectueuses (1) et de l'arrivée tardive au bivouac, par une pluie battante. La fatigue des troupes était d'ailleurs générale ; aussi le maréchal Bazaine, considérant qu'un séjour leur était « indispensable », adressa-t-il, dans la soirée du 8, une demande à cet effet, au grand quartier impérial. Le Major général lui fit connaître le 9, à 2 h. 45 du matin, que sa proposition était agréée. Il le prévenait, en même temps, que, d'après de nouveaux avis qui venaient de parvenir à Metz, l'ennemi serait en marche vers la gauche des positions françaises (2). En prévision d'une attaque possible, le maréchal Bazaine était autorisé à conserver la Garde : il devait lui indiquer un emplacement qui lui permît d'appuyer au besoin le 3ᵉ corps. Recommandation lui était faite, dans la même éventualité, de prescrire au général de Ladmirault de rester en position, pour couvrir la gauche. Le général Frossard était invité, de son côté, à demeurer en communication constante avec le maréchal Bazaine et à se conformer à ses instructions.

« Tâchez, disait en terminant le Major général, de

---

(1) Voir Journée du 8 août, page 76 et suivantes.
(2) *Ibid.*, page 81.

concentrer le plus tôt possible, sous Metz, les 2e, 3e, 4e corps et la Garde, qui sont tous placés sous vos ordres et doivent s'y conformer strictement. Faites-vous éclairer très au loin par votre cavalerie légère. »

Le maréchal Bazaine expédia, en conséquence, entre 5 heures et 6 heures du matin, les instructions suivantes :

Le 3e corps défendra les positions qu'il occupe sur la rive gauche de la Nied allemande ; le 4e corps couvrira sa gauche ; une de ses divisions sera vers Glattigny. La Garde restera sur la rive gauche de la Nied française dont elle fera reconnaître les passages, afin de se porter, selon les circonstances, soit vers le 3e, soit au soutien du 4e corps. Le général Frossard se dirigera, en cas d'attaque sérieuse, de Gros-Tenquin sur Guessling.

Les troupes ne devaient pas jouir complètement du repos qui leur avait été accordé et qui leur eût été si salutaire (1).

Dans la matinée du 9, l'Empereur, accompagné du général Changarnier (2), arriva à Faulquemont et se rendit au quartier général du 3e corps pour visiter les positions de l'armée (3) et conférer avec le maréchal Bazaine (4).

Si l'on s'en rapporte à ses déclarations, postérieures à la guerre, le Maréchal aurait représenté à Napoléon III qu'il était préférable de se replier sur Nancy et Frouard, pour rallier les 1er, 5e et 7e corps, que de continuer le

---

(1) Voir page 107.
(2) A la première nouvelle des événements de Frœschwiller et de Forbach, le général Changarnier, qui vivait dans la retraite depuis près de vingt ans, était venu se mettre à la disposition de l'Empereur.
(3) Procès Bazaine, Interrogatoire du maréchal, page 158.
(4) « Je trouve le souverain bien vieilli, bien affaibli, et n'ayant en rien l'attitude d'un chef d'armée. » (Général Montaudon, *Souvenirs militaires*, page 85.)

mouvement sur Metz (1). L'Empereur fit à ce projet l'objection peu fondée (2) que la capitale serait découverte et persista dans son premier dessein.

Il fut décidé, à l'issue de la conférence, que les 2ᵉ, 3ᵉ, 4ᵉ corps et la Garde occuperaient, sur la rive gauche de la Nied française, une position défensive, de Pange aux bois de Haye et de Cheuby, par les Étangs, et y accepteraient la bataille, si l'ennemi attaquait le 10. Le 3ᵉ corps devait en tenir la droite; le 4ᵉ, la gauche; chacun constituant deux lignes, et une troisième en réserve particlle. La Garde impériale, formant réserve générale, s'établirait sur la hauteur qui s'étend entre le château de Maizery et Silly-sur-Nied, à cheval sur la route de Metz à Saint-Avold. Si, comme tout permettait de l'espérer, le 2ᵉ corps arrivait en temps opportun sur le terrain choisi, il prendrait l'emplacement que le maréchal Bazaine jugerait le plus convenable. Enfin, la réserve générale d'artillerie se tiendrait à la jonction des routes de Sarrelouis et de Sarrebrück à Metz, à la disposition du commandant en chef. Celui-ci devait arrêter « aussitôt que possible toutes les dispositions nécessaires pour que le génie et l'artillerie des 3ᵉ et 4ᵉ corps, et même de la Garde impériale, rendent le plus possible inabordable à l'ennemi le front

---

(1) Maréchal Bazaine, *L'Armée du Rhin*, page 40 ; Procès Bazaine, page 158.
Le maréchal Le Bœuf a confirmé le fait.
« L'Empereur..... m'a dit à moi-même que le Maréchal lui avait conseillé une opération sur Nancy. » (Procès Bazaine, page 206.)
« Un projet avait été remis, en 1869, au Ministre de la guerre, tendant à couvrir Frouard par des ouvrages de campagne. On proposait d'établir un vaste camp retranché sur le plateau de Haye, s'appuyant sur la forêt du même nom..... Il ne fut pas donné suite au projet. » (Maréchal Bazaine, *L'Armée du Rhin*, Considérations générales, page 5).
(2) Voir Journée du 7 août, page 8 et suivantes.

et les deux flancs de la position, au moyen de travaux adaptés aux formes du terrain (1) ».

Si l'armée était obligée de quitter cette première ligne de défense, sa retraite s'effectuerait vers Metz, de manière à venir occuper « la position très belle qui se trouve en avant des forts de Queuleu et de Saint-Julien (2) ». Dans ce cas, le 4ᵉ corps appuyant sa gauche à la Moselle, aurait sa droite à la route de Metz à Sarrelouis; le 3ᵉ, se reliant par sa gauche au 4ᵉ, étendrait sa droite jusqu'à la route de Metz à Strasbourg; la Garde s'établirait dans le secteur compris entre cette route et le chemin de fer de Sarrebrück, tenant fortement la hauteur de Haute-Bévoye et le télégraphe de Mercy. Toutefois, cette dernière unité devait être éventuellement remplacée sur ce terrain par le 2ᵉ corps, pour constituer la réserve générale.

Le maréchal Bazaine était chargé d'indiquer aux divisions de la réserve de cavalerie de Forton et du Barail, en marche sur Metz (3), les emplacements qu'elles auraient à occuper. L'Empereur appelait, à Metz également, le 6ᵉ corps qui devait exécuter son mouvement par voie ferrée; la 3ᵉ division s'embarquait au camp de Châlons dans l'après-midi du 9 août.

Cependant, « l'opinion de l'armée et de ses chefs commençait à s'en prendre à l'Empereur de ses revers; on devinait sa faiblesse, on blâmait le projet de reculer

---

(1) Note sans signature émanant du cabinet du Major général. (Metz, 9 août, sans indication d'heure.) Cette note contient les dispositions relatives à la répartition des troupes dont il a été fait mention ci-dessus.

(2) *Ibid.*

(3) La division de Forton, en marche, le 9 août, de Pont-à-Mousson sur Metz, campa le 9 au soir à Montigny-les-Metz; la division du Barail, en marche, le même jour, de Bernécourt sur Saint-Mihiel, reçut l'ordre de se porter sur Metz, par Vigneulles et Gorze.

jusqu'à Châlons, on exprimait ouvertement le vœu qu'il choisît un autre commandant en chef et qu'il quittât Metz, débarrassant ainsi les troupes de ses indécisions et de l'encombrement de sa cour (1) ».

M. Piétri, vraisemblablement informé de l'état des esprits, avait demandé à l'Empereur, dès le 8 août, s'il se sentait assez de forces physiques pour supporter les fatigues d'une campagne, pour passer les journées à cheval et les nuits au bivouac. Le souverain reconnut qu'il ne le pouvait pas. M. Piétri lui proposa alors de retourner à Paris, où il organiserait une nouvelle armée, avec la collaboration du maréchal Le Bœuf, qui reprendrait les fonctions de Ministre de la guerre; il laisserait le commandement en chef de l'armée au maréchal Bazaine « qui en a la confiance et auquel on attribue le pouvoir de tout réparer (2) ». M. Piétri et les « vrais amis de l'Empereur » voyaient un autre avantage à cette solution : « s'il y avait encore un insuccès, l'Empereur n'en aurait pas la responsabilité entière (3) ».

L'Impératrice, à qui ce projet fut soumis, n'osa pas « prendre la responsabilité d'un conseil ». Elle pria l'Empereur de réfléchir à toutes les conséquences qu'amènerait son retour à Paris « sous le coup de deux revers »; il faudrait au moins, disait-elle, « que la mesure fût présentée au pays comme provisoire (4) ».

Le souverain, indécis, s'arrêta à un moyen terme. Un décret impérial, en date du 9 août, confiait au maréchal Bazaine le commandement des 2e, 3e et 4e corps de l'armée du Rhin; il lui attribuait un état-major spé-

---

(1) Capitaine Derrécagaix, *Guerre de 1870, Spectateur militaire*, 1871, page 144.
(2) M. Piétri à l'Impératrice, Metz, 8 août, 4 h. 30 soir.
(3) *Ibid.*
(4) *Papiers et Correspondance de la famille impériale*, tome I, page 56. (Télégramme trouvé déchiré aux Tuileries.)

cial (1) et appelait le général Decaen à la tête du 3ᵉ corps (2).

La position défensive, choisie sur la rive gauche de la Nied, était bonne en soi; son étendue était convenable et la répartition des troupes judicieuse, à part l'emplacement de la Garde, trop rapproché des deux premières lignes et trop central, en raison de la situation du champ offensif, qui se trouvait évidemment à l'aile droite. Peut-être eût-il été préférable de choisir un terrain de combat, en aval du confluent des deux Nied, vers Guirlange, Guenkirchen, Hincklange, couvrant indirectement les avenues de Sarrelouis et de Sarrebrück à Metz, de façon à se trouver sur une direction excentrique à l'axe du mouvement général des armées ennemies, qui semblait être la route de Saint-Avold à Metz. On pouvait espérer ainsi prendre l'offensive, avec des forces supérieures, contre l'aile droite de l'adversaire et, en cas d'insuccès, on était toujours assuré de franchir la Moselle sur un large front, les ailes couvertes par Metz et Thionville, toutes les colonnes s'écoulant rapidement par les quatre grandes routes qui mènent à la Meuse entre Stenay et Verdun. Au point de vue tactique, d'ailleurs, le commandement appartenait nettement à la rive

---

(1) Cet état-major fut composé de la manière suivante :

Le général de brigade Manèque, chef d'état-major général; le lieutenant-colonel de Kleinenberg, sous-chef d'état-major général; le chef d'escadron Tiersonnier, les capitaines de Tscharner, de Locmaria, Costa de Serda, Foucher, de Vaudrimey-Davout, adjoints.

(2) « Cette mesure ne répondait pas encore aux besoins de la situation; l'Empereur n'en restait pas moins le chef de l'armée du Rhin et du maréchal Bazaine, dont le rôle de lieutenant subordonné n'avait pas plus de valeur que par le passé. Les opérations, restant dans les mêmes mains, ne pouvaient tourner que dans le même cercle d'incertitudes et de fautes, et il n'y avait pas à compter sur une résolution héroïque, capable seule de rétablir nos affaires. » (*Metz, Campagne et Négociations*, page 52.)

gauche de la Nied, en aval de Northen; l'on échappait, de plus, à l'inconvénient d'avoir sur le front le masque de la forêt de Varize et l'on y acquérait l'avantage des excellents points d'appui d'Eblange, Roupeldange, Brecklange, Volmerange, que le feu de l'artillerie pouvait très efficacement flanquer. Dernière considération qui ne manquait point de valeur : plus on se reportait au Nord, plus on s'éloignait des corps de droite de l'armée du Prince royal. Le choix d'un champ de bataille semblait donc devoir se porter plutôt à l'Ouest de Boulay qu'à l'Est de Metz, dès l'instant où le grand quartier impérial était résolu à combattre le 10 août (1).

Mais cette détermination était-elle rationnelle? N'était-il pas préférable de n'accepter la lutte qu'après la concentration, aux environs de Metz, de toutes les forces disponibles, c'est-à-dire non seulement des 2e, 3e, 4e corps et de la Garde, mais encore des 5e et 6e corps, peut-être même du 7e (2)? Telle était, évidemment, la

---

(1) D'après la Note précitée, émanant du cabinet du Major général.

(2) Dans cette hypothèse, le 5e corps se portait en trois étapes de Lunéville à Metz. Le 6e était transporté à Metz par la voie ferrée des Ardennes et Thionville; le 7e par Vesoul, Épinal, Nancy.

D'après le général Lebrun, le grand quartier impérial aurait eu l'intention d'agir ainsi :

« On avait pensé, au grand quartier impérial, qu'en faisant occuper par ces quatre corps (2e, 3e, 4e, Garde) une position qui se trouvait entre les deux grandes routes que l'ennemi devait suivre naturellement pour se porter à Metz, on serait en mesure de contenir, pendant un certain temps, la masse principale des forces ennemies que l'on avait devant soi. On ne se dissimulait pas qu'il y avait bien des chances pour que les quatre corps français ne pussent résister victorieusement sur cette position, si les deux armées allemandes réunies venaient les y attaquer. Mais, d'autre part, on se berçait de l'espoir, qu'avant l'attaque de l'ennemi, on aurait le temps de joindre à nos forces sur la Nied, le 6e corps d'armée..... On comptait aussi que les 1er et 5e corps d'armée, rejetés de la Basse-Alsace, sur le versant occidental des Vosges, pour-

ligne de conduite à suivre. Si l'ennemi se montrait plus pressant qu'il ne l'avait été depuis le 7 août, il suffisait de gagner le temps nécessaire à l'arrivée des renforts, en cédant lentement le terrain, sans engager aucune affaire décisive (1). Il était bien probable que l'on réussirait ainsi à grouper sur la Moselle, dans un délai de quatre jours, six corps d'armée au moins, deux divisions de la réserve de cavalerie et la réserve générale d'artillerie. Alors, on pourrait manœuvrer sur la double tête de pont de Metz et attaquer l'adversaire, avec toutes les forces, sur l'une ou l'autre rive, pendant qu'il contournerait la place.

II. — Mouvements des corps de Lorraine.

Les mouvements de concentration de l'armée sur les

---

raient, sous deux ou trois jours, être reconstitués sous Nancy et Toul....., et que, suivant les circonstances, ces deux corps seraient appelés sur la Nied, ou portés sur cette autre position qu'on ferait prendre ultérieurement à toute l'armée derrière la Moselle. » (*Souvenirs militaires*, page 291.)

Mais on observera que les instructions du Major général, datées de Metz, 9 août 1870, contiennent le passage suivant, en contradiction avec l'opinion du général Lebrun :

« Si l'ennemi attaque demain matin, c'est sur cette première position défensive que l'armée acceptera la bataille. »

On remarquera aussi que l'ouvrage du général Lebrun a été publié en 1895, longtemps après les événements, et qu'il contient parfois des erreurs permettant de douter que les *Souvenirs* aient été écrits immédiatement après la campagne. La seule partie qui mérite une confiance entière est celle qui a trait à sa mission en Autriche, parce que le rapport du général Lebrun, est daté du mois de juin 1870.

(1) « L'armée du Rhin, réduite à quatre corps, y compris celui du général Frossard, paraissait peu en mesure de résister à la poursuite et à l'attaque de forces victorieuses et d'un effectif triple des nôtres. » (Lieutenant-colonel Fay, *Journal d'un officier de l'armée du Rhin*, page 57.)

positions défensives de la rive gauche de la Nied française commencent le 9 août.

2ᵉ *corps*. — La 2ᵉ division (Bataille), formant tête de colonne, part de Gros-Tenquin à 3 heures du matin et se porte sur Remilly par Berig, Baronville, Brulange, Vatimont. Elle est suivie par la 3ᵉ division (de Laveaucoupet (1) et la brigade Lapasset, dont l'arrière-garde, au départ d'Hellimer, a quelques escarmouches avec des éclaireurs prussiens. La 1ʳᵉ division (Vergé) qui devait prendre position à Gros-Tenquin, pendant l'écoulement des unités précédentes, mais qui, en réalité, avait encombré la route, entre à son tour dans la colonne dont elle constitue, avec la division de cavalerie, l'arrière-garde. A partir de Berig, la brigade Valazé de la 1ʳᵉ division suit l'itinéraire Harprich, Landroff, Brulange, avec le quartier général du corps d'armée.

L'intention première du général Frossard était de stationner, le 9, à Suisse-Basse, Brulange, Arraincourt, Holacourt. Mais, en cours de route, il reçut la dépêche suivante du maréchal Bazaine, datée de Faulquemont, 9 août :

« L'Empereur vient de venir à Faulquemont et donne des ordres formels et pressants pour que vous gagniez, aussi rapidement que possible, Han-sur-Nied et Remilly et, si vous le pouvez, après un repos, venir même, pendant la nuit, à Courcelles-sur-Nied..... »

En conséquence, le commandant du 2ᵉ corps dirigea, de Brulange, les convois et bagages sur Remilly, les réserves d'artillerie et du génie sur Lemud et, après une grande halte de deux heures à Brulange, il établit ses

---

(1) La division de Laveaucoupet était partie d'Erstroff, à 3 heures du matin, conformément aux prescriptions de l'ordre de mouvement du 8 août. Mais en arrivant à Gros-Tenquin, elle trouva la route obstruée par la division Vergé et ne put reprendre sa marche qu'à 7 heures.

quatre divisions autour de Remilly, la brigade Lapasset restant à Aubécourt (1).

A son arrivée à Remilly, le général Frossard télégraphia au Major général qu'il partirait, le 10 au matin, pour aller occuper la position de Mercy-le-Haut, au Sud-Est de Metz (2). Il demandait qu'on y fît diriger des vivres à l'avance. L'ordre de mouvement pour le 10 indiquait les heures de départs suivantes :

---

(1) « Les troupes n'avaient pas eu de distributions régulières et complètes depuis trois jours. A Puttelange, l'administration, ne pouvant assurer le service des vivres, avait fait donner un supplément de solde de 0 fr. 80 par homme et par jour. Malgré ces circonstance fâcheuses, malgré la privation de nourriture, de sommeil; malgré une nuit passée sans abris contre le mauvais temps, le 2ᵉ corps exécuta, dans cette journée, sans laisser un homme ni une voiture en arrière, une marche forcée de 32 kilomètres. » (Journal de marche du 2ᵉ corps, 9 août.)

« La marche est lente et pénible, les chemins sont détrempés et les hommes, dont plusieurs ont perdu leurs sacs, avec les vivres de réserve et leurs tentes, dans les journées des 6 et 7 août, se trouvent, après une nuit passée à la belle étoile, sous une pluie battante, d'autant plus fatigués que, depuis le 6, les distributions ont presque entièrement manqué. » (Journal de marche de la division Laveaucoupet, 9 août.)

(2) Le général Frossard n'avait pas encore reçu, à ce moment, les instructions du maréchal Bazaine relatives à l'occupation de la position Pange-les-Étangs. Elles ne lui parvinrent que le lendemain, 10 août, pendant la marche. Son intention de se porter, le 10, sur Mercy était conforme à l'intention du Major général, exprimée dans une lettre du 9 août au général Frossard :

« ..... Il est essentiel, qu'en continuant à opérer votre retraite en bon ordre, vous marchiez aussi vite que possible pour permettre au 3ᵉ corps, à la Garde et au 4ᵉ corps qui forme l'extrême gauche, de venir le plus tôt possible prendre position sous Metz..... »

Le Major général ignorait sans doute lui-même, au moment où il écrivait ces lignes, la décision de l'Empereur de prendre position sur la Nied française.

A 10 h. 30 du matin, il écrivait en effet au maréchal Bazaine :

« Par ordre de l'Empereur, le général Frossard..... reçoit itérativement l'avis qu'il doit se porter sur Metz, afin de se joindre aux forces que vous allez y amener..... »

Réserves d'artillerie et du génie (Lemud), 2 heures du matin ;

Voitures des services administratifs (Remilly), 2 heures du matin ;

3ᵉ division (Remilly), 4 heures du matin ;

1ʳᵉ division (Remilly), 5 heures du matin ;

2ᵉ division (Remilly), 6 heures du matin ;

Brigade Lapasset (Aubécourt), 7 heures du matin ;

Division de cavalerie (Remilly), 7 h. 30 du matin.

3ᵉ corps. — Le quartier général est transféré de Faulquemont à Pont-à-Chaussy.

La 1ʳᵉ division avait reçu l'ordre de replier, au Sud de la Nied allemande, à partir de 9 heures du matin, tous les détachements qui se trouvaient sur la rive droite, sauf un régiment au plus, qui resterait à Faulquemont.

Elle se mit en mouvement, vers 2 heures, sur Pange (1), par Many et Arriance, mais une erreur de direction lui fit continuer sa marche sur Herny et Han-sur-Nied où elle vint se heurter au 2ᵉ corps. L'encombrement de la route l'empêcha d'atteindre Pange et ce fut très avant dans la nuit seulement que la division établit ses bivouacs entre Sanry-sur-Nied, Pange et Lemud (2).

Le 3ᵉ régiment de chasseurs à cheval, affecté à la division Montaudon, était parti de Faulquemont, vers 10 h. 30 du matin, à la recherche des voitures du convoi

---

(1) La 2ᵉ brigade en tête avec le convoi, puis l'artillerie et la 1ʳᵉ brigade.

(2) Les documents varient sur le point de stationnement de la 1ʳᵉ division du 3ᵉ corps. D'après le Journal de marche de la division, celle-ci est *réunie* à Sanry-sur-Nied, à 2 heures du matin. Les *Souvenirs militaires* du général Montaudon disent, au contraire, qu'une des brigades « bivouaqua à 11 heures du soir près de Sanry-sur-Nied, et l'autre à quelques kilomètres en arrière » (page 85).

Les Historiques des corps de la division indiquent les points suivants :

du 2ᵉ corps, qui avaient pris une fausse direction. Arrivé à Altroff vers midi, le colonel apprit que ces voitures s'étaient mises en route sur Morhange, sauf une douzaine, demeurées en arrière, qu'il dirigea aussitôt d'Altroff sur le même point et qu'il suivit avec le gros du régiment. Le 2ᵉ escadron, envoyé en reconnaissance sur Gros-Tenquin, se porta sur cette localité, précédé d'un peloton d'avant-garde, commandé par le sous-lieutenant du Gardier. Celui-ci se heurta, dans le village même, à un peloton prussien, le chargea vigoureusement et le refoula en lui tuant 7 hommes et en lui faisant 7 prisonniers. Le sous-lieutenant Gardier avait été blessé de trois coups de lance.

Le 3ᵉ régiment de chasseurs, rejoint par le 2ᵉ escadron, se dirigea sur Remilly, et rejoignit la division Montaudon à 11 heures du soir.

La 2ᵉ division part de Fouligny à 1 heure de l'après-midi, et se porte par Courcelles-Chaussy et Pont-à-Chaussy sur Mont, où elle arrive à 7 heures du soir (1).

La 3ᵉ division se porte de Faulquemont à Mont, qu'elle atteint à minuit seulement.

La 4ᵉ division exécute son mouvement en deux co-

1ʳᵉ *brigade*.

18ᵉ bataillon de chasseurs, près de Remilly.
51ᵉ de ligne, Lemud, 1 heure du matin.
62ᵉ de ligne, en avant de Sanry, 1 heure du matin.

2ᵉ *brigade*.

81ᵉ de ligne, Sud de Pange, 9 heures du soir.
95ᵉ de ligne, environs de Pange, 10 heures du soir.

Enfin, le Journal de marche de la division Montaudon pour le 10 août débute ainsi :

« La 2ᵉ brigade, restée à Courcelles-sur-Nied, quitte son campement à 8 heures du matin..... »

(1) Il lui avait donc fallu six heures pour faire douze kilomètres environ.

lonnes. La 2ᵉ brigade quitte Plappecourt à 3 heures, et va camper à Silly ; la 1ʳᵉ, avec l'artillerie, la cavalerie, les bagages, ne part qu'à 8 heures du soir et établit son bivouac à Pont-à-Chaussy (1).

La division de cavalerie lève son bivouac de Bionville, à 3 h. 30, et se heurte immédiatement à la 2ᵉ brigade de la division Decaen; elle campe à 5 heures, au Nord-Ouest de Pont-à-Chaussy.

La réserve d'artillerie part d'Arriance, à 9 heures du matin, suit l'itinéraire : Berlize, Maizeroy, Chevillon, et s'établit près du château d'Urville.

La réserve du génie se rend de Faulquemont à Courcelles-Chaussy. Dans la matinée, la compagnie de chemins de fer met la gare de Faulquemont hors de service, obstrue la voie en y faisant échouer une locomotive et trois wagons de ballast, fait sauter le pont de Herny et commence les travaux de destruction du pont de Remilly qui sont interrompus par ordre du général Frossard.

4ᵉ corps. — A 3 heures du matin, le Major général mandait au général de Ladmirault que, d'après un avis qui venait de lui parvenir, l'ennemi se concentrait sur la gauche de l'armée. Une attaque par des forces considérables lui paraissait possible dans la soirée, ou le lendemain matin. En conséquence, il recommandait

---

(1) A 10 h. 30 du matin le général Decaen écrivait au maréchal Bazaine :

« Je vous prie en grâce de ne pas faire faire de mouvement aujourd'hui. Les hommes sont rendus de fatigue, la soupe n'est pas mangée, et il faudrait encore y renoncer ce soir..... »

Le Maréchal répondit :

« ..... L'Empereur est venu de sa personne à Faulquemont pour s'assurer que le mouvement serait exécuté ce soir; il faut donc faire tous vos efforts pour venir vous établir aux points qui vous ont été désignés..... »

au commandant du 4ᵉ corps de ne faire aucun mouvement avant d'avoir pris les ordres du maréchal Bazaine :

« Éclairez-vous très au loin, ajoutait-il, en avant et à gauche avec votre cavalerie, pour avoir des nouvelles de l'ennemi et empêcher que l'ennemi en reçoive de nous..... Si vous êtes attaqué, employez beaucoup votre artillerie, car l'ennemi en fait grand usage. Veillez surtout du côté de Vry. »

Ces instructions étaient conformes à celles que l'Empereur adressait de Faulquemont, à 9 h. 20 du matin, au Major général, au sujet du 4ᵉ corps, après entente avec le maréchal Bazaine :

« Le général de Ladmirault ne peut et ne doit pas changer de position..... Qu'il s'établisse militairement, sa droite à hauteur des Étangs, sa gauche à Glattigny, et qu'il fasse exécuter les ouvrages de campagne nécessaires. Qu'il fasse en outre observer Sainte-Barbe et toutes les routes venant de la frontière et aboutissant sur sa gauche. »

Déjà, conformément à l'ordre de mouvement du 8 août, le 4ᵉ corps avait entamé sa marche de Glattigny et des Étangs sur Metz, quand il reçut successivement le télégramme du Major général et les prescriptions du maréchal Bazaine relatives à l'occupation des positions de la rive gauche de la Nied. Le général de Ladmirault modifia aussitôt la direction de ses colonnes, et à 8 heures, ses troupes se trouvaient établies sur la ligne : Les Étangs, Glattigny, Sainte-Barbe, à part la 2ᵉ division dont il n'avait pas encore de nouvelles.

Le quartier général fut installé au château de Gras ; la 1ʳᵉ division prit position entre Glattigny et Cheuby ; la 3ᵉ division, entre Cheuby et les hauteurs au Nord-Est de Sainte-Barbe (1) ; la 2ᵉ division vint, à minuit, se

---

(1) « Elle prend position face au bois de Cheuby sur deux lignes, la première à 800 mètres du bois, l'artillerie à gauche sur la hauteur qui

placer en réserve derrière la droite de la 1re, à l'Ouest de Glattigny. La division de cavalerie et les réserves d'artillerie et du génie campèrent près du château de Gras. Toutes ces troupes étaient extrêmement fatiguées (1). La partie disponible du parc du 4e corps était appelée de Metz à Sainte-Barbe.

Les reconnaissances de cavalerie exécutées dans les premières heures de la matinée n'avaient pas donné grand résultat. Le 2e escadron du 7e hussards, envoyé sur Vry, n'avait rien signalé ; d'autre part, 20 cavaliers du 4e escadron du 2e hussards, dirigés sur Boulay, avaient eu un engagement avec un parti de uhlans prussiens (2) : le capitaine commandant et deux hommes

---

domine Avancy, Vigy et Vry. Le village de Cheuby est mis en état de défense. » (Journal de marche de la 3e division du 4e corps.)

La note émanant du cabinet du Major général disait que « les bois de Hayes et de Cheuby devront être occupés fortement, *jusqu'à leur lisière du côté de l'ennemi.* » Cette prescription était, en effet, absolument rationnelle.

(1) Le général de Ladmirault écrivait au maréchal Bazaine à 10 heures du matin :

« ..... Depuis cinq jours mes troupes sont en marche : la journée d'hier, 8 août, a été très pénible par suite d'un orage qui nous a inondés d'eau. La pluie n'a cessé de tomber en abondance pendant toute la nuit ; les hommes sont restés debout, sans sommeil, mais pouvant faire de grands feux. Les chevaux de la cavalerie et les attelages de l'artillerie sont horriblement fatigués ; ils ont passé la nuit du 8 au 9 août dans des bourbiers profonds. Dans cet état de choses, les troupes de mon corps d'armée ont le plus grand besoin de repos et d'un bivouac tranquille. »

(2) La reconnaissance française comprenait en réalité 40 cavaliers, mais le capitaine commandant Jouvenot avait laissé un peu en arrière 20 cavaliers avec son capitaine en 2e.

« Malgré son infériorité numérique, le capitaine Jouvenot a commandé la charge et a culbuté l'ennemi, qui l'attendait en bataille, la lance croisée. Les uhlans, renversés par l'impétuosité de l'attaque, ont pris la fuite, laissant sur le champ de bataille 1 officier et 5 soldats tués, 3 chevaux..... » (Rapport du colonel commandant le 2e hussards, daté de Glattigny, 10 août.)

avaient été tués ; le sous-lieutenant Carrelet et trois hussards blessés. On n'avait aperçu aucune troupe d'infanterie ennemie. De nouvelles reconnaissances étaient prescrites pour le 10, à 3 h. 30 du matin : à la division de Lorencez, dans la direction de Bouzonville ; à la division de Cissey, dans celle de Boulay. Le général de Ladmirault les engageait à « agir avec beaucoup de prudence et de circonspection », recommandation un peu excessive, semble-t-il.

Garde. — Dans la matinée, le maréchal Bazaine avait informé le général Bourbaki de la décision de l'Empereur relative à l'occupation des hauteurs de la rive gauche de la Nied française :

« Vous devez occuper, ajoutait-il, à partir de Colligny comme centre, les positions qui vous paraîtront convenables pour pouvoir vous porter rapidement (ou une portion de votre corps), soit vers le général de Ladmirault, dont le quartier général est à Glattigny, soit vers notre droite, qui sera à Courcelles-sur-Nied..... »

En conséquence, à 2 heures de l'après-midi, les troupes de la Garde lèvent leurs bivouacs de Courcelles-Chaussy et de Pont-à-Chaussy, et viennent occuper les positions suivantes (1) :

Le quartier général à Maizery ; la division Deligny à La Tuilerie (Nord-Est de Maizery), à cheval sur la grande route ; le 1er régiment de voltigeurs et une batterie, détachés au hameau de Mont ; la division Picard, à gauche de la précédente, jusqu'à la ferme de Béville,

---

(1) A 3 heures du matin, le Major général avait prévenu le général Bourbaki, comme les autres commandants de corps d'armée, de la possibilité d'une attaque de l'ennemi sur la gauche des positions françaises. Il l'informait, en outre, que le maréchal Bazaine enverrait des instructions à la Garde, destinée à servir de réserve aux 2e, 3e et 4e corps.

mise en état de défense, et dont les abords sont occupés par un bataillon du 1er régiment de grenadiers, deux du 3e, et une batterie ; la division de cavalerie Desvaux, près de Maizery, moins le régiment de chasseurs, affecté à la division Deligny et le régiment des guides, à la division Picard ; la réserve d'artillerie, au point de croisement de la route de Metz et du chemin de Colligny à Sainte-Barbe.

Le bataillon de chasseurs, revenant de Thionville, rejoint à 10 heures du soir.

Réserves générales de cavalerie et d'artillerie. — Vers 9 heures du matin, la division de cavalerie de Forton avait reçu, en approchant de Pont-à-Mousson (1), un télégramme du Major général lui prescrivant de se diriger sur Metz, sans perdre un instant. Elle vint camper à Montigny-les-Metz dans la soirée.

La division de cavalerie du Barail avait fait route de Bernécourt à Saint-Mihiel. Elle reçut, à 6 heures du soir, l'ordre du Major général de se porter, le 10, sur Metz en trois jours, par Vigneulles et Gorze. Le maréchal Le Bœuf espérait qu'elle serait rendue à Metz, le 12, de bonne heure. Le général du Barail répondit (6 h. 37) qu'il partirait à 9 heures et marcherait toute la nuit, jusqu'à son arrivée à Metz.

Toute la réserve générale d'artillerie (16 batteries) se trouve concentrée, le 9, à l'île Chambière, près Metz (2).

---

(1) Venant de Solgne et de Luppy.

(2) Quatre batteries s'y trouvaient depuis le 8 août. Les douze autres étaient parties de Nancy, le 8, à 1 heure de l'après-midi et avaient fait étape à Pont-à-Mousson. Le 9, le général Soleille avait envoyé, à 6 heures du matin, le télégramme suivant au général Canu, commandant la réserve générale d'artillerie :

« Il peut y avoir une affaire sérieuse, ce soir ou demain. Hâtez votre marche. Arrêtez-vous avant d'entrer en ville. Avant de camper, demandez des ordres en envoyant un officier. »

III. — Mouvements des corps d'Alsace.

Tandis que les 2e, 3e, 4e corps et la Garde exécutaient ces mouvements de concentration sur la rive gauche de la Nied française, les 1er et 5e corps continuaient leur retraite par un temps affreux qui en augmentait les fatigues (1). Le 1er corps quitte Sarrebourg, à 4 heures du matin, et se porte sur Blâmont : les 1re et 3e divisions par Lorquin et Cirey, les 2e, 4e, la division Conseil-Dumesnil, la réserve d'artillerie et la brigade de Septeuil (2) par la grande route. Les têtes de colonnes atteignent Blâmont vers 10 heures. La 1re division et la réserve d'artillerie s'établissent à Domèvre ; les autres divisions, entre Domèvre et Blâmont ; la brigade de Septeuil, à l'Est de cette dernière localité. Pendant ce temps, la division de cuirassiers de Bonnemains et les 2e et 3e brigades de la division Duhesme se portent de Blâmont à Lunéville.

Le 5e corps, partant de Lixheim et de Sarrebourg, marche en deux colonnes (3) :

Le quartier général, la division Goze, la brigade de Maussion de la division de l'Abadie, les réserves d'artil-

---

(1) Journal du commandant David, 9 août; L. de Narcy, *Journal d'un officier de turcos*, page 121 ; Challan de Belval, *Carnet de campagne d'un aide-major*, page 23.

(2) 1re brigade de la division Duhesme.

(3) « Avant de quitter Sarrebourg, le génie fit enlever les appareils télégraphiques du bureau de la ville et de la gare, et, n'ayant pas de poudre à sa disposition, ni dans le parc du génie, ni dans la réserve d'artillerie, il donna l'ordre au chef d'équipe de la station d'enlever et de jeter dans la rivière les traverses et les rails sur toute la longueur du pont sur la Sarre, aussitôt que tout le matériel roulant aurait été dirigé sur Nancy. » (Journal de marche du génie du 5e corps.)

lerie et du génie et les ambulances, par Sarrebourg et Héming sur Réchicourt (1).

La division de Lespart, par Lorquin et Bertrambois, sur Cirey ; la division de cavalerie Brahaut, par le même itinéraire, sur Badonviller (2).

A 6 heures du soir, le capitaine de France, attaché au grand quartier général, apporte au général de Failly une lettre du Major général, datée de Metz, 8 août, et conçue en ces termes :

« L'ennemi est entré à Sarralbe et paraît se diriger sur Nancy, où il peut être dans cinq jours. Vous êtes probablement instruit de ce mouvement, et, dans ce cas, vous aurez pris des mesures pour dérober votre corps à l'ennemi. Quoi qu'il en soit, l'Empereur maintient l'ordre qu'il vous a donné de vous diriger en toute hâte sur Nancy, et c'est vers ce but que doivent tendre tous vos efforts en forçant votre marche, si c'est nécessaire. C'est seulement dans le cas où vous vous verriez devancé à Nancy par l'ennemi que, pour ne pas vous mettre dans la nécessité de lutter contre des forces supérieures, vous devriez, tout en continuant votre marche, prendre une direction plus à gauche, vers Langres par exemple..... A Nancy, l'Empereur vous appellera à Metz et vous indiquera votre retraite, soit sur Châlons, soit sur Paris. »

La division Goze, la brigade de Maussion, les réserves

---

(1) Départ de Sarrebourg à 7 heures ; arrivée à Réchicourt à 2 heures de l'après-midi.
Le gros de la colonne passe à partir d'Héming par Gondrexange ; la division Goze suit à partir d'Héming l'itinéraire : Neuf-Moulin, Saint-Georges, Réchicourt.
(2) La division de cavalerie Brahaut était réduite aux huit escadrons du 5ᵉ lanciers et du 12ᵉ hussards. Le 5ᵉ hussards était réparti entre le quartier général et les trois divisions d'infanterie ; le 3ᵉ lanciers était resté avec la brigade Lapasset.

d'artillerie et du génie, stationnées à Réchicourt; la division de cavalerie Brahaut, établie à Badonviller, pouvaient gagner Nancy le 11 août; la division de Lespart, obligée par la présence du 1er corps à Blâmont et Domèvre, de passer par Baccarat et Gerbéviller, ne serait arrivée à Nancy que le 12, c'est-à-dire un jour encore avant la date à laquelle l'ennemi atteindrait cette ville, d'après les prévisions du Major général. Au besoin, d'ailleurs, cette division se serait dirigée directement sur Toul. Mais le commandant du 5e corps « se montra très préoccupé d'avoir à entreprendre, pour se rendre à Metz par Nancy, une marche de flanc dans le voisinage presque immédiat des têtes de colonnes de l'ennemi (1) » et ne crut pas pouvoir se conformer aux instructions qu'il avait reçues, en dépit de leur caractère pressant.

« Le général de Failly, écrivit le capitaine de France au Major général, ne se dirige pas sur Nancy, parce qu'il craint de n'arriver dans cette ville que cinq ou six heures avant l'ennemi et parce qu'avec les trois brigades de son corps d'armée, qui seules sont intactes, il ne pourrait soutenir un engagement (2). »

Le commandant du 5e corps résolut, en conséquence, de se porter le 10 sur Lunéville et de se diriger de là sur le camp de Châlons par Bayon, Vézelise, Colombey, Void et Commercy.

Les deux raisons qu'il avait données de sa détermination sont insuffisantes à la justifier : d'une part, en effet, il ne devait renoncer à marcher sur Nancy que dans le cas où il s'y verrait devancé par l'ennemi; de l'autre, la division de Lespart, qui n'avait été que

---

(1) Note adressée à la Section historique de l'état-major de l'armée, le 14 décembre 1901, par M. le général de France.
(2) Voir Journée du 10 août. Documents annexes, 5e corps. — Rapport du capitaine de France sur sa visite au 5e corps d'armée.

faiblement engagée à Frœschwiller, pouvait être considérée comme « intacte » au même titre que la division Goze et la brigade de Maussion. Pourquoi, d'ailleurs, prendre ce parti, dès le 9, quand les instructions du Major général disaient : « C'est vers ce but que doivent tendre tous vos efforts ? » Ne fallait-il pas, au contraire, tout tenter pour obéir et ne serait-il pas temps, le 10, à Lunéville, d'abandonner la direction de Nancy, si l'on avait des motifs sérieux de penser qu'on y serait prévenu par l'ennemi (1) ?

Dans cette situation, il était donc logique d'envoyer immédiatement un escadron du 5ᵉ hussards de Réchicourt (2) sur Moyenvic, avec mission de pousser des reconnaissances sur Dieuze et Château-Salins et de faire connaître, le 10 au soir, si l'ennemi avait atteint ces deux localités. S'il n'en était pas ainsi, il était très probable que la colonne de droite du 5ᵉ corps pourrait, le 11, se porter, sans le moindre risque, de Lunéville sur Nancy. Au surplus, la division de cavalerie Brahaut, appelée le 10 de Badonviller sur Einville au Jard, aurait couvert la colonne sur son flanc droit (3).

---

(1) D'après cette note adressée à la section historique, le 28 décembre 1901 par M. le général de Piépape, capitaine, en 1870, à l'état-major du 5ᵉ corps, le général de Failly, qui avait commandé à Nancy, aurait exprimé, à différentes reprises, « la répugnance qu'il éprouvait à ramener son corps d'armée par cette ville ».

(2) Trois escadrons du 5ᵉ hussards se trouvaient à Réchicourt. Voir page 117, note 2.

(3) On remarquera que le Journal de marche du 5ᵉ corps indique le 10 août pour l'arrivée du capitaine de France et des instructions du Major général. Il en est de même de l'ouvrage écrit par le général de Failly après la guerre et intitulé : *Opérations et marches du 5ᵉ corps*, page 20. Mais, d'une part, le Journal de marche du capitaine de Piépape, qui présente tous les caractères d'une rédaction faite journellement, au fur et à mesure des événements, mentionne l'arrivée de ces instructions au 9 août, à Réchicourt (n° 250), et, d'autre part, le rapport du capitaine de France sur sa visite au 5ᵉ corps, à Réchicourt, est daté de Metz, 10 août, 10 heures du matin.

IV. — Renseignements reçus au grand quartier impérial et opérations de la cavalerie française.

Les renseignements que possède le grand quartier général français, à la date du 9 août, sont vagues et confus (1). Les reconnaissances de cavalerie manquent parfois totalement ou sont souvent si insignifiantes qu'elles ne recueillent que des propos des populations affolées auxquels on ne peut accorder la moindre confiance, ou des informations sans valeur sur la présence, dans telle localité, de patrouilles adverses (2). En vain le Major général recommande-t-il à plusieurs commandants de corps d'armée de s'éclairer très au loin, au moyen de leur cavalerie. Ces prescriptions ne devaient et ne pouvaient pas être appliquées ; il était trop tard pour modifier les errements en vigueur dans la cavalerie française, influencée par les procédés employés en Algérie (3) et à qui il

---

(1) *Journal d'un officier de l'armée du Rhin*, page 54.

(2) « Dans quelques rares circonstances, des commandants de corps prescrivirent à leur division de cavalerie ou à une de ses brigades de se porter en reconnaissance dans des directions où la présence de l'ennemi était signalée ; on en vit les chefs partir en colonne, comme pour aller au terrain de manœuvres, et revenir tranquillement après avoir parcouru six kilomètres, sans avoir rien reconnu, mais avec la conviction qu'ils avaient accompli leur mission ; quelques-uns craignirent même de s'aventurer aussi loin et réclamèrent impérieusement l'appui de bataillons d'infanterie. » (*Metz, Campagne et négociations*, page 462).

(3) «.....Nous avons oublié les traditions de la grande guerre et l'art de manier les grandes masses de cavalerie. Nous les avons oubliées, je puis vous dire comment : Dans nos guerres d'Afrique, nos troupes eurent affaire à une cavalerie plus nombreuse que la nôtre et se servant à merveille de l'arme à feu, de telle sorte que chaque fois que de petits détachements devaient opérer séparément, ils subissaient des pertes parfois considérables. Dès lors, au lieu de nous éclairer au loin, nous avons fait le contraire. La cavalerie se plaçait au milieu d'un carré d'infanterie, d'où elle ne sortait que pour jouer du sabre et frapper un

manquait, en réalité, la véritable instruction de guerre (1). La charge était son idéal; elle ne se doutait pas de l'exploration à grande distance (2).

« Son rôle journalier a été complètement nul, sur tous les points; elle n'a jamais éclairé l'armée, n'a jamais fait une reconnaissance sérieuse et on a assisté, dans cette campagne, au spectacle bizarre de la voir toujours campée en arrière des divisions d'infanterie, qu'elle aurait dû prévenir de ce qui se passait au loin, en avant de leurs fronts..... C'est ainsi que les choses se sont passées pendant toute la période qui a précédé la rentrée de l'armée à Metz (3)..... »

Le Major général qui ne se méprenait pas sur la médiocrité des résultats obtenus et semblait pénétré de la nécessité de s'éclairer très au loin, disposait d'un moyen propre à remédier à la situation et à vérifier l'authenticité des nouvelles qui lui étaient fournies par le service des renseignements, sur la marche de l'ennemi vers la gauche de l'armée.

---

coup décisif. Mais il faut revenir aux anciennes traditions. Elles viennent de nous et c'est en combattant avec nous que les puissances militaires les ont acquises..... Dans la dernière guerre, nous avons toujours été mal éclairés, à peu d'exceptions près, bien que quelques progrès eussent été faits à la suite de la campagne de 1859. » (Allocution du maréchal de Mac-Mahon aux lieutenants instructeurs de l'École de Saumur, 1874. *Moniteur de l'armée* du 11 mai).

(1) *Metz, Campagne et négociations*, page 464.

« Le maréchal Niel avait essayé de réagir contre ces fâcheuses tendances et, malgré l'opposition des généraux de cavalerie, il avait arrêté la rédaction des *Observations sur le service en campagne de la cavalerie*, qui répondaient aux conditions de la guerre moderne. Après sa mort, le premier acte du Comité de cavalerie fut de demander à son successeur la suppression de cette instruction et le retour à l'ancien état de choses. » (*Metz. Campagne et négociations*, page 462.)

(2) Capitaine Derrécagaix. *La guerre de 1870, Spectateur militaire*, 1871, page 69.

(3) *Metz, Campagne et négociations*, page 464.

Il suffisait, à cet effet, de constituer un organe de reconnaissance spécial, à la disposition exclusive du commandement et qui n'aurait reçu d'instructions que de lui seul.

A défaut des divisions de cavalerie de réserve, encore en marche sur Metz, on pouvait grouper, le 9, celles des 2e, 3e, 4e corps d'armée et de la Garde, à part une brigade réservée à la sûreté et lancer cette masse de cavalerie sur Teterchen et Bouzonville, avec ordre de pousser jusqu'au contact des colonnes d'infanterie ennemie et, sinon, au moins jusqu'à la Sarre.

Des reconnaissances d'officier auraient été chargées, d'autre part, de recouper, du Nord-Ouest au Sud-Est, les routes qui, du front Sarrelouis, Sarrebrück, Sarralbe, se dirigent vers Metz, Nancy, tandis que la division de Forton, appelée, le 9, de Solgne et de Luppy, vers Faulquemont, aurait éclairé, le 10, en avant de l'aile droite de l'armée.

Malgré l'inertie à peu près complète de leur cavalerie, certains commandants de corps d'armée recueillent quelques informations.

Le général Frossard, en arrivant à Brulange « apprend que les Prussiens ont cessé de le suivre et qu'ils ont pris la route de Pont-à-Mousson (1) ». Le général de Ladmirault mande au Major général que tout est tranquille dans les directions de Bouzonville et de Metzerwisse ; Boulay n'est occupé par aucune troupe d'infanterie ; « les habitants affirment qu'il y en a vers Coume et Teterchen ». Le général de Lorencez fait connaître au commandant du 4e corps que « les reconnaissances dirigées en avant et sur

---

(1) Journal de marche du 2e corps. Ce document ajoute : « Ce renseignement est confirmé, à son arrivée à Remilly, par les rapports des paysans et des habitants ». Cette confirmation n'était pas d'une très grande valeur.

le flanc gauche de la position (1) ne signalent nulle part la présence de l'ennemi ». Mais « les officiers chargés du service des renseignements s'accordent à dire que les Prussiens sont en force à Bouzonville, Teterchen, Ottonville, Coume et Boucheporn, avec peu de monde à Boulay, et que leurs mouvements semblent annoncer l'intention de se porter sur Saint-Avold ». D'autre part, d'après les avis reçus par le général Bourbaki, l'ennemi ne continuerait pas à se porter en avant; quelques cavaliers seulement seraient entrés à Boulay et à Longeville-les-Saint-Avold.

Le service des renseignements du grand quartier général n'obtient, le 9 août, que peu de résultats. De Luxembourg on transmet des informations, venant d'Allemagne, et d'après lesquels l'armée allemande tout entière, y compris la landwehr, se masserait sur les frontières françaises. D'après un rapport envoyé de Bruxelles au Ministre des affaires étrangères, l'effectif des troupes de première ligne s'élèverait à 450,000 hommes. Un agent de Thionville annonce que les mouvements des troupes continuent sur la ligne de la Nahe et dans la direction de Cologne à Trèves; la population de cette dernière ville est prévenue de l'arrivée, pour le 9, de 40,000 hommes destinés à remonter la Sarre par toutes les voies. Entre Coume et Sarrelouis, il n'y aurait actuellement que de petits détachements chargés d'observer la frontière. La garnison de Sarrelouis qui se compose, d'après le même agent, des 13e, 53e et 70e régiments d'infanterie aurait reçu l'ordre, le 8, d'aller rejoindre, le 9, le gros de l'armée dans la direction de Boulay ou de Saint-Avold. Speicher, Prüm, Waxweiler, Bitburg, Dockendorf (2) seraient encore occupées par des troupes assez nom-

---

(1) Sainte-Barbe.
(2) Toutes ces localités sont au Nord de Trèves.

breuses qu'on croit destinées à être dirigées sur le Palatinat, plutôt que vers Metz. Des détachements ennemis ont paru à Sierck et à Bouzonville mais ont évacué ces localités après y avoir fait des réquisitions.

L'interrogatoire des prisonniers faits à la bataille de Forbach apprend que le 2e corps a été attaqué par une grande partie des IIIe, VIIe et VIIIe corps, indépendamment des troupes qui ont combattu contre la division de Laveaucoupet à Spicheren. Mais on n'a aucun renseignement sur les emplacements actuels de ces unités.

De Nancy, le capitaine Iung mande au Major général que les troupes badoises ont atteint, le 7, Haguenau, à 6 heures du matin; Brumath, à 5 heures du soir; Strasbourg aurait été investie le 8. Le 7, à 11 heures du soir, 60,000 Prussiens et Bavarois auraient franchi le Rhin à Limbourg (1) et à Brisach; leur intention est d'être, le 10 ou le 11, à Lunéville; leur objectif serait Bar-le-Duc. Mais, d'autre part, le sous-préfet de Schlestadt annonce que tout est tranquille sur le Rhin. Dans une dépêche ultérieure, le même officier signale que l'armée du Prince royal se dirige rapidement sur Sarre-Union pour effectuer sa jonction avec celle du prince Frédéric-Charles.

En Haute-Alsace, les informations recueillies continuent à être contradictoires.

D'après certains renseignements parvenus au général Douay, il n'y aurait plus que des troupes peu nombreuses sur la rive droite du Rhin, entre Fribourg et Mülheim; mais, d'autre part, on assure qu'une armée, évaluée tantôt à 50,000, tantôt à 100,000 hommes, se trouverait rassemblée entre Rastatt et Offenbourg, face au débouché de Kehl. La concentration des landwehr

---

(1) A l'Est de Marckolsheim.

badoise, bavaroise et würtembergeoise s'effectuerait entre Hausach et Ulm, au dire d'un Français revenant de cette région.

Dans la soirée du 9 août, l'Empereur reçut de l'Impératrice le télégramme suivant (1) :

« Je crois absolument nécessaire que vous ayez des renforts. D'après les avis que j'ai reçus, la jonction des deux armées prussiennes va vous mettre au moins 300,000 hommes sur les bras. Appelez à vous les troupes de Châlons et tout ce que vous pourrez rassembler. Si vous approuvez, envoyez-moi des ordres immédiats (2). »

L'Empereur répondit, à 10 heures du soir, qu'il ferait venir à Metz, s'il en avait « le temps et les moyens, le corps d'armée de Châlons », mais qu'il lui était impossible, pour le moment, de réunir des forces plus nombreuses. Il semble pourtant, qu'à la condition de céder, au besoin, aux Allemands, sans combats décisifs, le terrain compris entre la Nied française et la Moselle, il était possible de concentrer sur la rive gauche du fleuve, non pas quatre, mais six corps d'armée (3), sans compter la Garde impériale.

V. — Renseignements reçus par le grand quartier général allemand et opérations de la cavalerie allemande.

Le 9 août, au matin, le lieutenant-colonel Verdy du Vernois, du Grand État-Major, établissait un croquis d'après lequel le 4e corps se trouvait au Nord-Est de Metz ; le 3e, à mi-distance entre cette place et Saint-Avold ; le 2e, au Nord-Ouest de Morhange, en retraite

---

(1) Expédié de Paris à 6 heures du soir.
(2) Extrait du livre : *Les derniers télégrammes de l'Empire*.
(3) 2e, 3e, 4e, 5e, 6e, 7e corps.

sur Metz ; le 5ᵉ, en marche d'Altroff sur Morhange ou Lunéville (1). La cavalerie recueillait, dans la journée, des renseignements complémentaires.

Le général de Steinmetz annonçait pour la seconde fois, au grand quartier général, l'évacuation de Boulay et de Bouzonville. A son avis, l'aile gauche de l'armée ennemie devait être à Saint-Avold ou à Boucheporn ; il proposait, en conséquence, de porter l'aile droite de la Iʳᵉ armée vers cette dernière localité. Dans cet ordre d'idées, il chargeait la *3ᵉ* division de cavalerie de se procurer des nouvelles sur la situation de l'adversaire, notamment dans la direction de Saint-Avold et de Boucheporn (2) et lui affectait, comme soutien, un bataillon du Iᵉʳ corps.

« Mais le général comte de Groeben regardait comme peu opportun encore d'engager des partis de cavalerie considérables dans la région montueuse et boisée située en avant du front de la Iʳᵉ armée..... (3) »

Il maintenait donc le gros de la *3ᵉ* division, sur la rive droite de la Sarre, près de Derlen, et se bornait à augmenter le nombre de patrouilles d'officiers envoyées sur la rive gauche (4). Elles ne constatèrent nullement la présence du 4ᵉ corps français vers les Étangs, mais une reconnaissance lancée par le *8ᵉ* hussards (5) aperçut, des hauteurs de Morhange (5 h. 15 soir), dans la dépression, immédiatement à l'Ouest, un grand camp français dont elle estima les forces à 50,000 hommes.

---

(1) *Correspondance militaire du maréchal de Moltke*, tome I, page 262.

(2) Le lieutenant Stumm, du *8ᵉ* régiment de hussards, avait signalé, le 7, un camp français très important près de cette localité.

(3) *Historique du Grand Etat-Major prussien*, 4ᵉ livraison, page 411.

(4) L'une d'elles, commandée par le lieutenant von Papen, du 5ᵉ uhlans, eut, près de Boulay, un engagement, dont il a été fait mention précédemment, avec une partie d'un escadron du 2ᵉ hussards. (Voir page 113.)

(5) Cavalerie divisionnaire de la *13ᵉ* division d'infanterie.

La 6ᵉ division de cavalerie, mise sous les ordres du commandant du IIIᵉ corps, avait été placée, dans la marche, derrière la 5ᵉ division d'infanterie, sauf le 15ᵉ uhlans, qui était attribué à la 6ᵉ division, formant tête de colonne (1). Ce régiment, qui avait eu soin, la veille, de conserver le contact, fournissait des renseignements très importants. Il mandait, dans la matinée, que le corps Bazaine avait bivouaqué, dans la nuit du 8 au 9, entre Bionville et Raville, et avait repris sa marche vers Metz, le 9, à 4 heures du matin. Un nouveau rapport, envoyé à 7 heures du soir, confirmait le premier et mentionnait que, suivant toute apparence, l'ennemi semblait s'être arrêté « derrière la coupure la plus voisine de Courcelles-Chaussy (2). »

Plus au Sud, des reconnaissances du 2ᵉ régiment de dragons (3) trouvaient Faulquemont inoccupé, mais apprenaient que, le 8 août, le maréchal Bazaine avait eu son quartier général en ce point et que l'Empereur était venu, le 9, passer plusieurs heures avec lui. « Il ressortait plus ou moins clairement de ces indications que des masses considérables se trouvaient devant l'aile droite de la IIᵉ armée ; par contre, en avant de l'aile gauche, le contact avait cessé peu à peu (4) ».

A la 5ᵉ division de cavalerie, l'action des deux brigades, 11ᵉ et 13ᵉ, placées sous les ordres directs du général de Rheinbaben, fut « des moins productives (5) » ; ses avant-postes n'avaient été poussés que

---

(1) On eut, à la 6ᵉ division de cavalerie, l'impression d'être « commandé de réserve », écrit, le 10, le major de Schönfeld, officier d'état-major de cette division. (Général de Pelet-Narbonne. *Loc. cit.*, page 96.)
(2) Général de Pelet-Narbonne. *Loc. cit.*, page 82.
(3) Cavalerie divisionnaire de la 6ᵉ division d'infanterie.
(4) *Historique du Grand État-Major prussien*, 4ᵉ livraison, page 410.
(5) Général de Pelet-Narbonne. *Loc. cit.*, page 88.

jusqu'à Puttelange, et l'on n'y savait rien sur l'ennemi (1). La brigade Bredow (*12ᵉ*), qui opérait à l'extrême gauche du front de la IIᵉ armée, ne parvint pas, non plus, à reprendre le contact. Un officier, appartenant au quartier général du IVᵉ corps, accompagné d'un peloton du *16ᵉ* régiment de uhlans, battait le pays en avant du front de la IIIᵉ armée, jusqu'au chemin de fer de Strasbourg à Paris, qu'il coupait au Sud de Phalsbourg, sans rencontrer l'ennemi.

La *4ᵉ* division de cavalerie (IIIᵉ armée), reléguée derrière le XIᵉ corps, pour la période de la traversée des Vosges, ne pouvait, évidemment, recueillir par elle-même des renseignements. Mais elle aurait dû chercher, au moyen de reconnaissances d'officiers, à rétablir le contact, perdu depuis le 7 août, avec l'armée française d'Alsace. Le Prince royal ignorait la direction exacte qu'elle avait prise; de même le maréchal de Moltke n'avait pas été informé par la cavalerie, mal employée et d'ailleurs trop circonspecte, de l'occupation des positions de la rive gauche de la Nied française par les corps de Lorraine. Il supposait que les Français s'étaient retirés derrière la Moselle ou la Seille; cette hypothèse inexacte formait le point de départ de l'ordre général, en date du 9 août, adressé de Sarrebrück, 8 heures du soir, aux commandants des trois armées allemandes et ainsi conçu :

Quartier général, Sarrebrück, 9 août 1870, 8 heures soir.

« Les renseignements reçus font penser que l'ennemi s'est retiré derrière la Moselle ou éventuellement derrière la Seille.

---

(1) Rapport du major de Haeseler, de l'état-major de la IIᵉ armée (9 h. 30 du soir).

Des patrouilles avaient ramené d'Altroff quelques traînards; elles avaient trouvé, en ce point, des bivouacs abandonnés et des traces de

« Les trois armées suivront ce mouvement.

« La IIIe armée emploiera : la route Sarre-Union, Dieuze et les communications au Sud.

« La IIe armée : la route Saint-Avold, Nomény et les communications au Sud.

« La Ire armée : la route Sarrelouis, Boulay, les Étangs et les communications au Sud.

« En vue de couvrir cette marche, on poussera la cavalerie à grande distance en avant, en la soutenant au loin par des avant-gardes, afin d'assurer aux armées, en cas de besoin, le temps de se rassembler.

« Sa Majesté indiquera les modifications qui devraient être apportées aux directions de marche précitées, par suite de la position ou des mouvements en avant de l'ennemi.

« Le 10 août pourra être employé par les Ire et IIe armées à faire reposer leurs troupes ou à les établir sur les routes de marche qui leur sont destinées.

« L'aile gauche ne pouvant atteindre la Sarre que le 12, les corps de l'aile droite n'ont à exécuter que des étapes relativement courtes. »

Ainsi, le mouvement en avant des Ire et IIe armées allemandes ne doit être repris que le 11 août. Quatre jours se seront écoulés depuis la victoire de Forbach, doublée de celle de Frœschwiller, avant que l'on profite de la supériorité matérielle et morale qu'a produite le succès, pour en exploiter les résultats. Ce temps d'arrêt prolongé laissait à l'adversaire la possibilité de se ressaisir, de se concentrer pour une nouvelle bataille, ou de se retirer pour se réorganiser; il lui rendait, en un mot, sa liberté d'action. Au grand quartier général

---

fortes colonnes d'infanterie qui avaient dû passer par le village, dans le courant de la nuit précédente. (*Historique du Grand Etat-Major prussien*, 4e livraison, page 410.)

allemand on crut devoir procéder de la sorte, vraisemblablement, pour permettre à la IIe armée d'achever son déploiement stratégique et à la IIIe d'arriver à sa hauteur. L'immobilité prolongée n'en était pas moins fâcheuse.

« C'est dans cette halte forcée, après les premiers coups, dans les lenteurs et les difficultés du déploiement, que s'accusent tous les défauts du dispositif de marche de la IIe armée et toute la peine que le haut commandement eut à reprendre possession de lui-même et des troupes, après des événements imprévus (1). »

Le mouvement des trois armées allemandes, réglé par cet ordre du grand quartier général, n'a d'ailleurs nullement le caractère d'une manœuvre préparatoire à l'attaque des positions françaises de la Nied; ce n'est qu'une marche directe, faisant déboucher les têtes de colonnes, amenées au préalable à la même hauteur, sur la Moselle, en amont de Metz. En effet, « l'attitude des Français, après la bataille de Spicheren avait donné à penser qu'on n'en viendrait plus sérieusement aux mains à l'Est de la Moselle (2) ».

Mais c'était là une conjecture et non une certitude. Or, le front total du dispositif de marche des trois armées allemandes ne mesurait pas moins de 70 kilomètres. La concentration sur une aile exigeait donc trois jours, et, sur le centre, deux jours. Le commandement suprême devait donc disposer de ce délai si, contre les prévisions, l'ennemi venait offrir la bataille, avant le passage de la Seille ou de la Moselle. Un paragraphe de l'ordre envisageait, il est vrai, cette éventualité, en prescrivant de lancer la cavalerie au loin et de la faire soutenir par des avant-gardes poussées « à grande distance ». Mais, ces moyens étaient insuffisants, faute d'une masse de cavalerie, or-

---

(1) G. G. *Essais de critique militaire*, page 160.
(2) *Historique du Grand Etat-Major prussien*, 5e livraison, page 495.

gane de renseignement à la disposition du généralissime et d'une avant-garde générale lui garantissant les trois journées nécessaires à la concentration des forces. Les armées allemandes vont donc marcher côte à côte dans un ordre linéaire, visant uniquement la Moselle vers Pont-à-Mousson et difficile à modifier si, par exemple, l'adversaire prend l'offensive contre l'aile droite, en partant de la région entre Metz et Thionville.

VI. — Mouvements des armées allemandes.

Tandis que la Ire armée reste immobile le 9 août, la IIe continue à faire serrer les fractions encore en arrière. Le IXe corps atteint Saint-Ingbert; le XIIe, Habkirchen; le IIe commence son débarquement à Neunkirchen; le IVe corps et la Garde restent à Lorentzen et Gros-Rederching; le Xe passe sur la rive gauche de la Sarre, à Sarreguemines; le IIIe corps et la 6e division de cavalerie cantonnent dans les localités au Sud et au Sud-Ouest de Forbach, la 6e division d'infanterie à Saint-Avold (1). L'immobilité du IVe corps et de la Garde est bien faite pour surprendre. On savait, en effet, depuis le 8 au soir, au quartier général de la IIe armée, que le maréchal de Mac-Mahon n'avait pas effectué sa retraite de Niederbronn sur Bitche (2), hypothèse qui avait déterminé le mouvement excentrique de ces deux corps (3). Dès lors, il convenait de remédier à l'extension du front de l'armée qui en avait été la conséquence et qui, outre

---

(1) Le IIIe corps devait se borner, le 9, à prendre position à Forbach, mais les renseignements transmis par le 15e régiment de uhlans, relativement à l'évacuation de Saint-Avold par l'ennemi, déterminèrent le général d'Alvensleben à pousser une division jusqu'à cette localité. (*Historique du Grand État-Major prussien*, 4e livraison, page 409.)

(2) *Historique du Grand État-Major prussien*, 4e livraison, page 400.

(3) Voir Journée du 7 août, page 55.

le danger qu'elle pouvait créer, présentait l'inconvénient de masquer la droite de la III⁰ armée.

Celle-ci poursuivait sa marche, à travers les basses Vosges, conformément aux dispositions de l'ordre général du 7 août.

La 12ᵉ division, qui avait atteint Haspelscheidt, par une marche de nuit, contourne Bitche par le Nord, en traversant « au prix de grandes difficultés (1) », le plateau de Hauwiller et arrive aux environs de Schorbach et de Lengelsheim.

Le II⁰ corps bavarois part d'Eguelsberg, contourne Bitche par le Sud (2), en utilisant les chemins forestiers qui franchissent le Hohe-Kopf et gagne Lemberg, primitivement assigné comme objectif au Iᵉʳ corps bavarois. Celui-ci, qui avait bivouaqué, le 8, à Bärenthal et à Mouterhausen, se porte, le 9, par Lemberg sur Enchenberg ; la brigade de cuirassiers vient s'établir à Montbronn.

La division würtembergeoise marche d'Ingwiller sur Meisenthal et Puberg. Le général de Hügel, à la tête des 1ᵉʳ et 3ᵉ bataillons de chasseurs, d'un demi-escadron du 4ᵉ régiment de cavalerie, des 2ᵉ et 3ᵉ batteries de 4 et d'un détachement de pionniers, est chargé de l'attaque de la petite place de Lichtenberg. Il se dirige, à cet effet, sur le Bellen-Berg contre le front Ouest, tandis que le 3ᵉ bataillon de chasseurs et un peloton de cavalerie remontent la vallée du Rothbach jusqu'au Neumühl, d'où ils se portent, à travers bois, partie vers le front Nord, partie vers le front Est. Les deux batteries s'établissent à 1100 mètres environ, à l'Ouest du fort, de part et d'autre de la grande route ; le 1ᵉʳ bataillon de chasseurs occupe la lisière Est du village, tandis que deux compa-

---

(1) *Historique du Grand Etat-Major prussien*, 4ᵉ livraison, page 378.
(2) Un bataillon et un escadron restaient provisoirement en observation devant Bitche.

gnies du 2ᵉ régiment d'infanterie débouchent, à leur tour, devant le saillant Sud-Est de la place (9 h. 30 du matin).

La garnison de Lichtenberg, sous les ordres du sous-lieutenant Archer, se composait d'une section du 96ᵉ de ligne, d'un sous-officier et de 5 canonniers, et d'environ 180 isolés des 1ᵉʳ et 5ᵉ corps (1) ; son armement consistait en 4 canons de 12 léger, à âme lisse, et 3 obusiers de 16ᶜ (2).

Dès 10 h. 30, l'artillerie du fort est réduite au silence et plusieurs bâtiments sont incendiés ou détruits ; la garnison ne montre cependant aucun découragement (3). Une batterie de 6 vient renforcer, vers midi, les deux batteries würtembergeoises de 4 ; peu après, le général d'Obernitz envoie l'ordre de se borner à bloquer la place si l'on n'obtient aucun résultat avec ces pièces d'un plus fort calibre. Le 1ᵉʳ bataillon de chasseurs est chargé du blocus ; les autres troupes rejoignent la division, non sans pertes, car « les défenseurs leur envoyaient salve sur salve et tout entiers à l'action ils ne paraissaient pas se préoccuper de combattre l'incendie (4) ». La batterie de 6 rebrousse chemin et « recommence à couvrir d'obus le foyer de l'incendie jusqu'au moment où le bâtiment principal s'écroule (5) ». Le lendemain, 10 (6), à 8 heures

---

(1) Sans compter un certain nombre de blessés.
(2) Le fort occupe le sommet d'un monticule dont l'enceinte suit le contour naturel. Les escarpes, presque entièrement taillées dans le roc, se présentent à nu sur des hauteurs de 18 à 20 mètres et ne se prêtent ni à l'escalade, ni à l'ouverture d'une brèche. Mais l'enceinte n'offre qu'une faible capacité intérieure, environ 70 mètres de large sur 120 de long ; ses parapets ont peu d'épaisseur. (Le général de Sévelinges aux membres du Conseil d'enquête.)
(3) *Historique du Grand Etat-Major prussien*, 4ᵉ livraison, page 381.
(4) *Ibid.*
(5) *Ibid.*
(6) Rapport du sous-lieutenant Archer, daté de Grenoble, 1870. L'*Historique du Grand État-Major prussien* dit que *le 9, à 8 heures du soir*, la forteresse arbora le pavillon blanc. (4ᵉ livraison, page 381.)

du matin, le sous-lieutenant Archer jugea que « la résistance devenait impossible par l'incendie de tous les bâtiments de la place, le grand nombre des blessés qu'il ne pouvait soigner, faute d'officiers de santé ou d'abris et par l'impossibilité de garantir les défenseurs du feu de l'ennemi, les parapets étant détruits (1) ». Il fit enclouer ses bouches à feu, disparaître les munitions qui restaient, briser les armes et conclut une convention avec le commandant du bataillon de chasseurs würtembergeois, pour la reddition du fort.

A gauche de la division würtembergeoise, le Ve corps se porte, le 9, d'Uhrwiller à Weiterswiller, avec un détachement à Erckartswiller. Un officier d'état-major va reconnaître la place de la Petite-Pierre, située sur la route de marche du lendemain et constate son évacuation (2). Le 1er bataillon du *37e* vient aussitôt en prendre possession; on y trouve 23 isolés et 6 pièces (3) et l'on y apprend que des troupes du général de Failly ont bivouaqué aux abords du fort, dans la nuit du 7 au 8 août.

Le XIe corps, venant de Mertzwiller, atteint les environs de Hattmatt et de Dossenheim.

---

(1) Avis motivé du Conseil d'enquête sur la capitulation de la place de Lichtenberg.

La garnison avait eu 21 tués et 42 blessés.

(2) La garnison se composait d'une section du 96e de ligne (1re compagnie du 4e bataillon), soit 27 hommes, d'un maréchal des logis et 5 canonniers. L'armement comprenait huit pièces de divers calibres. Le sergent-major Bœltz, à qui échut le commandement, par suite de la maladie du capitaine de la compagnie, jugea la défense impossible. Il fit enterrer ses cartouches et ses pièces, noyer ses poudres, et gagna, avec la garnison, la place de Phalsbourg.

(3) Parlant de l'occupation de la Petite-Pierre, le major von Hahnke dit : « Dans cette place et à Lichtenberg, un important matériel de guerre et *70* canons tombèrent entre nos mains. » (*Opérations de la IIIe armée*, d'après les documents officiels de la IIIe armée, page 93).

On a vu qu'il y avait en tout 13 bouches à feu dans ces deux places.

VII. — Situation de l'armée du Rhin dans la soirée.

A la suite des mouvements du 9 août, les divers corps de l'armée du Rhin occupaient, dans la soirée, les emplacements suivants :

Grand quartier général : Metz.

1er corps.....
- Quartier général....... Blâmont.
- 1re division........... Domèvre.
- 2e division........... Entre Domèvre et Blâmont.
- 3e division........... Ibid.
- 4e division........... Ibid.
- Division de cavalerie... Brigade de Septeuil à l'Est de Domèvre. Brigades Nansouty et Michel à Lunéville.
- Réserve d'artillerie.... Domèvre.
- Réserve du génie..... Blâmont.

2e corps......
- Tout entier autour de Remilly, sauf....... Brigade Lapasset, à Aubécourt. Réserves d'artillerie et du génie, à Lemud.

3e corps......
- Quartier général....... Pont-à-Chaussy.
- 1re division........... Entre Sanry-sur-Nied, Pange, Lemud.
- 2e division........... Mont.
- 3e division........... Ibid.
- 4e division........... Silly, Pont-à-Chaussy.
- Division de cavalerie... Pont-à-Chaussy.
- Réserve d'artillerie.... Château d'Urville.
- Réserve du génie..... Courcelles-Chaussy.

4e corps......
- Quartier général....... Château de Gras.
- 1re division........... Entre Glattigny et Cheuby.
- 2e division........... A l'Ouest de Glattigny.
- 3e division........... Entre Cheuby et Sainte-Barbe.
- Division de cavalerie... Château de Gras.
- Réserves d'artillerie et du génie........... Entre Sainte-Barbe et le château de Gras.

5ᵉ corps......	Quartier général......	Réchicourt.
	1ʳᵉ division..........	*Ibid.*
	2ᵉ division..........	*Ibid.*
	3ᵉ division..........	Cirey.
	Division de cavalerie...	Badonviller.
	Réserves d'artillerie et du génie..........	Réchicourt.
6ᵉ corps.....	Tout entier au camp de Châlons, sauf.......	La 3ᵉ division, en route pour Metz, par voie ferrée. La 4ᵉ division, à Paris.
7ᵉ corps.....	Quartier général......	Belfort.
	1ʳᵉ division..........	Entre Domèvre et Blâmont.
	2ᵉ division..........	Belfort.
	3ᵉ division..........	Lyon.
	Division de cavalerie...	Belfort et Lyon.
	Réserves d'artillerie et du génie..........	Belfort.
Garde.......	Quartier général......	Maizery.
	1ʳᵉ division..........	Nord-Est de Maizery.
	2ᵉ division..........	A l'Ouest de Silly-sur-Nied.
	Division de cavalerie..	Maizery.
	Réserve d'artillerie....	Saint-Agnan.
	Réserve du génie.....	Répartie entre les 1ʳᵉ et 2ᵉ divisions.
Réserve générale de cavalerie.......	Division du Barail.....	Saint-Mihiel.
	Division de Bonnemains	Lunéville.
	Division de Forton.....	Montigny-les-Metz.
Réserve générale d'artillerie..........		Metz.
Parcs d'artillerie.	1ᵉʳ corps..............	Besançon et Strasbourg.
	2ᵉ corps..............	Metz.
	3ᵉ corps..............	*Ibid.*
	4ᵉ corps..............	Metz et Verdun.
	5ᵉ corps..............	En route d'Épinal sur Langres.
	6ᵉ corps..............	La Fère et Laon.
	7ᵉ corps..............	Épinal et Besançon.
	Garde...............	Metz.
	Réserve générale d'artillerie...............	Toulouse.
Grand parc d'artillerie................		S'organise à Toul.
Grand parc du génie...................		Versailles.
Équipages de ponts de réserve..........		Toul.

La journée du 10 août [1].

I. — Mouvements de l'armée de Metz.

Les corps d'armée, placés sous les ordres du maréchal Bazaine, achèvent d'occuper, d'organiser et de rectifier leurs positions de la rive gauche de la Nied française, où le Major général a décidé d'accepter la bataille, si l'attaque de l'ennemi se produit le 10 août. Le 2ᵉ corps, à qui les ordres à cet effet ne sont pas encore parvenus, se porte sur Mercy-les-Metz (2) dans les conditions indiquées par le tableau suivant :

ÉLÉMENTS.	POINT DE DÉPART.	HEURE DE DÉPART.	OBSERVATIONS.
		matin	
Réserves d'artillerie et du génie.	Lemud.	2 heures.	
Voitures des services administratifs............	Remilly.	Id.	
3ᵉ division...............	Id.	4 heures.	Chaque division est précédée de ses bagages.
1ʳᵉ division...............	Id.	5 —	
Ambulance et bagages du quartier général, trésor.........	Id.		
2ᵉ division...............	Id.	6 —	
Brigade Lapasset...........	Aubécourt.	7 —	
Division de cavalerie........	Remilly.	7 h. 30	

---

(1) Voir le croquis au 1/200,000 annexé.
(2) On sait que, le 8 août, le général Frossard avait reçu du Major général un télégramme contenant la prescription suivante : « Avec votre corps d'armée, qui fera partie de l'armée formée à Metz, vous

La plus grande partie du 2ᵉ corps avait dépassé Courcelles-sur-Nied (1), quand le général Frossard reçut du maréchal Bazaine un extrait des instructions de l'Empereur relatives aux positions que l'armée devait prendre sur la Nied et à l'Est de Metz (2); il lui était recommandé en même temps (3) de faire tous ses efforts pour atteindre Courcelles-sur-Nied « et prendre position au-dessus, en passant par Villers-Laquenexy » afin de se relier complètement à la division Montaudon du 3ᵉ corps qui occupait Pange.

Le général Frossard, estimant que son corps d'armée était déjà trop engagé sur la route de Metz, ne crut pas pouvoir se conformer entièrement aux prescriptions du maréchal Bazaine (4). Il se contenta d'arrêter la brigade Lapasset à Courcelles-sur-Nied et de l'établir, vers 10 heures, sur la hauteur entre Laquenexy et Villers-Laquenexy (5). Il plaça la division Bataille entre Ars-Laquenexy et le château de Mercy-les-Metz; la division Vergé à droite de la précédente, à cheval sur la route de

---

vous porterez sur cette place par la ligne la plus directe, en vous conformant aux instructions du maréchal Bazaine..... » Une lettre du Major général, du 9 août, confirmait ce télégramme.

Le commandant du 2ᵉ corps n'avait reçu plus tard, d'autres instructions que celles-ci, datées de Faulquemont, 9 août :

« L'Empereur..... donne des ordres formels et pressants pour que vous gagniez, aussi rapidement que possible, Han-sur-Nied et Remilly, et, si vous le pouvez, après un repos, venir, même pendant la nuit, à Courcelles-sur-Nied. »

(1) Général Frossard, *Rapport sur les opérations du 2ᵉ corps de l'armée du Rhin*, page 73.

(2) Voir, pour ces instructions, Documents annexes, page 137.

(3) Ordre daté de Pont-à-Chaussy, 10 août, 3 heures du matin.

(4) Lettre autographe du général Frossard au maréchal Bazaine, 10 août.

(5) « Les troupes travaillent toute la nuit pour fortifier cette ligne et retrancher les villages. » (Journal de marche de la brigade Lapasset).

Strasbourg ; la division de Laveaucoupet en seconde ligne, derrière le centre de la division Vergé ; la division de cavalerie près de la ferme de la Haute-Bévoye ; les réserves d'artillerie et du génie entre la Haute et la Basse-Bévoye. Le quartier général fut installé au château de Mercy-les-Metz.

Le général Frossard reconnaissait qu'il occupait ainsi la droite de la seconde ligne de bataille (1), celle que l'armée ne devait venir défendre qu'après avoir été obligée de céder celle de la Nied française. Si l'on considère la faible distance qui sépare Mercy-les-Metz de Pange, il est difficile d'admettre, comme valable, l'argument invoqué par le commandant du 2ᵉ corps pour se justifier de ne pas s'être conformé aux instructions du maréchal Bazaine. Plusieurs de ses régiments étaient « excessivement fatigués », écrivait-il au commandant en chef. Cette raison même n'était pas suffisante, car l'heure n'était pas avancée et le mouvement de Mercy sur Pange pouvait, à la rigueur, être remis à l'après-midi.

Le 3ᵉ corps conserve ses emplacements du 9 août, sauf : la division Montaudon, qui se porte de Sanry-sur-Nied sur Pange qu'elle n'avait pu atteindre la veille (2) ; la réserve d'artillerie qui évacue son camp d'Urville et le reporte à la Tuilerie au Sud de Silly-sur-Nied ; la réserve du génie qui, de Courcelles-Chaussy, vient s'établir au château d'Urville. D'une manière générale, les troupes du 3ᵉ corps occupent, dès le matin et pendant une grande partie de la journée du 10, les positions de combat qui leur sont assignées, comme si

---

(1) Lettre autographe du général Frossard au maréchal Bazaine.
(2) La 1ʳᵉ brigade a sa droite au village de Pange, qu'occupe la compagnie du génie divisionnaire ; la 2ᵉ brigade est à l'Ouest du village de Mont.

elles devaient être attaquées à bref délai (1). La division de cavalerie du corps d'armée, qui dépasse à peine les avant-postes d'infanterie, ne fournit d'ailleurs aucun renseignement sur les mouvements de l'ennemi.

Le 4ᵉ corps apporte quelques modifications à la répartition des troupes. La 1ʳᵉ division, établie la veille entre Glattigny et Cheuby, maintient une brigade à Glattigny, et porte l'autre « en échelon sur la route des Étangs, avec mission de fouiller et d'occuper les bois vers Hayes (2). » Elle exécute quelques travaux de fortification de campagne. La 2ᵉ division, qui se trouvait à l'Ouest de Glattigny, s'établit autour du hameau et dans le bois de Cheuby. Ce hameau et le village de Sainte-Barbe sont mis en état de défense. La 3ᵉ division occupe par sa droite les hauteurs au Nord-Est de Sainte-Barbe, et rabat sa gauche en une sorte d'échelon défensif, de façon à observer le ravin qui longe la route de Metz à Bouzonville. La division de cavalerie se rassemble aux environs de Petit-Marais, la brigade de hussards au Sud, la brigade de dragons au Nord de ce point.

Ainsi qu'au 3ᵉ corps, les troupes du 4ᵉ se tiennent prêtes, dès le matin, à recevoir une attaque (3) ; « des reconnaissances sont poussées très au loin (4) ; elles rentrent sans avoir vu l'ennemi (5). »

La Garde reste sur ses positions du 9 août, entre le hameau de Mont et la ferme Béville. « Le général Fros-

---

(1) Journal de marche de la division Clérembault ; Historique du 69ᵉ de ligne ; Historique du 17ᵉ régiment d'artillerie.

(2) Journal de marche du 4ᵉ corps. — « Le général de Cissey forme ses troupes sur deux lignes, par brigades accolées. » (Journal de marche de la 1ʳᵉ division).

(3) Journaux de marche de la 1ʳᵉ division et de la 1ʳᵉ brigade de la 2ᵉ division.

(4) A Boulay, distant de *huit* kilomètres des Étangs. (Historique du 7ᵉ hussards.)

(5) Journal de marche de la 1ʳᵉ division.

sard étant allé s'établir à Mercy-les-Metz, au lieu de Courcelles-sur-Nied, notre flanc droit doit être observé.....
En conséquence, un bataillon de la division Deligny va s'établir militairement à Colligny, avec un escadron de chasseurs (1). » Par contre, le 1ᵉʳ régiment de voltigeurs et la batterie détachés la veille au hameau de Mont, y sont remplacés par la division Montaudon et rallient le gros de la division Deligny au Nord-Est de Maizery.

La division du Barail, de la réserve de cavalerie, partie de Saint-Mihiel dans la soirée du 9 août, fait une marche de nuit par Vigneulles, Gorze et Novéant et arrive le 10, à dix heures du matin, à Metz, où elle campe au Sud-Ouest de la place, non loin de la division de Forton (2).

La réserve générale d'artillerie se porte de l'île Chambière à Montoy.

Le 6ᵉ corps, dont la 3ᵉ division arrive à Metz le 10, reçoit l'ordre de la faire suivre, sans interruption, par les autres divisions présentes au camp de Châlons. La 1ʳᵉ s'embarque dans la nuit du 10 au 11 (3).

---

(1) Journal de marche de la Garde.
(2) La division du Barail ne comptait que les 1ᵉʳ, 2ᵉ et 3ᵉ chasseurs d'Afrique. Le 4ᵉ ne débarqua à Toulon que les 8, 9 et 10 août ; il fut transporté à Commercy d'où, ne pouvant gagner Metz, il se dirigea sur le camp de Châlons.
(3) Le maréchal Canrobert quitte momentanément le commandement du 6ᵉ corps, en raison de la dépêche suivante de l'Empereur :

Metz, 10 août, 5 h. 31 matin.

« L'Impératrice fait appel à votre dévouement. Allez immédiatement vous mettre à sa disposition et laissez le commandement du camp au plus ancien général de division. »

L'Impératrice proposa au maréchal Canrobert les fonctions de gouverneur de Paris que le maréchal ne consentit pas à accepter, pensant qu'une bataille sous Metz était imminente. (*Enquête sur les actes du Gouvernement de la défense nationale*, Déposition du maréchal Canrobert, tome IV, page 273.)

II. — Abandon de la ligne de la Nied.

L'armée de Metz était concentrée ; ses effectifs s'augmentaient chaque jour par l'arrivée de détachements de réservistes et les 43,000 hommes du 6ᵉ corps allaient bientôt lui apporter un appoint sérieux (1). Aussi la confiance semblait-elle renaître au grand quartier impérial (2) ; on s'y faisait même de telles illusions que, le 10 août, le Major général, écrivant au Ministre de la guerre, parlait de prendre l'offensive dans quelques jours, ainsi que l'armée le désirait (3).

Ces dispositions ne durèrent pas. L'Empereur, subissant tour à tour diverses influences, abandonna d'abord le projet d'offensive qu'il avait formé. Bien qu'il se trouvât « à la tête de 120,000 hommes disciplinés et prêts à tout entreprendre » il ne pouvait se dissimuler que les trois armées ennemies s'avançaient contre lui. Si l'armée française, pensait-il, allait chercher la bataille en se portant en avant vers la Sarre, elle pouvait être coupée de Metz par les troupes du Prince royal ; si, au contraire, elle marchait à la rencontre de la IIIᵉ armée, elle pouvait être compromise par les forces réunies du général de Steinmetz et du prince Frédéric-Charles (4).

Mais en dehors des deux termes de ce dilemme, il y avait, semble-t-il, une solution acceptable qui consistait à prendre une position d'attente, en aval du confluent des deux Nied, sur une direction excentrique à l'axe du mouvement général de la IIᵉ armée.

---

(1) Effectif du 6ᵉ corps, le 9 août : 1,604 officiers, 41,424 sous-officiers et soldats, 7,666 chevaux.
(2) Capitaine Derrécagaix, *La guerre de* 1870. (*Spectateur militaire*, 1871, page 145.)
(3) Comte de la Chapelle, *Le Livre de l'Empereur*, page 99.
(4) *Ibid.*, page 99.

Bientôt l'Empereur renonça même à défendre la ligne de la Nied, à la suite d'une conférence avec le maréchal Bazaine et d'une reconnaissance du terrain. Il jugea « que la droite pouvait être facilement tournée, d'autant plus que déjà un corps allemand s'avançait sur Sarre-Union et il résolut de concentrer l'armée plus en arrière, sous la protection des forts avancés de Metz (1). »

Comme il arrive presque toujours dans des situations analogues, on reconnut aux positions de la Nied française des inconvénients très sérieux (2) et l'on attribua au contraire à celles que l'on allait prendre sous Metz toutes les vertus (3). On ne crut pas d'ailleurs pouvoir attendre au lendemain matin pour mettre les troupes

---

(1) Comte de la Chapelle, *Le Livre de l'Empereur*, page 98.

(2) Général Lebrun, *Souvenirs militaires*, page 292 ; *Journal d'un officier de l'armée du Rhin*, page 56.

(3) D'après le journal de marche du 3⁰ corps, « c'est à ce moment que fut résolue la retraite de l'armée sur Verdun, puis sur Châlons, pour rallier la 3ᵉ armée, qui s'y formait, et pour couvrir ainsi Paris. La perte de la bataille de Reichshoffen, les masses prussiennes qui, au lieu de poursuivre les corps de Failly et de Mac-Mahon, cherchaient à nous tourner par Nancy pour nous couper de Paris, déterminèrent l'Empereur à renoncer à l'offensive et à porter l'armée entière sur la rive gauche de la Moselle..... Ce passage fut préparé par une nouvelle concentration sous la protection des forts de la rive droite..... » (Journal rédigé par le maréchal Le Bœuf, en captivité.)

D'après le général Lebrun, au contraire, « ce changement d'emplacement de l'armée n'apportait aucune modification dans les projets arrêtés précédemment. Il demeurait entendu qu'aux quatre corps ainsi réunis sous Metz on allait ajouter le 6ᵉ, arrivant du camp de Châlons, et le 7ᵉ, qu'on avait rappelé de la haute Alsace. » (*Souvenirs militaires*, page 293.)

Le général Lebrun fixe au 12 août seulement la décision prise par l'Empereur d'effectuer sa retraite sur le camp de Châlons (page 297). Le capitaine Derrécagaix, attaché au grand quartier impérial, dans son ouvrage sur la guerre de 1870, publié par le *Spectateur militaire* en 1871, est d'accord sur ce point avec le général Lebrun.

En présence de ces témoignages contradictoires, il est difficile de se

sur pied, malgré la courte distance qu'elles avaient à franchir et en dépit d'une pluie torrentielle qui commença dans la soirée et dura toute la nuit (1). Le maréchal Bazaine donna, vers minuit, aux 3ᵉ et 4ᵉ corps et à la Garde, des ordres pour l'occupation de la deuxième ligne de défense à l'Est de Metz, prévue par les instructions du Major général en date du 9 août. Le mouvement devait commencer le 11 août à 4 heures du matin. Le 2ᵉ corps se trouvant déjà établi vers Mercy, la Garde était destinée à constituer la « réserve générale de l'armée (2), » ainsi que les divisions de cavalerie du Barail et Forton et les seize batteries placées sous les ordres du général Canu (3). Le général Bourbaki était chargé de déterminer, entre Vantoux et Borny, les emplacements de ces diverses unités.

L'abandon complet et immédiat de la ligne de la Nied française était-il bien justifié ? Il y aurait eu grand avantage, semble-t-il, à y maintenir tout au moins un des corps de l'armée de Metz, constituant son avant-garde générale et chargé de reconnaître les forces et les dispositions de l'adversaire, de le retarder en l'obligeant à se

---

faire une opinion. Peut-être la vérité est-elle dans une série d'hésitations et d'alternatives entre lesquelles flotta la pensée du souverain pendant ces quelques jours.

(1) A 8 h. 40 du soir, le maréchal Bazaine prévenait les divisions Montaudon et Metman de se tenir prêtes à exécuter des ordres de mouvement qu'elles recevraient dans la nuit :

« Demain, à 3 heures du matin, disait-il, les tentes devront être abattues, les voitures chargées et attelées, les hommes aux faisceaux, les cavaliers à la tête de leurs chevaux. »

(2) D'après les instructions du Major général, la Garde devait occuper la droite des positions si le 2ᵉ corps n'était pas encore arrivé sous Metz. Dans le cas contraire, elle devait former la réserve générale. (Voir, pour ces instructions, Documents annexes, page 140.)

(3) Le maréchal Bazaine, commandant en chef, au général Bourbaki. Pont-à-Chaussy, 10 août.

déployer en partie et de lui faire perdre ainsi un temps qui eût été précieux au grand quartier impérial pour rallier les 5ᵉ et 6ᵉ corps sous Metz. Les divisions de cavalerie Forton et du Barail et celles des corps d'armée (1) devaient, dans cet ordre d'idées, être placées sous les ordres du commandant de cette avant-garde générale. Abstraction faite d'ailleurs de la constitution de cet organe et de son maintien sur la Nied, le rôle de réserve générale que le maréchal Bazaine paraissait uniquement vouloir faire remplir aux divisions du Barail et Forton était contraire aux conditions de la guerre moderne (2). L'incertitude à peu près complète qui régnait au grand quartier impérial sur les mouvements de l'ennemi aurait dû l'amener logiquement à employer ces divisions au service d'exploration (3).

III. — Mouvements de l'armée d'Alsace.

Tandis que l'armée de Lorraine se repliait de la Nied française sur Metz, les 1ᵉʳ et 5ᵉ corps continuaient

---

(1) Moins quelques escadrons laissés aux corps d'armée pour le service de sûreté immédiate.

(2) « Si la cavalerie ne trouve plus que de rares occasions de fournir ces grandes charges qui décidaient autrefois du succès d'une bataille, il ne faut pas en conclure que l'importance de cette arme se soit amoindrie..... c'est elle seule qui peut pousser au loin les reconnaissances, informer le général en chef des mouvements et des dispositions de l'ennemi..... » (*Observations sur le service de la cavalerie en campagne*, 1869, page 186.)

(3) Telle semble avoir été l'intention de l'Empereur, si l'on s'en rapporte aux *Souvenirs* du général du Barail, qui relate les paroles suivantes de Napoléon III :

« Je vous ai fait venir à Metz, général du Barail, parce que votre division, composée de régiments qui ont constamment fait la guerre, doit être familiarisée avec le service en campagne, qu'on semble avoir oublié dans notre cavalerie depuis le commencement des opérations. » (Tome IV, page 165).

leur mouvement de retraite sur Lunéville. Les troupes du 1ᵉʳ corps quittent leurs bivouacs de Blâmont et de Domèvre à 4 heures et demie du matin, et forment deux colonnes. La réserve d'artillerie puis la brigade de cavalerie de Septeuil, la réserve du génie, la division Conseil-Dumesnil, les 3ᵉ et 2ᵉ divisions du 1ᵉʳ corps suivent la grande route de Blâmont à Lunéville et bivouaquent soit près de cette ville, soit au Sud, le long de la route de Bayon. Les 1ʳᵉ et 4ᵉ divisions, sous les ordres du général Ducrot, vont, par des chemins de traverse, s'établir à Rehainviller (1).

A son arrivée à Lunéville, le maréchal de Mac-Mahon apprit « que le gros de l'armée du prince royal de Prusse se dirigeait sur Nancy et que son avant-garde était déjà arrivée à Château-Salins (2). « Craignant d'être attaqué près de Nancy, où il n'y a pas de position favorable à la défense, et où il pouvait être coupé de sa ligne de retraite (3), » le Maréchal prit la résolution d'incliner sa marche plus au Sud, vers Neufchâteau, sans chercher au préalable à vérifier l'exactitude de ces informations, soit par l'envoi de reconnaissances d'officiers sur les points indiqués, soit par un simple sondage télégra-

---

(1) Le journal de marche du 1ᵉʳ corps et les historiques des régiments des 1ʳᵉ et 4ᵉ divisions ne permettent pas de préciser l'itinéraire de cette colonne.

(2) Maréchal de Mac-Mahon, *Notes sur les opérations du 1ᵉʳ corps de l'armée du Rhin et de l'armée de Châlons*, dictées à Wiesbaden en janvier 1871.

Le général de Failly ajoute que le maréchal avait appris également l'arrivée d'avant-gardes ennemies à Dieuze et à Marsal. (*Opérations et marches du 5ᵉ corps*, page 19.)

Dans ses souvenirs inédits, influencé sans doute par la connaissance exacte des faits, le maréchal ne parle même plus de la présence d'une avant-garde ennemie à Château-Salins, à la date du 10.

(3) Maréchal de Mac-Mahon, *Notes sur les opérations du 1ᵉʳ corps de l'armée du Rhin et de l'armée de Châlons*.

phique. Il fit partir immédiatement de Lunéville les divisions de cavalerie Bonnemains et Duhesme moins la brigade de Septeuil, et les dirigea sur Bayon. Il informa l'Empereur du nouvel itinéraire qu'il adoptait et reçut son approbation (1), enfin il avertit l'administration de la Compagnie de l'Est (2) et l'invita à réunir à Neufchâteau tous les wagons dont elle pouvait disposer pour transporter les troupes au camp de Châlons (3).

---

(1) Le Ministre de la guerre fut également prévenu. « Je coucherai le 11 à Bayon, le 12 à Colombey, le 13 à Gondrecourt, le 14 à Migny, le 15 à Saint-Dizier, le 16 à Vitry, le 17 à Châlons. Mes troupes sont si fatiguées que je resterai peut-être deux jours de plus en route. »

(2) « Le 10 août 1870, le maréchal de Mac-Mahon prévint par dépêche télégraphique le général commandant la Meurthe que le 1er et le 5e corps quitteraient Lunéville le 11 au matin pour se diriger sur Bar-le-Duc, par Bayon et Colombey, en évitant ainsi Nancy et Toul, et qu'il fallait dès lors faire évacuer sur Châlons toutes les troupes qui se trouvaient à Lunéville ou à Nancy. La dépêche ajoutait :

« Les hommes de ces deux corps et tous les convois qui seraient envoyés à leur destination devront rétrograder sur Châlons, d'où on les rappellera au besoin.

Les employés du télégraphe devront continuer leur service jusqu'à l'arrivée de l'ennemi; alors seulement ils devront emporter ou briser leurs appareils. »

En présence de cette dépêche qui leur fut communiquée, les agents supérieurs de la Compagnie de l'Est à Nancy jugèrent qu'il n'y avait qu'une chose à faire, c'était de sauver le matériel roulant épars sur les embranchements de Saint-Dié et d'Épinal et sur la ligne principale. Rien qu'à Nancy, il y avait plus de 100 machines locomotives et un nombre immense de voitures et de wagons. L'autorité militaire quitta Nancy le 11 au matin. La Compagnie de l'Est ne pouvait songer à rester plus longtemps et, à partir du 11, 8 heures du matin, les trains d'évacuation se succédèrent sans interruption. Cette opération dura environ quarante-huit heures. Le 13, tout le matériel était sauvé et on ne laissa aux Allemands, qui entrèrent le même jour à Nancy, qu'une machine de gare dont ils ne purent tirer parti que pour fournir de la vapeur aux chaudières dans lesquelles ils préparaient, à Lunéville, la nourriture des soldats. » (Jacqmin, *Les chemins de fer pendant la guerre de 1870-1871*. Paris, Hachette, 1872, page 137.)

(3) Maréchal de Mac-Mahon, *Notes sur les opérations du 1er corps de*

« La pluie n'avait pas cessé de tomber depuis le départ de Sarrebourg ; les hommes bivouaquaient dans des champs détrempés ; ils n'avaient ni effets de campement, ni effets de rechange et, depuis Frœschwiller, ils n'avaient pas eu de repos. Leur santé commençait à s'en ressentir ; beaucoup d'entre eux étaient indisponibles. On forma de tous ceux qui étaient hors d'état de marcher un convoi qui fut dirigé de Lunéville sur Châlons par la voie ferrée (1). »

Le 5º corps continue sa marche vers l'Ouest en deux colonnes : la colonne de droite (division Goze, brigade de Maussion, réserves d'artillerie et du génie, quartier général, ambulances) partant de Réchicourt à 5 heures du matin, passe par Moussey, Rémoncourt, Emberménil, La Neuville-aux-Bois, Marainviller et atteint Lunéville à 4 heures du soir (2). La colonne de gauche se rend de Badonviller à Lunéville (3) (division de cavalerie Brahaut) et de Cirey à Baccarat (division de Lespart).

---

l'armée du Rhin. D'après M. Jacqmin, directeur de l'exploitation des chemins de fer de l'Est, la première demande de matériel adressée à cet effet à la Compagnie serait un télégramme du maréchal de Mac-Mahon, daté de Neufchâteau. (*Les chemins de fer pendant la guerre de 1870-1871*, page 137).

(1) Maréchal de Mac-Mahon, *Notes sur les opérations du 1ᵉʳ corps de l'armée du Rhin*. Un rapport du commandant Foerster, du grand quartier général, envoyé en mission le 9 août auprès du maréchal de Mac-Mahon, relate aussi « le grand dénuement » et l'extrême fatigue des troupes du 1ᵉʳ corps.

Le commandant Vanson et le capitaine de France, de l'état-major général, furent envoyés par le Major général : le premier à Nancy, le second à Lunéville, « pour assurer le départ des isolés pour le camp de Châlons. »

(2) Cette colonne avait été obligée de s'arrêter longtemps à quelque distance de la ville pour laisser passer le 1ᵉʳ corps. « La division Goze et le restant de la colonne sont péniblement installés sur le terrain de manœuvres de Lunéville. Les troupes campent dans l'eau. » (Journal de marche du 5º corps).

(3) Arrivée à 4 heures du soir.

Sur ces entrefaites, le Major général avait pris connaissance d'un rapport du capitaine de France, de retour à Metz (1), sur la situation du 5ᵉ corps et appris ainsi que l'intention du général de Failly était de se diriger sur le camp de Châlons, par Bayon, Vézelise, Colombey, Void et Commercy, et non sur Nancy, comme le lui prescrivaient les instructions du 8 août. Il expédia aussitôt (2) un télégramme au commandant du 5ᵉ corps qui le trouva à son arrivée à Lunéville : « Notre concentration sur Metz est terminée. L'Empereur désire que vous opériez votre jonction avec nous, si l'ennemi vous en laisse la possibilité. Je vous envoie le capitaine de France. »

L'importance réelle que semblait attacher le grand quartier impérial à la marche du 5ᵉ corps sur Nancy détermina le général de Failly à consulter le maréchal de Mac-Mahon. Celui-ci lui transmit les renseignements qu'il possédait sur l'ennemi : L'armée du Prince royal aurait franchi les Vosges au nord de Phalsbourg, paraissant se diriger sur Nancy; son avant-garde serait déjà arrivée à Château-Salins. Il ajouta qu'il avait ordonné, en conséquence, au général de la Charrière, commandant la subdivision de la Meurthe, « de faire sauter les ponts et de se retirer » (3).

Interrogé par le Maréchal sur la direction qu'il comptait suivre, le général de Failly déclara que son intention était de se conformer aux ordres du grand quartier impérial et de se porter le 11 sur Nancy. Le Maréchal « garda le silence » (4). Le commandant du 5ᵉ corps le pria alors

---

(1) Rapport daté de Metz, 10 août, 10 heures du matin. On sait que le capitaine de France avait été envoyé la veille en mission, à Réchicourt-le-Château, auprès du général de Failly.

(2) Metz, 2 h. 15 soir.

(3) Journal de marche du 5ᵉ corps, rédigé par le colonel Clémeur en 1872, et approuvé par le général de Failly le 16 août 1873.

(4) Général de Failly, *Opérations et marches du 5ᵉ corps*, page 19.

D'après le rapport précité du commandant Foerster, le maréchal de

d'envoyer contre-ordre au général Charrière qui télégraphiait d'ailleurs peu après :

« Seul et sans troupes à Nancy. Le maire et le conseil municipal s'opposent à ce qu'on fasse sauter les ponts de peur de représailles de l'ennemi. Que faut-il faire? »

Le général de Failly répondit : « Attendez l'arrivée du 5ᵉ corps à Nancy », et fit rédiger les ordres de mouvement, à cet effet, pour le 11 août. Il écrivit d'autre part, au Major général (1) : « Suivant les avis que je recevrai ce soir, j'exécuterai vos ordres si l'ennemi m'en laisse la possibilité..... »

A minuit, le capitaine de France arrivait du grand quartier impérial, à Lunéville, et se rendait auprès du général Failly avec mission de lui « confirmer l'ordre de se diriger sur Metz mais de lui dire qu'il pouvait passer par Toul, pour éviter l'ennemi déjà signalé à Dieuze et Château-Salins, en marche sur Nancy (2) ».

Cependant, le commandant Perrotin, de l'état-major du 5ᵉ corps, envoyé dans la nuit, sur une locomotive, en reconnaissance sur Dieuze, annonçait que l'adversaire n'y était pas encore signalé mais seulement qu'il y arrivait et qu'il marchait également sur Château-Salins (3). Cette nouvelle était rassurante et bien faite pour déterminer le général de Failly à exécuter strictement les instructions du Major général.

Néanmoins, le général de Failly craignit d'être devancé à Frouard. Il jugea que si l'ennemi, maître de Lunéville au Sud, franchissait la Moselle au Nord

---

Mac-Mahon ne voulait plus « donner aucun ordre au général de Failly, lors même que ce corps d'armée serait encore sous ses ordres ».

(1) Télégramme expédié de Lunéville à 6 heures du soir.
(2) Note adressée à la Section historique, le 14 décembre 1901, par M. le général de France.
(3) Journal de marche du 5ᵉ corps, rédigé par le capitaine de Piépape, au jour le jour.

vers Pont-à-Mousson, la ligne de retraite du 5ᵉ corps, sur Châlons comme sur Metz, serait des plus compromises. A son avis, le 5ᵉ corps, débordé sur ses deux ailes, pouvait être cerné et un désastre, dans ce cas, était à craindre, surtout avec des troupes dont le moral était déjà très affaibli par le contact des débris du 1ᵉʳ corps, par les fatigues et les privations qu'elles éprouvaient depuis plusieurs jours. Il considérait enfin la marche comme dangereuse, à partir de Saint-Nicolas-du-Port, d'où, jusqu'à Nancy, la route longe la rive de la Meurthe. Il estimait que quelques batteries ennemies établies sur la rive droite suffiraient pour arrêter le mouvement et séparer de nouveau le corps d'armée « comme cela était déjà arrivé à Bitche ». Telles sont les raisons données par le Journal de marche du 5ᵉ corps rédigé après les événements (1).

Les craintes du général de Failly étaient-elles bien justifiées ? Les circonstances étaient-elles de nature à lui faire abandonner la marche sur Metz, par Nancy, à laquelle le Major général semblait, avec raison, attacher une grande importance ? On observera tout d'abord qu'il n'y avait nul danger pour le 5ᵉ corps d'être débordé par ses deux ailes et enveloppé, même si l'ennemi franchissait la Moselle à Pont-à-Mousson, le 11 août, et entrait le même jour à Lunéville. Il lui restait toujours la ressource de se replier de Nancy sur Toul ou sur Pont-Saint-Vincent, et, à moins de s'immobiliser, la retraite sur Mirecourt demeurait toujours possible. D'autre part, en admettant que l'ennemi eût une forte avant-garde à Château-Salins, le général de Failly était à peu près certain, le 10 au soir, de n'être pas encore devancé à Nancy. Comme la distance de Château-Salins à Nancy est à peu près égale à celle de

---

(1) Journal de marche du 5ᵉ corps, rédigé par le colonel Clémeur.

Lunéville à Nancy, l'adversaire ne pouvait arriver dans cette ville avant le 5º corps qu'à la condition d'exécuter une marche de nuit (1), éventualité que les nouvelles données par le commandant Perrotin rendaient peu vraisemblable. Au reste, à supposer qu'elle se produisît, le général de Failly ne pouvait manquer d'en être informé, dès le 11 au matin, par la rupture même des communications télégraphiques entre Nancy et Lunéville, et par un emploi judicieux de sa cavalerie. Il eût été temps encore, à ce moment, de se diriger sur Bayon.

Sans doute, si le 11 au matin, l'ennemi partait de Château-Salins en même temps que le 5º corps de Lunéville, il pouvait se produire une rencontre que le 5º corps avait tout intérêt à éviter. Encore fallait-il que les ponts de la Meurthe à Nancy fussent intacts. Si le général de la Charrière les détruisait à temps, il en résultait un retard sensible pour l'adversaire et la possibilité pour le 5º corps de se dérober sur Toul. Dans l'hypothèse enfin où l'ennemi aurait établi quelques batteries sur les hauteurs de la rive droite de la Meurthe, entre Varangéville et Nancy, le 5º corps pouvait, de Saint-Nicolas-du-Port se rejeter sur Pont-Saint-Vincent, d'où il gagnerait Toul le 12, ou se rabattrait sur Vézelise, suivant les circonstances. La situation n'était donc pas critique au point de renoncer à atteindre Nancy avant l'adversaire, but vers lequel devaient tendre tous les efforts du général de Failly, suivant les termes mêmes des instructions du Major général. Tout au moins fallait-il tenter l'opération ; les considérations qui précèdent montrent qu'elle pouvait être entreprise sans grands risques.

---

(1) D'après le journal de marche du 5º corps, les troupes de ce corps d'armée étaient trop fatiguées pour pouvoir exécuter elles-mêmes une marche de nuit.

Mais il importait tout d'abord d'être renseigné sur les mouvements de l'avant-garde ennemie signalée à Château-Salins, au moyen de deux reconnaissances d'officier, lancées dans la soirée même, sur cette ville. Le lendemain matin, 11 août, la division de cavalerie Brahaut renforcée par deux batteries à cheval, se serait portée sur Drouville, Réméreville, Mazerulle, avec mission d'observer les mouvements de l'avant-garde ennemie de Château-Salins et de retarder éventuellement sa marche sur Nancy en harcelant son flanc gauche. La brigade de Maussion et une batterie se seraient établies en flanc-garde vers Haraucourt, tandis que la division Goze et les réserves d'artillerie et du génie auraient marché sur Nancy par la grande route. Après le passage de la Meurthe à Saint-Nicolas-du-Port par ces unités, la brigade de Maussion se serait repliée en constituant l'arrière-garde de la colonne, tandis que la division de cavalerie Brahaut aurait gagné Nancy par Laneuvelotte (1). Quant à la division de Lespart, elle se serait portée le 11 de Baccarat sur Bayon d'où elle aurait rejoint le 5ᵉ corps, soit par Nancy, soit par Toul.

Quoiqu'il en soit, le général de Failly, jugea définitivement la marche sur Nancy trop dangereuse (2) et

---

(1) Les ponts sur la Meurthe auraient dû, dans cette hypothèse, être tenus par un détachement d'infanterie envoyé par chemin de fer de Lunéville à Nancy, dans la soirée du 10, avec un détachement du génie chargé d'en opérer la destruction en temps utile.

(2) « Il y avait..... une décision à prendre, une responsabilité sérieuse à encourir, le corps d'armée à sauvegarder et à ne pas livrer à la *certitude* d'un combat, dont la récente et douloureuse expérience de Frœschwiller nous avait trop montré l'inégalité numérique (le maréchal de Mac-Mahon, avec 35,000 hommes, avait eu à lutter contre 140,000 ennemis). Le 5ᵉ corps, avec la seule ressource de ses trois brigades, ne pouvait espérer un meilleur sort. » (Général de Failly. *Opérations et marches du 5ᵉ corps*, page 21.)

changeant encore une fois d'avis, il crut devoir user de la latitude que lui laissaient, il est vrai, les instructions du Major général, mais seulement dans le cas où il se verrait devancé dans cette ville par l'ennemi.

Il annula en conséquence, le 11 au matin, les ordres de mouvement qu'il avait donnés la veille et prévint le maréchal de Mac-Mahon que, d'après les derniers renseignements arrivés pendant la nuit sur la proximité de l'ennemi, « les plus simples règles de la prudence » s'opposaient actuellement à la marche du 5e corps sur Nancy; que, dès lors, ce corps allait suivre le 1er et continuer à protéger la retraite (1). En outre, le général de Failly fit télégraphier au général de la Charrière, à Nancy, d'avoir à exécuter les premiers ordres du maréchal de Mac-Mahon, visant la destruction des ponts, et de se retirer ensuite.

Le Maréchal, dont les troupes devaient se porter sur Bayon et Vézelise, prescrivit au 5e corps de le couvrir sur sa gauche, et de franchir la Moselle à Charmes pour se diriger ensuite sur Mirecourt (2). Il eût été plus judicieux de diriger les troupes du 1er corps sur Charmes, et de laisser la route de Bayon à celles du 5e, destinées à gagner Metz, car, même après avoir franchi la Moselle à Bayon, le général de Failly n'eût pas été dégagé de la mission de rejoindre l'armée de Lorraine.

Le Major général avait insisté, à très juste titre, sur la nécessité de cette jonction : il importait en effet de réunir le plus de forces possible pour la bataille que l'on se proposait de livrer sur la Moselle. Par contre, il est difficile de se rendre compte des motifs qui l'ont empêché d'appeler à Metz, par voie ferrée, les troupes

---

(1) Journal de marche du 5e corps.
(2) *Ibid.* Ce fait est en contradiction avec l'affirmation du commandant Foerster. (Voir page 149, note 4.)

du 7ᵉ corps stationnées à Belfort (1) et à Lyon (2), sinon, peut-être, des renseignements émanant d'un agent de Bâle (3), et signalant encore 70,000 hommes dans la Forêt-Noire à Donaueschingen, Kleinkembs, Rheinweiler, Bellingen, Schliengen, Müllheim et destinés à pénétrer en France par Niffern.

Cette nouvelle fut sans doute aussi la cause de l'envoi de Lyon à Belfort de la division Dumont du 7ᵉ corps. Quand bien même elle eût été d'une authenticité absolue, elle n'eût pas suffi à justifier la détermination du grand quartier impérial.

IV. — Renseignements reçus au grand quartier impérial.

D'autres informations, plus sérieuses avaient été fournies le 10 août au Major général par le service des renseignements. Le bulletin de ce jour signale « des forces assez considérables entre Sulzbach et Sarrebrück (armée de Steinmetz) et entre Hombourg et Blieskastel (armée du prince Frédéric Charles). Le Prince royal se porterait de Wœrth sur Nancy.

De Bâle, on mande que les effectifs des armées allemandes seraient respectivement de 70,000 hommes (Iʳᵉ), 200,000 (IIᵉ), 180,000 (IIIᵉ); le grand quartier général est établi à Kaiserslautern avec 100,000 hommes; toute-

---

(1) Division Liébert, brigade Cambriel de la division de cavalerie Ameil, réserves d'artillerie et du génie.

(2) Division Dumont, brigade Jolif-Ducoulombier de la division de cavalerie.

Une lettre du Ministre de la guerre aux chefs de l'exploitation des chemins de fer de Lyon et de l'Est, en date du 10 août, les prévenait que la division Dumont allait être dirigée immédiatement de Lyon sur Belfort par Gray et Vesoul.

(3) Transmis par télégramme du Ministre des affaires étrangères, daté de Paris, 10 août, 1 h. 19 soir.

fois, dans la soirée, on assure que le roi de Prusse, le maréchal de Moltke et M. de Bismarck seraient arrivés à Sarrebrück.

On signale enfin de nouveaux passages de trains militaires à Birkenfeld. D'après un agent de Thionville, la vallée de la basse Sarre serait complètement dégarnie de troupes, mais, d'autre part, un émissaire revenant de cette région, prétend que 25,000 hommes avec une nombreuse artillerie, seraient échelonnés de Trèves à Sierck; on aurait même vu 3,000 hommes près de cette dernière localité.

Le grand quartier impérial reçoit des renseignements rassurants sur le respect de la neutralité de la Belgique, mais on croit, à Luxembourg, que la Prusse fera peu de cas de celle du grand-duché. Trois corps d'armée commandés par le général Vogel de Falkenstein, seraient destinés à envahir la France par Thionville.

On annonce l'arrivée à Boulay, pour le 10 ou la nuit du 10 au 11, d'un corps prussien fort de 25,000 hommes; Boucheporn et Longeville étaient occupés dans la soirée du 9; le 8, une division d'infanterie est arrivée à Lorentzen, venant de Rahling. Des éclaireurs prussiens ont été vus le 10, à 1 heure, à Dieuze et à 5 heures à Château-Salins; derrière eux se trouverait un corps d'armée marchant sur Nancy. On signale des troupes à Drülingen, se dirigeant sur Dieuze, par Fénétrange, et un corps important se portant d'Alsace vers la vallée de la Brûche ou sur Saverne. Toutefois, le 9 au soir, il n'y avait encore personne à Sarrebourg.

Les renseignements émanant des corps d'armée sont peu nombreux, comme les jours précédents, et pour les mêmes causes. Le général de Ladmirault signale, d'après les rapports des habitants, des forces importantes à Carling, Ham-sous-Varsberg, Porcelette, Boucheporn; Bouzonville, Teterchen, Coume, Merten seraient également occupés. Il y aurait des troupes très nombreuses à Haut-Hombourg et à Saint-Avold, trois régiments de cavalerie à Longeville, deux à Boucheporn. Le maréchal Bazaine écrit au général Bourbaki que « l'ennemi serait en nombre considérable tant en avant de Boulay qu'en avant de Saint-Avold, c'est-à-dire sur nos deux flancs, et serait disposé à nous attaquer. » (1) Mais ces renseignements conservent un caractère vague, en raison de la passivité à peu près complète de la cavalerie française.

V. — Opérations de la cavalerie allemande et renseignements recueillis.

La cavalerie allemande, au contraire, que l'ordre général du 9 août recommande de pousser « à grande distance en avant », recueille des informations de réelle valeur. Il faut en excepter toutefois les 1re et 3e divisions de la Ire armée qui franchissent la Sarre à Völklingen derrière le Ier corps (2). « Comme elles ne se trouvaient pas en première ligne, le contact direct avec l'adversaire avait presque complètement cessé sur ce point. Les renseignements se bornaient à un avis reçu, dans l'après-

---

(1) Le maréchal Bazaine au général Bourbaki, Pont-à-Chaussy, 10 août.

(2) Le général de Steinmetz leur avait donné l'ordre suivant :

« A l'aile droite de l'armée, la 3e division de cavalerie marchera sur Uberherrn, soit par le gué qui se trouve près de Buss, soit derrière le Ier corps par Völklingen ; elle enverra des détachements sur Bouzonville et Boulay, pendant que la 1re division de cavalerie suivra l'armée par Völklingen jusqu'à Ludweiler. »

Le général de Pelet-Narbonne dit à ce propos :

« Si l'on compare l'ordre du grand quartier général aux dispositions prises par le commandant en chef, on peut dire que ce dernier, dans son ordre d'opérations, ne tint absolument aucun compte des prescriptions du commandement supérieur et qu'il en prit même le contrepied. » (*La cavalerie des Ire et IIe armées*, page 93.)

midi, de l'avant-garde du VIIe corps, par lequel le capitaine de Schütz, du *8e* régiment de hussards, mandait que des corps ennemis devaient être à l'Ouest de Fouligny (1). » La *1re* division vint bivouaquer à Ludweiler (2), la *3e* à Uberherrn, poussant son avant-garde à Hargarten et Falck, sur la ligne même des avant-postes d'infanterie. Elles n'avaient fait, le 10 août, que des étapes moyennes et elles éprouvèrent cependant de grandes fatigues « à cause des nombreux croisements de colonnes, des hésitations et des arrêts continuels; la marche fut très lente et les objectifs du jour furent atteints fort tard (3). »

Sur le flanc gauche du IVe corps, la brigade Bredow, de la *5e* division de cavalerie, se portait à Eschwiller ; ses patrouilles, envoyées sur Phalsbourg, Lixheim et Sarrebourg ne rencontraient personne (4). Les brigades Barby et Redern, de la même division, affectées au Xe corps, avaient pris les devants ; la première gagnait Faulquemont, la seconde Landroff. Leurs avant-postes s'étendaient depuis Baronville, sur la route de Sarregue-

---

(1) *Historique du Grand Etat-Major prussien*, 4e livraison, page 413.

(2) « Le bivouac que la *1re* division occupa, dans une vallée étroite, près de Ludweiler, était, en avant comme en arrière, complètement obstrué par des voitures. » (Général de Pelet-Narbonne. *Loc. cit.*, page 94.)

(3) Général de Pelet-Narbonne. *Loc. cit.*, page 94.

(4) « Par suite de l'envoi de la brigade Bredow qui, à ce moment, disposait encore de deux escadrons du *10e* hussards, et par la présence du *5e* dragons, le IVe corps était extraordinairement fort en cavalerie. Mais on ne peut dire que ces vingt-six escadrons aient été judicieusement employés. Ce que les régiments de la brigade Bredow firent là, les régiments de cavalerie divisionnaire l'auraient pu faire aussi convenablement qu'eux. L'usage qui fut fait de cette fraction considérable de la *5e* division de cavalerie porte encore à regretter que le prince Frédéric-Charles n'ait pas exercé sur cette division son action directe. » (Général de Pelet-Narbonne. *Loc. cit.*, page 108.)

mines à Nancy, jusqu'à Raville, sur la route de Saint-Avold à Metz (1). Sur cette dernière, le *15e* régiment de uhlans (2) était toujours au contact des Français. Il signalait, dès 10 heures du matin, que le 3e corps se trouvait dans deux camps, près de Mont et de Silly-sur-Nied et que, d'après leur force, on pouvait présumer que d'autres troupes s'étaient jointes à lui. Le commandant du IIIe corps, sous l'influence du prince Frédéric-Charles, faisait avancer le reste de la *6e* division de cavalerie, dans la zone comprise entre Saint-Avold et Faulquemont, « avec mission d'établir ses avant-postes en liaison, à droite, avec ceux de la *6e* division d'infanterie; à gauche, jusqu'à la Nied, en liaison avec ceux de la *5e* division de cavalerie (3). »

---

(1) *Historique du Grand Etat-Major prussien*, 4e livraison, page 415.
La *5e* division de cavalerie avait reçu, le 9 août, à 3 heures de l'après-midi, l'ordre suivant du général commandant le Xe corps :
« Le général-lieutenant de Rheinbaben se portera en avant, demain 10 août, de très bon matin, avec sa division de cavalerie, dans la direction de Metz, et cantonnera à Faulquemont. Il fera patrouiller aussi loin que possible vers Metz et prendra ses mesures pour me faire parvenir rapidement ses rapports. »
Le même jour, à 6 heures du soir, le général de Voigts-Rhetz lui envoyait un ordre autographe contenant ce passage : « Je vous invite à tout préparer pour marcher demain, 10 août, à l'ennemi. Il sera bon de tenir une partie de la cavalerie rassemblée sous vos ordres directs, mais de tâter avec le reste dans toutes les directions, le plus loin possible..... »
Le général de Pelet-Narbonne dit à ce sujet :
« Ces ordres et ces dispositions prouvent manifestement que le commandant du corps d'armée croyait avoir des motifs pour pousser le chef de la 5e division de cavalerie à une action plus décisive. » (*Loc. cit.*, page 100.)
Il ne semble pas, d'ailleurs, que le général de Rheinbaben se soit conformé à l'esprit des instructions du général de Voigts-Rhetz, qui recommandait de pousser des patrouilles le plus loin possible.
(2) *6e division de cavalerie, 14e brigade.*
(3) Général de Pelet-Narbonne. *Loc. cit.*, page 97. La *6e* division de

Les divisions de cavalerie de la II⁰ armée se trouvaient donc réduites, à proprement parler, à assurer le service de sûreté de première ligne et il ne pouvait guère en être autrement en raison de leur répartition entre les corps d'armée. Deux reconnaissances d'officiers d'état-major, en particulier, dépassaient « la ligne d'observation (1). » Le capitaine d'Alvensleben, officier d'ordonnance du général de Voigts-Rhetz, patrouillait sur Oron et Château-Salins sans rencontrer l'ennemi, mais il mandait de Landroff, à midi, que tout le corps Frossard se retirait sur Metz. Le lieutenant de Podbielski, de l'état-major du X⁰ corps, accompagné d'un peloton du *13⁰* uhlans, gagnait, de Faulquemont, la forêt située entre Berlize et Domangeville et observait de vastes campements à Pange, Mont et Puche. Il signalait la marche de fortes colonnes de Metz vers Courcelles-Chaussy, la présence de masses considérables d'infanterie à l'Ouest de la Nied française, enfin l'arrivée à Metz d'importants renforts venant de Nancy (2). Une autre reconnaissance de la brigade Redern atteignait Château-Salins qu'elle trouvait inoccupé, mais elle enlevait « un courrier français dont les dépêches fournissaient des indications fort importantes sur l'état intérieur de l'armée opposée (3) ».

---

cavalerie se trouvait, en réalité, derrière l'aile droite de la 5⁰ ; ses avant-postes derrière les avant-postes de celle-ci. Voir : Cardinal von Widdern, *Verwendung und Führung der Kavallerie* 1870 *bis zur Kapitulation bei Sedan*, Theil II, page 268.

(1) *Historique du Grand Etat-Major prussien*, 4⁰ livraison, page 415.

(2) Ce dernier renseignement lui fut donné par un Allemand qu'il rencontra près de Chanville et qui avait quitté Metz le matin même. (Général de Pelet-Narbonne, *Loc. cit.*, page 102.)

(3) *Historique du Grand Etat-Major prussien*, 4⁰ livraison, page 416.

VI. — Mouvement des armées allemandes.

L'ordre général du 9 août (1) attribuait à la Ire armée la route Sarrelouis, Boulay, les Étangs et les communications au Sud ; à la IIe la route Saint-Avold, Nomény et les communications au Sud. Il leur laissait d'ailleurs la latitude, pour le 10 août, soit de faire reposer les troupes, soit de les établir sur leurs routes de marche. C'est à ce dernier parti que s'arrêta le général de Steinmetz. Le quartier général de la Ire armée fut transféré de Völklingen à Lauterbach (2) ; le VIIe corps se portait de Petite-Rosselle (3) et de Forbach (4) à Carling et à l'Hôpital ; le Ier de Püttlingen à Creutzwald. Les avant-gardes poussées jusqu'à Porcelette (VIIe) et Guerting (Ier) (5) tenaient par leurs avant-postes la région comprise entre Boucheporn et Hargartern. En seconde ligne, le VIIIe corps se rendait de Spicheren à Lauterbach, marchant derrière le VIIe ; la *1re* division de cavalerie de Saint-Jean à Ludweiler ; la *3e* de Derlen à Uberherrn (6).

---

(1) Voir page 99.
(2) Le grand quartier général demeura, pendant la journée du 10, jusqu'à 10 heures du soir, « sans indication sur la situation du quartier général et des corps de la Ire armée ». (*Correspondance militaire du maréchal de Moltke*, tome I, n°s 134 et 138.)
(3) *13e* division avec une avant-garde à Ludweiler.
(4) *14e* division ; elle occupait aussi Morsbach.
(5) Guerting est l'emplacement de l'avant-garde du Ier corps, indiqué par l'*Historique du Grand État-Major prussien* (4e livraison, page 413). D'après von Schell, cette avant-garde se trouvait le 10 août à Varsberg. (*Opérations de la Ire armée*, page 87.)
(6) « Pour gagner ces emplacements, on avait eu à surmonter maintes difficultés, comme il n'arrive que trop souvent, quand des masses considérables ont été réunies pour combattre et qu'il faut les séparer de nouveau pour continuer les opérations. Les distances à parcourir n'avaient rien d'exagéré, mais on s'était croisé, à Forbach, avec

A la IIe armée, les corps de l'aile droite et du centre n'exécutent que de courtes marches, de façon à permettre à ceux de l'aile gauche, demeurés en arrière, d'arriver en ligne (1). Le IIIe corps garde sa position en saillie à Saint-Avold; le IXe se porte de Saint-Ingbert au Sud de Sarrebrück; le Xe corps vient de Sarreguemines à Puttelange, tandis que le XIIe corps se masse à Habkirchen (2). La Garde et le IVe corps atteignent la Sarre, la première à Sarralbe, le second à Sarre-Union. Le quartier général de la IIe armée reste à Sarreguemines; le grand quartier général à Sarrebrück.

En réalité, le 10 août, les Ire et IIe armées allemandes

---

des colonnes du IIIe corps; des à-coups s'étaient produits sur la route de Völklingen, par Lauterbach, à Carling, laquelle était commune à une grande partie de la Ire armée; en résumé la journée avait été fort pénible. Les troupes passaient la nuit au bivouac, sous une pluie torrentielle, couchées sans paille sur un sol argileux. Ce fut le lendemain seulement que l'on parvint, au prix de nouvelles et sérieuses difficultés, à faire arriver les convois demeurés en arrière, sur la route Sarrebrück-Forbach... » (*Historique du Grand Etat-Major prussien*, 4e livraison, page 413.)

(1) Les routes assignées aux corps de la IIe armée étaient :

IIIe : Saint-Avold, Faulquemont, Han-sur-Nied, Buchy, Cheminot.

Xe : Puttelange, Gros-Tenquin, Brulange, Delme, Nomeny.

Garde : Sarralbe, Altroff, Birming, Morhange, Brehain, Oron, Lemoncourt.

IVe : Sarre-Union, Altweiler, Munster, Marimont, Château-Salins, Manhoué.

Les trois autres corps en seconde ligne : le IXe et le IIe derrière l'aile droite, « en raison des nouvelles qu'on avait de l'ennemi »; le XIIe sur un front assez étendu derrière le centre. Le IIe avait commencé ses débarquements à Neunkirchen, le 9 août. (Von der Goltz, *Die Operationen der II Armee*, page 35.)

(2) *Historique du Grand Etat-Major prussien*, 4e livraison, page 413.

On ne se rend pas bien compte de l'utilité qu'il y avait, pour le XIIe corps, à se masser, puisqu'il devait continuer sa marche le lendemain.

sont fractionnées en deux masses : à droite, le Ier corps à Creutzwald, le VIIe à Carling, le IIIe à Saint-Avold ; en deuxième ligne, le VIIIe à Lauterbach, le IXe à Sarrebrück ; à gauche les autres corps de la IIe armée. Comme les environs de Boulay n'avaient pas été reconnus le 9 par la cavalerie de la Ire armée (1), l'armée française pouvait en déboucher inopinément, le 10 au matin, et attaquer, par Boucheporn, le IIIe corps isolé à Saint-Avold. La Ire armée ne serait arrivée qu'assez tard pour dégager sa droite (2) ; le Xe corps, parti de Sarreguemines (28 kilomètres), pouvait à la rigueur intervenir dans la soirée, mais le IXe corps, venant de Saint-Ingbert (42 kilomètres) ne serait pas entré en ligne dans la journée. Quant au XIIe corps, échelonné entre Hombourg et Habkirchen ; à la Garde stationnée autour de Gros-Rederching ; au IVe corps établi à Lorentzen, ils étaient également hors de cause. Ainsi, le 10 août, les Allemands, attaqués au Nord de Saint-Avold, n'auraient pu opposer à l'armée française que quatre corps sur neuf dont disposaient à cette date les Ire et IIe armées ; le IIIe corps lancé en pointe et soutenu assez tard eût été fort compromis. Rien d'ailleurs n'était plus vraisemblable qu'une concentration des forces françaises vers Boulay, d'où elles pouvaient s'engager à fond, ayant toujours leurs lignes de retraite assurées vers la Moselle, entre Metz et Thionville.

Aussi est-il permis de s'étonner que le grand quartier général allemand n'ait pas remédié à l'extension consi-

---

(1) « Le contact direct avec l'adversaire avait presque complètement cessé sur ce point. » (*Historique du Grand Etat-Major prussien*, 4e livraison, page 413.)

(2) La marche du VIIIe corps fut excessivement lente et deux fois coupée ; la *16e* division n'atteignit Lauterbach que le soir. » (Von Schell, *Loc. cit.*, page 89.)

dérable du front de la IIe armée (1) en présence d'un adversaire dont la plupart des corps étaient encore intacts.

Cette disposition défectueuse avait d'ailleurs pour effet d'intercepter à l'aile droite de la IIIe armée la route de Rohrbach à Lorentzen qui lui avait été assignée et de l'obliger à appuyer au Sud-Ouest (2).

Le Ier corps bavarois se porta, en conséquence, d'Enchenberg à Diemeringen; le IIe de Lemberg à Montbronn; seule la *12e* division, venant de Schorbach et de Lengelsheim, stationna à Rohrbach.

La division würtembergeoise se rendit de Meisenthal à Adamswiller; le Ve corps de Weiterswiller à Weyer. Le XIe corps (3), partant de Hattmatt et de Dossenheim, devait, d'après les instructions du commandant en chef, emprunter en partie la vallée de la Zintzel, et déboucher le 12 août à Sarrebourg en investissant (4), au cours de sa marche, la place de Phalsbourg. Le 10, le général de Gersdorff, se porte d'Hattmatt aux Quatre-Vents par la route de Saverne avec la *21e* division et l'artillerie de corps et fait reconnaître les abords de la place. La *22e* division, sous les ordres du général de Schkopp, se

---

(1) Extension déterminée, on le sait, par l'ordre du grand quartier général à la IIe armée, de porter le 8 son aile gauche sur Rohrbach pour barrer le chemin au maréchal de Mac-Mahon, que l'on supposait avoir pris la direction de Niederbronn, Bitche, après la bataille de Frœschwiller. Mais on était revenu de cette erreur dès le 8 août (*Historique du Grand Etat-Major prussien*, 4e livraison, page 400), et par conséquent on aurait pu ramener le IVe corps et la Garde vers le Nord-Ouest, dès le 9.

(2) *Historique du Grand Etat-Major prussien*, 4e livraison, page 382.

(3) Le général de Gersdorff, commandant la *22e* division, avait pris le commandement du XIe corps, en remplacement du général de Bose, grièvement blessé à la bataille de Frœschwiller.

(4) Par suite d'une erreur de transmission, l'ordre portait « *einschiessen* » (bombarder), au lieu de « *einschliessen* » (bloquer). (*Historique du Grand Etat-Major prussien*, 4e livraison, page 384.)

dirige de Dossenheim sur Metting, par la vallée de la Zintzel; elle est suivie de la 4e division de cavalerie. Sommé de se rendre, le chef de bataillon Taillant, commandant la place, « refuse résolument; menacé d'être bombardé, il se borne à répondre : « J'accepte le bombardement » (1). Les quatre batteries de la 21e division prennent alors position au Sud-Est de Phalsbourg, vers la cote 371; les six batteries de l'artillerie de corps s'établissant au Nord des Quatre-Vents. A la tombée de la nuit ces soixante bouches à feu ouvrent une violente canonnade et lancent en trois quarts d'heure un millier d'obus sur la ville (2). Puis, constatant que la garnison ne se laisse pas intimider, le XIe corps poursuit son mouvement et vient s'installer, dans la soirée, à Mittelbronn (colonne de gauche) et Metting (colonne de droite). Les fractions du VIe corps qui le suivaient étaient chargées de la continuation du blocus.

Le quartier général de la IIIe armée avait été transféré dans la journée de Mertzwiller à Petersbach. Avant son départ, le Prince royal avait reçu, à 3 heures du matin, le télégramme suivant du grand quartier général :

« La Ire et la IIe armée commencent le 10, leur mouvement sur la Moselle. L'aile droite de la IIIe armée prendra la direction Sarrebourg-Dieuze; la cavalerie au loin en avant (3). »

---

(1) *Historique du Grand État-Major prussien*, 4e livraison, page 384.

(2) Le Journal de siège de la place dit 3,000. D'après le même document, les pertes de la garnison furent : 2 tués, 24 blessés. Une pièce fut démontée; 77 maisons furent atteintes, l'une d'elles complètement détruite.

(3) L'*Historique du Grand État-Major prussien* dit, à propos de la 4e division de cavalerie, qu'elle ne devait s'engager dans les montagnes que le 11, mais que, « *dans son ardeur de joindre l'ennemi* », elle se mettait en marche, dès le 10, *de son propre mouvement*. Il y a là, tout au moins, une coïncidence très heureuse avec la prescription du maréchal de Moltke : « Cavalerie au loin en avant ».

A ce télégramme succéda, dans l'après-midi, une dépêche complémentaire du maréchal de Moltke, contenant les instructions adressées aux commandants des trois armées allemandes (1), et assignant à la IIIe la route de Sarre-Union-Dieuze et les communications au Sud.

VII. — Situation de l'armée du Rhin dans la soirée du 10 août.

Dans la soirée du 10 août, les corps de l'armée du Rhin occupaient les emplacements suivants :

Grand quartier général.............		Metz.
1er corps....	Quartier général......	Lunéville.
	1re division..........	Rehainviller.
	2e division..........	Lunéville.
	3e division..........	*Ibid.*
	4e division..........	Rehainviller.
	Division de cavalerie :	
	Brigade de Septeuil.	Lunéville.
	Brigade Nansouty...	Bayon.
	Brigade Michel.....	*Ibid.*
	Réserves d'artillerie et du génie.........	Lunéville.
2e corps.....	Quartier général......	Château de Mercy-les-Metz.
	1re division..........	Entre Mercy-les-Metz et le télégraphe de Mercy.
	2e division..........	Entre Ars-Laquenexy et Mercy-les-Metz.
	3e division..........	Au Nord-Ouest de Mercy-les-Metz.
	Brigade Lapasset (du 5e corps)..........	A l'Est de Laquenexy.
	Division de cavalerie..	Ferme de la Haute-Bévoye.
	Réserves d'artillerie et du génie.........	Entre la Haute et la Basse-Bévoye.

---

(1) Voir Journée du 9 août, page 128.

3ᵉ corps....	Quartier général......	Pont-à-Chaussy.
	1ʳᵉ division..........	Pange.
	2ᵉ division..........	Mont.
	3ᵉ division..........	*Ibid.*
	4ᵉ division..........	Pont-à-Chaussy, Silly-sur-Nied.
	Division de cavalerie..	Au Sud de Silly-sur-Nied.
	Réserve d'artillerie....	*Ibid.*
	Réserve du génie.....	Château d'Urville.
4ᵉ corps....	Quartier général......	Château de Gras.
	1ʳᵉ division..........	Entre Glattigny et les Étangs.
	2ᵉ division..........	Cheuby.
	3ᵉ division..........	Nord-Est de Sainte-Barbe.
	Division de cavalerie..	Petit-Marais.
	Réserves d'artillerie et du génie.........	Entre Sainte-Barbe et le Château de Gras.
5ᵉ corps....	Quartier général......	Lunéville.
	1ʳᵉ division..........	*Ibid.*
	2ᵉ division..........	*Ibid.*
	3ᵉ division..........	Baccarat.
	Division de cavalerie..	Lunéville.
	Réserves d'artillerie et du génie.........	*Ibid.*
6ᵉ corps....	Tout entier au camp de Châlons, sauf : La 3ᵉ division d'infanterie, en route pour Metz par voie ferrée ; La 4ᵉ division d'infanterie, à Paris ; La 3ᵉ brigade de la division de cavalerie, à Paris.	
7ᵉ corps....	Quartier général......	Belfort.
	1ʳᵉ division..........	Lunéville.
	2ᵉ division..........	Belfort.
	3ᵉ division..........	Lyon.
	Division de cavalerie..	Belfort et Lyon.
	Réserves d'artillerie et du génie.........	Belfort.
Garde......	Sans modifications.	
Réserve générale de cavalerie.	Division du Barail....	Metz.
	Division de Bonnemains	Bayon.
	Division de Forton....	Montigny-les-Metz.

Réserve générale d'artillerie............		Metz.
Parcs d'artillerie.	1ᵉʳ corps............	Besançon et Strasbourg.
	2ᵉ corps............	Metz.
	3ᵉ corps............	*Ibid.*
	4ᵉ corps............	*Ibid.*
	5ᵉ corps............	En route d'Épinal sur Langres.
	6ᵉ corps............	La Fère et Laon.
	7ᵉ corps............	Épinal et Besançon.
	Garde............	Metz.
	Réserve générale d'artillerie............	Toulouse.
Grand parc d'artillerie...............		S'organise à Toul.
Grand parc du génie...............		Versailles.
Équipage de pont de réserve.........		Toul.

La journée du 11 août.

I. — Mouvement de l'armée de Metz.

Le 11 août, de grand matin et par une pluie torrentielle, les 3e, 4e corps et la Garde lèvent leurs camps de la rive gauche de la Nied française et se mettent en mouvement pour aller occuper, à l'Est de Metz, la deuxième position défensive prévue par les instructions du Major général en date du 9 août. Les emplacements suivants leur avaient été désignés en avant des forts de Queuleu et de Saint-Julien :

Le 2e corps, entre le chemin de fer de Sarrebrück et la route de Metz à Strasbourg, occupant fortement la hauteur de Haute-Bévoye et le télégraphe de Mercy ;

Le 3e corps, entre la route de Metz à Strasbourg et celle de Metz à Sarrelouis ;

Le 4e corps, dans le secteur compris entre la route de Metz à Sarrelouis et la Moselle ;

La Garde, formant réserve générale, en un point laissé au choix du maréchal Bazaine.

Le 2e corps se trouvait depuis la veille sur les positions qui lui étaient assignées. Mais, sur des renseignements annonçant la présence de l'ennemi en forces dans la direction de Courcelles-sur-Nied, le général Frossard jugea que la 2e division, établie entre Mercy et Ars-Laquenexy était « trop en l'air » (1). Laissant la 1re divi-

---

(1) Journal de marche du 2e corps.

sion à l'Ouest de Mercy (1), à cheval sur la route de Strasbourg, il prescrivit à la 2ᵉ de s'établir à droite de la 1ʳᵉ, la gauche appuyée à la ferme de Basse-Bévoye, sa droite se prolongeant par les crêtes dans la direction de Magny-sur-Seille. La 3ᵉ division, placée en seconde ligne, vint camper à l'Est du fort Queuleu, sa droite près de la Haute-Bévoye, sa gauche à Grigy.

Estimant que la brigade Lapasset était en saillie, par sa position entre Laquenexy et Villers-Laquenexy, le général Frossard lui donna l'ordre de se porter derrière la 3ᵉ division, la gauche appuyée à la route de Strasbourg, près de Grigy (2). Les campements de la division de cavalerie (3) et des réserves d'artillerie (4) et du génie (5) ne furent pas modifiés : 4 escadrons du 4ᵉ chasseurs furent envoyés en grand'garde aux villages de Peltre (6) et de Jury (7); le 1ᵉʳ escadron du 5ᵉ chas-

---

(1) Le 76ᵉ, détaché au château de Mercy.
(2) Journal de marche du 2ᵉ corps.
Le général Lapasset écrivait le 11 août :
« .....Aujourd'hui, cinquième jour de cette pénible opération (marche en retraite de Sarreguemines sur Metz), nous sommes arrivés sous les murs de Metz, ou plutôt de son camp retranché. Nous nous y retranchons, nous attendant à chaque instant à être attaqués.

Que les rôles sont changés! Autrefois nous attaquions; aujourd'hui c'est nous qui nous défendons. Les Prussiens font une guerre de sauvages; ils enlèvent tous les bestiaux, tous les chevaux, qu'ils dirigent sur la Prusse, ainsi que les jeunes gens. Devant l'armée battant en retraite, il y a une longue file de voitures, d'émigrants. Les femmes pleurent, les enfants se désespèrent; c'est à fendre le cœur. Le pays est ruiné, les récoltes sont mangées ou foulées par les chevaux et cette masse d'hommes. Nos soldats, auxquels, depuis quatre jours, on ne fait pas de distribution, maraudent et tendent à se débander..... » (Le général Lapasset, *Algérie, Metz*, tome II, page 119.)
(3) Haute-Bévoye.
(4) Basse-Bévoye.
(5) Haute-Bévoye.
(6) 1ᵉʳ et 2ᵉ escadrons.
(7) 4ᵉ et 6ᵉ escadrons.

seurs à Magny-sur-Seille. Enfin, le quartier général du 2ᵉ corps fut transféré de Mercy-les-Metz à la Basse-Bévoye. Les troupes purent enfin prendre un peu de repos dont elles avaient le plus grand besoin, se réapprovisionner en vivres et munitions, chercher à remplacer les effets de campement qu'elles avaient perdus le 6 août (1) et reconstituer leurs cadres.

Le maréchal Bazaine recommanda au général Frossard d'envoyer jour et nuit des reconnaissances de cavalerie légère « à plusieurs kilomètres en avant » pour avoir des nouvelles de l'ennemi (2) et de faire établir par les divisions d'infanterie « un système de grand'gardes et de petits postes bien entendu ».

Le 3ᵉ corps exécute son mouvement en quatre colonnes. D'après les instructions du maréchal Bazaine, les quatre divisions d'infanterie doivent s'établir « sur deux lignes, avec une forte réserve en 3ᵉ ligne » et se guider, pour l'occupation des positions « sur les formes du terrain et sur les nécessités de la défense » (3). La marche dans les chemins ou les terres détrempées est extrêmement pénible.

La division Montaudon, venant de Pange, par Villers-Laquenexy, Laquenexy, Ars-Laquenexy, campe entre Grigy et le bois de Borny qu'elle occupe partielle-

---

(1) « Il était désirable qu'on profitât de ce séjour pour faire remplacer les effets et ustensiles de campement que plusieurs régiments avaient perdu le 6. Malheureusement, les magasins de la place de Metz ne possédaient presque rien; on y trouva seulement quelques demi-couvertures. » (Général Frossard, *Loc. cit.*, page 75.)

(2) Le 1ᵉʳ escadron du 5ᵉ chasseurs reçut l'ordre « d'envoyer pendant la nuit, sur la route de Verny et dans toutes les directions, des reconnaissances lointaines et peu nombreuses, les détachements étant toujours suivis par des troupes de soutien et n'hésitant pas, si le cas se présentait, à charger les éclaireurs prussiens. » (Historique du 5ᵉ régiment de chasseurs.)

(3) Voir Documents annexes, 3ᵉ corps.

ment (1). La division Metman, suivant à partir de Mont l'itinéraire Colligny, Ogy, Colombey, se relie à la précédente dans le bois de Colombey et occupe le terrain compris entre ce bois et le village du même nom (2).

---

(1) « Après une marche des plus pénibles, au milieu de terres détrempées, et un retard causé par les bagages et les convois, qui s'entassent au croisement des routes, nous arrivons enfin à Grigy à 10 heures du matin. Là encore, il y a un tel encombrement et un mélange si confus d'unités différentes que l'emplacement où devait s'établir ma division est déjà occupé par d'autres troupes. Je dois me former un peu au hasard, en colonne serrée, sans possibilité d'installer le bivouac, et ce n'est que dans la soirée seulement que je peux me conformer aux ordres donnés. » (Général Montaudon, *Souvenirs militaires*, page 87.)

« Je viens de voir résoudre, sous mes yeux et aux yeux de tous, un problème bien surprenant, quand on considère l'armée française, qui, animée du feu sacré, ne demandait qu'à bien faire et à se montrer à hauteur de celles des autres époques. Eh bien, on a eu le funeste talent de la faire battre par petits paquets; puis, en présence d'un échec très réparable, le haut commandement s'est pris d'une folle terreur que rien n'a pu maîtriser; il est comme affolé et va à l'aventure.

Notre pauvre armée, depuis son départ de Paris, ne fait que s'user sur les routes par des marches et contremarches aussi inutiles qu'inopportunes; toujours en éveil, elle mange peu et dort moins encore. Des fatigues sans raison et sans but, voilà comment on mène les troupes à l'ouverture d'une campagne qui sera longue et difficile. Comme c'est fâcheux pour le pays d'avoir à la tête de l'armée des chefs aussi peu expérimentés et aussi peu capables de faire mouvoir avec intelligence de grosses masses!

En général, le soldat bien conduit, bien entraîné, fait et fera bien son devoir; mais, pour le moment, qu'attendre de lui? Il est fatigué, démoralisé; il lui faut quelques jours de repos et puis ensuite on pourra en faire ce que l'on voudra. Malheureusement, la confusion et l'incohérence règnent dans les hautes sphères..... » (Général Montaudon, *Souvenirs militaires*, Appendices, lettre datée du 11 août 1870, page 217.)

(2) Extrait du rapport du général de Potier, commandant la 1re brigade, au général Metman (10-11 août) :

« 7e bataillon de chasseurs. — Le commandant du bataillon demande

La division Castagny, prenant à Urville la grande route de Sarrebrück à Metz, se place entre Colombey et Montoy; elle est précédée dans son mouvement par les réserves d'artillerie et du génie qui bivouaquent à l'Est des Bordes et à Borny. La division Decaen, partant de Silly-sur-Nied, passe par Retonfey et Noisseville et s'établit entre Nouilly et la route de Metz à Sarrelouis. La division de cavalerie Clérembault, chargée de former l'extrême arrière-garde et renforcée par une batterie à cheval (1re du 17e), quitte Landremont vers 11 heures du matin et forme son camp entre Bellecroix et Vantoux (1). Le quartier général du 3e corps est transféré de Pont-à-Chaussy à Borny (2).

Le 4e corps suit deux itinéraires, pour se porter de Glattigny, Sainte-Barbe sur Mey et Chieulles : route de Sarrelouis à Metz, Noisseville, Nouilly, Mey (réserves d'artillerie et du génie (3), divisions Grenier et de Cissey) ; route de Sainte-Barbe à Metz, Villers-

---

que l'heure du départ de l'arrière-garde ne soit plus la même que celle du corps marchant en tête. Le matin, le bataillon a pris les armes à 3 heures et il n'est parti qu'à 8 h. 1/2. »

(1) « Boute-selle à 2 heures (du matin); à cheval à 2 h. 1/2. Le régiment est resté dans cette position, sous une pluie torrentielle, jusqu'à 11 h. 1/2, voyant défiler devant lui toute l'armée. » (Historique du 2e régiment de chasseurs à cheval.)

« Le jeudi 11, on fit seller à 1 heure du matin..... et le régiment ne partit qu'à 11 heures. » (Historique du 4e régiment de dragons.)

« A 4 heures, nous arrivons à quatre kilomètres de Metz, où nous campons. Pas de distributions et l'eau à trois kilomètres. » (Historique du 5e régiment de dragons.)

(2) En se reportant aux documents annexes du 10 août, on constatera que le maréchal Bazaine, quoique commandant en chef, continuait à donner des ordres à chacune des divisions du 3e corps.

(3) Les réserves d'artillerie et du génie continuèrent à suivre la grande route jusqu'à Metz, où elles passèrent par la gorge du fort Bellecroix, par le village de Saint-Julien, pour aller camper à la ferme de Grimont.

l'Orme, Vany, Chieulles (division de Lorencez et division de cavalerie). La division de Cissey occupe le terrain entre Mey et le chemin de Metz à Sainte-Barbe ; le 1er de ligne détachant son 1er bataillon à Servigny et son 3e bataillon à Poixe ; la division de Lorencez forme l'extrême gauche jusqu'à la route de Metz à Antilly ; la division Grenier se place en seconde ligne, à cheval sur le chemin de Sainte-Barbe ; la division de cavalerie Legrand, les réserves d'artillerie et du génie campent près de la ferme de Grimont où est transféré le quartier général.

La Garde devait s'établir « au centre comme réserve générale de l'armée (1) », au point qui paraîtrait le plus convenable au général Bourbaki, entre Borny et Vantoux (2). La division Deligny se porta de Maizery sur Borny par Colligny, Ogy et Colombey ; la division Picard de Silly-sur-Nied sur Vantoux par Retonfey et Montoy ; les réserves d'artillerie et du génie et la division de cavalerie prirent la grande route de Sarrebrück à Metz (3).

---

(1) Le maréchal Bazaine, commandant en chef, au général Bourbaki, Pont-à-Chaussy, 10 août.

(2) *Ibid.*

(3) L'infanterie marchait par section ou demi-section, suivant la largeur des routes ; l'artillerie sur deux files. « La cavalerie, en arrière-garde, se place partie à droite, partie à gauche de la route, autant que possible. » (Journal de marche de la Garde impériale.)

En jetant un coup d'œil d'ensemble sur les itinéraires suivis par les 3e et 4e corps et la Garde, on constatera que certains d'entre eux sont communs à des éléments appartenant à deux et parfois aux trois corps d'armée. Il n'a pas été possible, au moyen des documents de la journée du 11, de discerner avec certitude l'ordre dans lequel ces éléments se sont succédé sur les itinéraires communs. Il semble pourtant, d'après les heures d'arrivée, que le mouvement de la Garde a précédé celui du 3e corps. Les ordres de mouvement du 10 août pour le 11 ne donnent aucun renseignement à cet égard. Il appartenait à l'état-major du Maréchal commandant en chef de régler la marche

L'emplacement entre Borny et Vantoux étant occupé à l'arrivée de la Garde, celle-ci prit les emplacements suivants : division Deligny entre Borny et Grigy ; division Picard entre Borny et la route de Sarrebrück ; division de cavalerie, réserves d'artillerie et du génie près de Plantières ; quartier général aux Bordes.

Le 6ᵉ corps continuait son mouvement du camp de Châlons et de Paris sur Metz, par voie ferrée. La 3ᵉ division, arrivée tout entière à destination (1) était suivie de la 1ʳᵉ dont les transports, commencés le 11, à 2 heures du matin, éprouvaient un certain retard en raison de la destruction, par un parti de cavalerie ennemie, dans la nuit du 11 au 12, des fils télégraphiques entre Frouard et Pont-à-Mousson (2) et ne furent entièrement terminés que le 12 (3). Le premier train de la 2ᵉ division partait de Mourmelon le 11, à 4 h. 30 du soir ; l'infanterie de la

---

du 11 pour les trois corps, et il ne paraît pas que cette précaution ait été prise. Aussi, la marche, déjà très pénible en raison de la pluie torrentielle et du mauvais état des chemins, fut-elle encore rendue plus fatigante par des arrêts provenant de croisements de colonnes et par des encombrements nombreux.

(1) Par ordre du Major général, elle est répartie ainsi qu'il suit :

75ᵉ de ligne : un bataillon à Plappeville et Saint-Quentin ; deux bataillons à Saint-Julien-les-Metz.

91ᵉ de ligne : deux bataillons à Plappeville et Saint-Quentin ; un bataillon au fort Moselle.

93ᵉ de ligne : deux bataillons au fort Queuleu ; un bataillon au fort Bellecroix.

94ᵉ de ligne : au Sablon.

Artillerie et compagnie du génie divisionnaires : au Sablon.

(2) « Ordre fut donné (à Frouard) à deux compagnies (du 12ᵉ de ligne) de marcher partie en tête du convoi et partie sur les flancs ; il en résulta une grande lenteur dans la marche. Au delà de Pont-à-Mousson, les Prussiens n'ayant point paru et la communication télégraphique existant sur cette partie du parcours, le train reprit sa marche ordinaire. » (Journal de marche de la division Tixier.)

(3) Le dernier train de la 1ʳᵉ division partit de Mourmelon le 11 août, vers 6 heures du soir.

4ᵉ s'embarquait le même jour dans la matinée à la gare de la Villette (1) sur l'ordre de l'Impératrice et à la suite d'une conférence avec le maréchal Canrobert, arrivé à Paris le 10 au soir (2). Le commandant du 6ᵉ corps se rendait de sa personne à Metz.

Le général Bourbaki avait été chargé, par le maréchal Bazaine, d'indiquer aux divisions de la réserve de cavalerie et à la réserve générale d'artillerie, les emplacements qu'elles devaient occuper. Celle-ci vint s'établir aux Bordes, sauf quatre batteries (3) employées aux travaux d'armement de la place de Metz (4). Les divisions

---

(1) L'artillerie et la compagnie du génie de la 4ᵉ division, qui se trouvaient au camp de Châlons, devaient suivre le mouvement des trois premières divisions du 6ᵉ corps sur Metz, par voie ferrée.

(2) Le mouvement de cette division donna lieu à l'échange des télégrammes ci-après entre l'Empereur et le Ministre de la guerre :

L'Empereur au Ministre de la guerre, à Paris (D. T.).

Metz, 11 août, 6 h. 35 matin.

La 1ʳᵉ division du 6ᵉ corps est arrivée à Metz. Il faut encore trente-six heures pour chacune des deux autres pour effectuer leur mouvement. Je ne conçois pas que vous envoyiez dès aujourd'hui la 4ᵉ division : c'est créer de la confusion.

Napoléon.

Le Ministre de la guerre à l'Empereur, à Metz (D. T.).

Paris, 11 août.

La 4ᵉ division du 6ᵉ corps était déjà en route lorsque j'ai reçu la dépêche de Votre Majesté.

C'est sur les ordres de l'Impératrice et de concert avec le maréchal Canrobert, arrivé à Paris hier soir, que le départ de cette division avait été décidé.

(3) 5ᵉ, 6ᵉ, 7ᵉ, 8ᵉ batteries du 13ᵉ d'artillerie.

(4) L'officier envoyé par le général Canu au général Bourbaki pour prendre ses ordres ne put le rencontrer. Le général Canu prit alors l'initiative d'amener ses douze batteries disponibles aux Bordes.

du Barail et Forton, auxquelles leur dénomination de « réserve de cavalerie » valait sans doute d'être maintenues plus en arrière encore de l'infanterie que ne l'étaient les divisions de cavalerie des corps d'armée, restèrent dans leurs camps du 10 août au Ban Saint-Martin, et à Montigny-les-Metz (1). La première envoya toutefois une reconnaissance composée de deux escadrons du 3e chasseurs d'Afrique, sous les ordres du colonel de Galliffet, avec la mission « d'explorer toute la région comprise entre les routes qui conduisent à Château-Salins, à Nancy et à Pont-à-Mousson (2) ». Partis de Metz à 4 heures du matin, les deux escadrons marchèrent en une seule colonne jusqu'à Verny où ils se partagèrent : un escadron suivit la route de Nancy au centre, deux pelotons s'avancèrent sur chacune des directions de Château-Salins et de Pont-à-Mousson. Les trois fractions se réunirent, entre onze heures et midi, à Nomény.

« Aucun de ces détachements n'avait rencontré d'éclaireurs mais, d'après les renseignements recueillis, le 10, quatre uhlans prussiens avaient paru à Han-sur-Nied, et de nombreuses troupes occupaient Remilly et Faulquemont. En outre, au dire des voyageurs, le gros des Prussiens occupait Hellimer, Gros-Tenquin, Baronville et Morhange ; ce dernier point paraissait contenir leur tête de colonne, car ils y avaient un millier d'hommes le 10 au soir..... Aucun ennemi n'étant signalé dans le voisinage, le retour sur Metz s'effectue en une seule colonne par la route de Nancy..... (3). »

Dans un télégramme expédié de Nomény à midi 40 et

---

(1) La division du Barail fut rejointe le 11 août par son artillerie (5e et 6e batteries du 19e, parties de Saint-Mihiel le 10 août, à 9 heures du soir).
(2) Journal de marche de la division du Barail.
(3) *Ibid.*

précédant de peu son mouvement rétrograde (1), le colonel de Galliffet mandait au général du Barail que les Prussiens auraient abandonné Faulquemont.

Les instructions du général du Barail au colonel du 3ᵉ chasseurs d'Afrique, lui prescrivaient-elles de rentrer à Metz dans la soirée, ou lui laissaient-elles l'initiative de poursuivre ses investigations le 12, dans le cas où elles auraient été infructueuses le 11? L'absence de documents ne permet pas de se prononcer. En tout état de cause, il semble vraisemblable qu'elles ne lui interdisaient pas de lancer deux reconnaissances d'officier vers Remilly et Faulquemont pour vérifier l'exactitude des informations recueillies. De la sorte, on eût combiné l'exploration négative dans le secteur Metz, Delme, Nomény, avec l'exploration positive dans une autre direction (2).

De son côté, la division de Forton avait envoyé deux reconnaissances sur Thionville. Un peloton du 1ᵉʳ régiment de dragons se porta sur ce point par la rive gauche de la Moselle, un peloton du 9ᵉ dragons par la rive droite (3). Tous deux revinrent à Metz dans la soirée sans avoir de nouvelles de l'ennemi.

Le grand quartier impérial se rendait compte de la nécessité d'avoir sur les mouvements des Allemands des informations exactes, nécessité que la situation de l'armée, adossée à la Moselle, rendait plus impérieuse encore. Il ne s'agissait pas seulement d'ailleurs de

---

(1) « Je rentre immédiatement à Metz », disait, en terminant, le colonel de Galliffet.

(2) D'après les *Souvenirs* du général du Barail, la division placée sous ses ordres aurait exécuté, le 11, « une grande reconnaissance dans la direction du Nord-Est (*sic*), sur Pange et Ars. » (Tome IV, page 167.) Les documents de cette journée ne font aucune allusion à cette opération.

(3) 1ᵉʳ peloton du 4ᵉ escadron. L'Historique du 1ᵉʳ dragons ne mentionne pas la reconnaissance sur Thionville.

connaître les directions suivies par les forces adverses dont les têtes de colonnes avaient combattu à Forbach. Il importait peut-être davantage d'être averti, jour par jour, des progrès de celles qui avaient été victorieuses à Frœschwiller et dont la marche, orientée sur Nancy, pouvait menacer gravement les communications de l'armée française avec Paris, si celle-ci s'attardait à Metz.

Aussi le 11 août, le Major général adressa-t-il des instructions dans ce sens au général du Barail : « Il est nécessaire que l'Empereur ait des renseignements sur les mouvements que l'ennemi pourrait faire dans la direction de Faulquemont et Nomény sur Nancy. Exécutez demain matin des reconnaissances dans ces directions ». Il informait, d'autre part, le général de Forton que, d'après des nouvelles reçues dans la journée, des troupes d'infanterie ennemie auraient occupé Boucheporn et Ham-sous-Varsberg le 11, et lui prescrivait d'envoyer « quelques escadrons » dans les directions qui conduisent à ces deux localités (1).

Ces mesures, dictées par un sentiment exact de la situation, étaient insuffisantes. L'armée de Metz comptait, en effet, six divisions de cavalerie, dont quatre au moins, pourvues de soutiens d'infanterie, auraient dû être affectées à l'exploration, les deux autres fournissant le service de sûreté de première ligne sur la Nied française, après avoir laissé toutefois quelques escadrons à l'infanterie, à titre de cavalerie divisionnaire. Ces quatre divisions auraient constitué deux groupes : l'un d'une division vers Boulay, l'autre de trois divisions et de deux batail-

---

(1) « Nous voici sous Metz, bien abrités contre la place, *les vedettes à hauteur des sentinelles;* on veut cependant savoir ce qui se passe au dehors et l'on est obligé d'écrire à la cavalerie les dépêches suivantes : (Suivent les ordres ci-dessus aux divisions du Barail et de Forton). (*Journal d'un officier de l'armée du Rhin*, page 58.)

lons de chasseurs, chargé d'éventer les mouvements des colonnes ennemies dans la zone Faulquemont, Nomény, Dieuze, Nancy, et d'entrer en relations vers Lunéville avec les 1er et 5e corps.

II. — Mouvements des corps d'Alsace.

La présence d'une masse de cavalerie française sur leur flanc droit, aurait vraisemblablement déterminé le maréchal de Mac-Mahon et le général de Failly à poursuivre leur marche sur Nancy à laquelle ils avaient cru devoir renoncer, malgré les instructions pressantes que le commandant du 5e corps avait reçues à ce sujet du grand quartier impérial.

Le 11 août, le 1er corps se portait de Lunéville sur Bayon, par Lamath et Méhoncourt (1), sauf la 1re division qui, partant de Rehainviller à 4 heures du matin, se dirige sur Lorey, par Damelevières et Haussonville. « En arrivant....., les troupes sont cantonnées en raison du mauvais temps persistant (2) » : la brigade de Septeuil à Haroué (3), la 1re division à Lorey et Haussonville, la 2e à Villacourt, la 3e à Bayon, la 4e à Froville, la division Conseil-Dumesnil à Roville et à

---

(1) Les hommes hors d'état de marcher furent envoyés avant le départ à la gare de Lunéville, d'où ils furent dirigés sur Nancy par voie ferrée.

« Le nombre de ces hommes est très grand : la pluie, qui n'a cessé de tomber depuis le départ de Sarrebourg, a eu une influence fâcheuse sur la santé des troupes, qui, depuis Frœschwiller, bivouaquent sans tentes et sans effets de rechange. » (Journal de marche du 1er corps.)

A Nancy, le commandant Vanson, du grand quartier impérial, expédie tous les isolés sur le camp de Châlons, par voie ferrée.

(2) Journal de marche du 1er corps.

(3) De la sorte, le 1er corps n'avait plus aucune troupe de cavalerie à son extrême arrière-garde.

la Neuveville (1) ; le quartier général à Bayon. Les divisions de cavalerie Bonnemains et Duhesme se rendent le même jour à Colombey avec la réserve d'artillerie et se couvrent vers Nancy par un escadron du 2e lanciers et une batterie à cheval établis en grand'-garde à Allain-aux-Bœufs (2).

Le maréchal de Mac-Mahon, constatant l'état de fatigue des troupes, décida qu'elles séjourneraient le 12 dans leurs cantonnements (3). Il leur adressa l'ordre du jour suivant, qui rendait hommage aux admirables qualités militaires dont elles avaient fait preuve à la bataille de Frœschwiller :

Au quartier général, à Bayon, 11 août.

ORDRE.

Soldats !

Dans la journée du 6 août, la fortune a trompé votre courage ; mais vous n'avez perdu vos positions qu'après une résistance héroïque qui n'a pas duré moins de neuf heures. Vous étiez 35,000 combattants contre 140,000 et vous avez été accablés par le nombre. Dans ces conditions, une défaite est glorieuse et l'histoire dira qu'à la bataille de Frœschwiller les Français ont déployé la plus grande valeur.

Vous avez éprouvé des pertes sensibles, mais celles de l'ennemi sont plus considérables encore. Si vous n'avez pas été suivis, cherchez-en la cause dans le mal que vous lui avez fait.

L'Empereur est content de vous et le pays tout entier vous sera reconnaissant d'avoir dignement soutenu l'honneur du drapeau.

Nous venons d'être soumis à de rudes épreuves, qu'il faut oublier. Le 1er corps va se reconstituer et, Dieu aidant, nous prendrons bientôt une éclatante revanche !

---

(1) Son artillerie près de Bayon. (Notes du capitaine d'état-major Mulotte.)

(2) Historique du 2e régiment de lanciers.

(3) « L'intendance ne pouvant décidément plus suffire à faire vivre la troupe, des ordres sont donnés aux généraux de division pour désigner des officiers chargés de procéder à des réquisitions journalières et régulières. » (Historique de la 2e division du 1er corps.)

Le 5ᵉ corps, renonçant définitivement, le 11 au matin, à se porter sur Nancy, se dirige sur Charmes (1). Les divisions de l'Abadie et Goze, avec les réserves d'artillerie et du génie, partant de Lunéville à la suite du 1ᵉʳ corps, à 7 heures, passent par Lamath, Landécourt, Clayeures, Borville, Loro-Montzey, Saint-Germain, et stationnent : la brigade Saurin de la division Goze et la réserve d'artillerie, à Loro-Montzey ; la brigade Nicolas, de la même division, à l'Est et au Sud de Saint-Germain ; la division de l'Abadie sur les hauteurs qui dominent Charmes à l'Ouest ; le quartier général dans cette dernière localité, avec la réserve du génie. La division de cavalerie Brahaut se rend de Lunéville à Gerbéviller (2) ; la division de Lespart, de Baccarat, par Rambervillers, à Moyemont et Saint-Genest.

A son arrivée à Charmes, le général de Failly rendit compte au Major général de son mouvement et annonça l'intention de prendre un itinéraire au Sud de la route Bayon—Vézelise, occupée par le 1ᵉʳ corps, « de manière à pouvoir tourner Toul », pour se « jeter dans l'Argonne » et se rendre de là à Metz ou au camp de Châlons, selon les ordres qu'il recevrait (3). A ce télé-

---

(1) « Départ de Lunéville à 7 heures du matin. Les troupes sont sur pied, dans l'eau et sous la pluie, depuis 3 heures du matin, parce qu'elles n'ont pas reçu le contre-ordre qui modifiait les instructions données la veille, relativement à l'heure du départ. » (Journal de marche de la division Goze.)

(2) Tout d'abord, le 5ᵉ lanciers, seul, s'était établi à Gerbéviller, avec le quartier général ; deux escadrons du 12ᵉ chasseurs s'étaient arrêtés à Fraimbois ; les deux autres étaient allés à Moyen. « Mais, dans la soirée, par suite de faux avis annonçant l'entrée de la cavalerie ennemie à Lunéville, le général de division rallia le 12ᵉ chasseurs à Gerbéviller et le fit bivouaquer près de cette ville. » (Journal de marche de la division de cavalerie Brahaut.)

(3) Le général de Failly au Major général, Charmes, 11 août, 5 h. 34 soir.

gramme, il ajouta les explications suivantes, quelque peu contradictoires avec le projet qu'il avait exposé (1) :

« Je demande à marcher par Vézelise sur Toul, où le 5ᵉ corps se réunirait, occuperait la vallée de la Moselle, protégerait Frouard et marcherait sur Nancy par plusieurs routes en suivant les hauteurs et la forêt de Haye, où l'on pourrait repousser l'ennemi en l'abordant de front. En cas de retraite forcée, on pourrait tenir dans la forêt de Haye, gagner au besoin Metz ou bien se retirer dans l'Argonne (2). »

Le général de Failly attribuait sans doute à la forêt de Haye des propriétés bien remarquables pour oser affronter le choc d'une armée supérieure en nombre, enivrée par le succès, avec des troupes « dont le moral était déjà affaibli par le contact des débris du 1ᵉʳ corps, les fatigues et les privations qu'elles éprouvaient depuis

---

(1) L'original du télégramme ne porte pas ces explications. Elles sont relatées par le Journal de marche du 5ᵉ corps, rédigé par le colonel Clémeur, comme ajoutées à ce télégramme, et par le Journal rédigé par le capitaine de Piépape, comme ayant constitué une dépêche spéciale.

(2) Dans son ouvrage intitulé *Marches et opérations du 5ᵉ corps*, le général de Failly ajoute à ces explications la note suivante :

« Tous les commandants supérieurs qui se sont succédé à Nancy ont reconnu que, par la nature de sa position, cette ville ne pouvait être occupée comme point stratégique; sa situation dans une plaine dominée et l'étendue de ses faubourgs la rendant impossible à défendre. Tous ont cherché à déterminer, soit en avant, soit en arrière de cette ville, le choix des positions à prendre en cas d'invasion.

Dans la situation où les armées se trouvaient placées, Toul était le seul point stratégique sur lequel il fût possible de s'appuyer alors pour tenter efficacement de protéger Nancy et pour défendre en même temps la route de Paris. Dans ma pensée, cette position eût pu être occupée sérieusement et heureusement peut-être.

Connaissant la force de cette place et obligé d'en faire le siège, l'ennemi marcha d'abord sur la capitale par Sarreguemines, Pont-à-Mousson, Commercy—Lunéville, Bar-le-Duc. » (Page 23, note 1.)

plusieurs jours (1) ». Pouvait-il espérer d'ailleurs, en raison du détour qu'il était obligé de faire, devancer dans la forêt de Haye le corps d'armée qu'il signalait lui-même en marche sur Nancy (2) et dont la proximité l'avait décidé à renoncer à se diriger sur cette ville ?

Le Major général lui répondit dans la soirée :

« Par ordre de l'Empereur, ne continuez pas votre marche pour vous jeter dans l'Argonne; marchez sur Toul aussi vite que possible. Vous n'êtes pas menacé. Le chemin de fer de Toul à Nancy n'est pas interrompu. Suivant les circonstances, vous serez appelé à Metz ou dirigé sur Châlons. »

Ce télégramme, qui ne parvint au général de Failly que le lendemain, 12, à Mirecourt, ne faisait donc aucune allusion au projet exposé par le Journal de marche du 5ᵉ corps (3) de marcher sur Nancy « en suivant les hauteurs de la forêt de Haye ». Le Major général, s'il en eut connaissance, considéra sans doute qu'il n'y avait pas lieu de s'y arrêter.

Le 7ᵉ corps reste immobile à Belfort le 11 août, sauf le 4ᵉ lanciers, qui est envoyé à Altkirch avec mission d'organiser un service d'éclaireurs lui permettant « d'être toujours informé de ce qui pourrait se passer dans un rayon de 4 à 5 kilomètres au moins, en faisant observer surtout les directions de Mulhouse et de Huningue (4) ». Des détachements, d'un peloton chacun, restent échelonnés à Bessoncourt, Valdieu, Dannemarie, pour assurer le service d'estafettes entre le régiment et le quartier général ainsi que la garde des four-

---

(1) Journal de marche du 5ᵉ corps, 10 août.
(2) Le général de Failly au Major général, Charmes, 11 août.
(3) Manuscrit rédigé en 1872 par le colonel Clémeur, sous-chef d'état-major du 5ᵉ corps, et approuvé par le général de Failly.
(4) Note du général Cambriel, commandant la 1ʳᵉ brigade de cavalerie du 7ᵉ corps, au colonel du 4ᵉ lanciers, 10 août.

neaux de mine chargés de ces deux dernières localités.

La 3ᵉ division (Dumont) du corps d'armée est dirigée de Lyon sur Belfort par voie ferrée; le premier train devant partir de Lyon le 10 à midi, le dernier dans la nuit du 12 au 13 (1).

III. — **Renseignements reçus au grand quartier impérial.**

Le Bulletin de renseignements du grand quartier général français pour la journée du 11 août, indique un groupement des forces allemandes en trois masses :

A droite, le général Vogel de Falkenstein, venu des côtes du Nord, aurait commencé, le jour même, avec une avant-garde de 15,000 hommes, son mouvement de Cologne sur Trèves. Il serait à la tête de trois corps d'armée (2), comptant 100,000 hommes, et s'avancerait le long de la frontière luxembourgeoise pour tourner Thionville ou surprendre cette place. « Il serait aujourd'hui à Frisange, sur la route de terre de Thionville à Luxembourg, sans violer le grand-duché; il paraît se diriger sur Aumetz, situé entre Thionville et Longwy. »

Au centre, on signale les VIIᵉ et VIIIᵉ corps, sous les ordres du général de Steinmetz et l'armée du prince Frédéric-Charles, « très probablement composée de six corps, dont la Garde ». Le 10, cette armée n'avait encore

---

(1) Le général commandant le 9ᵉ corps d'armée au Ministre de la guerre, Lyon, 11 août.

(2) Parmi ces trois corps on signale le IIIᵉ, mais le *Bulletin* fait observer que cela est peu probable, « car ce corps était à Forbach ». Il donne comme seconde raison que des soldats du *15ᵉ* uhlans, appartenant à ce IIIᵉ corps, ont été faits prisonniers en face de l'armée du centre, à Gros-Tenquin. On remarquera que le *15ᵉ* uhlans faisait partie en réalité de la *6ᵉ* division de cavalerie. L'interrogatoire de cavaliers prussiens faits prisonniers conclut à l'existence de cinq régiments de cavalerie par corps d'armée.

personne à Boulay, mais de nombreux cavaliers se sont avancés sur la route de Saint-Avold jusqu'à Plappecourt et des têtes de colonnes ont été signalées vers Sarre-Union. Elle « paraît vouloir éviter Metz en se dirigeant sur Château-Salins, puis sur Pont-à-Mousson et Nancy ». En admettant le chiffre de huit corps pour cette masse centrale, son effectif s'élèverait à plus de 200,000 hommes.

A gauche, se trouve l'armée du prince royal, dont on peut évaluer la force à 150,000 hommes, et qui comprend les Ve et XIe corps et les contingents de l'Allemagne du Sud. « Elle paraît pénétrer par les Vosges, bien que des renseignements peu certains aient indiqué un mouvement d'une partie de cette armée en arrière vers le Nord pour revenir sur la Sarre se joindre à l'armée du centre (1) ». Le roi, le maréchal de Moltke et M. de Bismarck seraient à Sarrebrück, où l'on signale l'arrivée de 12,000 hommes de la landwehr. D'après un renseignement du 11, la marche en avant des armées ennemies commencerait le lendemain.

De divers côtés, on donne la certitude qu'il n'y a plus de troupes sur la rive droite du haut Rhin; le général Douay croit savoir que toutes celles qui s'y trouvaient, au nombre de 43,000 hommes, dit-on, auraient été dirigées sur Rastatt. Enfin, le général Uhrich, gouverneur de Strasbourg, annonce que de fortes colonnes ennemies, comprenant les trois armes, se portent sur la place; il s'attend à un investissement immédiat.

Quelles résolutions ces renseignements, joints à ceux des journées précédentes, pouvaient-ils inspirer au grand quartier général français?

---

(1) Un renseignement en date de Munich, 8 août, et télégraphié le 10 par un agent de Vienne, indique que les troupes du prince royal sont à Ingwiller avec des avant-postes à Seebach, Wingen, Puberg, Ratsweiler.

La grande supériorité numérique des armées allemandes était manifeste : aux 450,000 hommes que leur attribuait au total le bulletin du 11 août, on n'était en mesure d'opposer immédiatement que 170,000 hommes environ(1), effectif qui pouvait s'élever à 212,000 hommes, au bout de quelques jours, par l'adjonction des 5e et 7e corps. La lutte, entreprise par l'armée française contre des forces doubles des siennes, exaltées par leurs premiers succès et pourvues d'une artillerie plus puissante, se présentait donc dans des conditions si défavorables, qu'elle ne pouvait espérer vaincre.

Il importait essentiellement, avant de livrer une bataille décisive, d'obtenir l'égalité numérique. Dans ce but, il convenait, d'une part, de verser, dans les cadres excellents de l'armée, une partie des hommes accumulés dans les dépôts et, d'autre part, d'organiser de nouveaux corps d'armée, soit par dédoublement de ceux qui comptaient 4 divisions, soit par des créations nouvelles.

Mais il ne fallait pas songer à procéder à ces opérations délicates, sous les murs de Metz, en présence de l'ennemi qui pouvait prendre l'offensive dans un délai assez court. La zone de reconstitution de l'armée devait être choisie à une distance de la frontière telle, que l'adversaire ne pût y faire irruption avant la réorganisation

---

(1) *Situation d'effectif au 11 août.*

2e corps................................	25,000 hommes.
3e corps................................	43,061 —
4e corps................................	30,529 —
5e corps (brigade Lapasset).............	3,569 —
6e corps................................	38,089 —
Garde...................................	21,377 —
Réserve de cavalerie	4,839 —
Réserve d'artillerie....................	2,055 —
Génie...................................	471 —
TOTAL.......	168,990 hommes.

complète des forces françaises. Elle devait permettre en outre, l'afflux de toutes les ressources du territoire en hommes, matériel, munitions, vivres et se prêter au renouvellement facile des approvisionnements. A ces divers points de vue, le camp de Châlons, trop rapproché de la Moselle, et d'ailleurs trop voisin de la frontière belge, ne pouvait convenir et devait être évacué. La région Fontainebleau, Orléans, Gien, Auxerre, remplissait, au contraire, toutes les conditions requises : éloignement suffisant de Metz (1); communications assurées par voie ferrée avec le Nord, le Sud-Ouest, le Sud-Est et l'Est de la France; faculté de manœuvrer sur le flanc ou sur les derrières de l'envahisseur, s'il continuait sa marche sur Paris; possibilité de rester toujours en liaison avec la portion la plus importante du territoire. Elle se prêtait parfaitement et à tous égards, semble-t-il, à la reconstitution des forces militaires françaises.

En supposant que le grand quartier impérial eût adopté cette résolution le 11, le mouvement de l'armée de Metz pouvait commencer le 12 au matin. Un corps d'armée eût été chargé de former l'arrière-garde générale et, à cet effet, de prendre tout d'abord possession des passages de la Moselle entre Frouard et Metz et d'en assurer la destruction opportune. Un corps de cavalerie, composé de trois divisions, lui eût été adjoint avec mission de prendre le contact des colonnes de gauche des armées allemandes, de retarder leur marche et de tenir le commandement au courant de leurs progrès. Un autre corps d'armée, renforcé par deux

---

(1) De Pont-à-Mousson à Auxerre, par Commercy, Ligny-en-Barrois, Saint-Dizier, Montiérender, Brienne, Troyes, on compte 240 kilomètres environ, soit quinze jours de marche au moins, en tenant compte des retards infligés à l'adversaire par les arrière-gardes, la rupture des ponts, etc..... A ces quinze jours il faut ajouter les deux jours nécessaires à l'ennemi pour atteindre la Moselle.

divisions de cavalerie, aurait été maintenu provisoirement à l'Est de Metz, entre les forts de Queuleu et de Saint-Julien, de façon à dissimuler à l'adversaire le mouvement de retraite et à lui faire supposer que l'armée française avait le projet de livrer bataille sur la rive droite de la Moselle. Ces résultats obtenus, et, en tout cas, sans attendre le passage de la rivière en amont de la place par l'adversaire, le corps d'armée maintenu à l'Est de Metz laissait dans la place une division destinée à en constituer la garnison et se retirait sur Verdun et Châlons, en manœuvrant, surtout avec sa cavalerie, de façon à attirer vers l'Ouest le plus de forces ennemies possible, et en s'éclairant aussi soigneusement vers le Sud pour éviter d'être rejeté vers la frontière belge. Tout aurait été préparé au camp de Châlons pour embarquer ces troupes et les transporter à Orléans par voie ferrée.

Pendant ce temps, le reste de l'armée se serait dirigé sur la région de reconstitution, l'axe du mouvement jalonné par Commercy, Brienne, Troyes, Sens, ses arrière-gardes, comprenant une forte proportion de troupes à cheval, disputant à l'ennemi les coupures parallèles de la Moselle, de la Meuse, de la Marne, de l'Aube et de la Seine. D'autre part, les 1er et 5e corps gagnaient Joigny par Neufchâteau, Chaumont, Bar-sur-Seine; le 7e corps était transporté par voie ferrée de Belfort, par Langres et Chaumont, à Troyes.

L'inconvénient de ces mesures était l'abandon à l'ennemi de toute la portion du territoire comprise entre la Moselle, Paris et Troyes, mais n'était-il pas infiniment préférable de s'y résoudre de plein gré et sous forme de manœuvres en retraite, que d'y être contraint et poursuivi après une bataille dont la disproportion numérique actuelle permettait de pressentir d'avance l'issue néfaste ?

Le grand quartier général allemand ne doutait pas

que telle serait la décision prise par le commandement français :

« Dès l'origine, les Allemands étaient persuadés que l'intérêt de l'ennemi lui commandait d'effectuer le plus tôt possible la jonction de l'armée du Rhin avec les forces en arrière. Depuis le général en chef jusqu'au commandant d'avant-garde, tous tendaient donc invariablement et toujours au même but : mettre obstacle à ce dessein supposé (1). »

IV. — Mouvements des armées allemandes.

Les trois armées allemandes continuent, le 11 août, à se conformer, dans leurs mouvements, aux prescriptions de l'ordre général du 9, les corps de droite restant immobiles ou ne faisant que des marches assez courtes.

La Ire armée conserve ses emplacements de la veille, de façon à permettre à l'aile gauche de la IIe de s'aligner sur elle (2) ; les *1re* et *3e* divisions de cavalerie « restent derrière le front, dans leurs bivouacs, que la pluie transformait en marécages (3) ». Quand le grand quartier général eut connaissance de ce fait, il envoya, dans l'après-midi, l'ordre au général de Steinmetz de faire

---

(1) *Historique du Grand État-Major prussien*, 4e livraison, page 878.

(2) A 10 h. 45 du matin, le maréchal de Moltke écrivait ce qui suit au général de Stiehle, chef d'état-major de la IIe armée :

« Merci pour tous vos renseignements, d'autant plus que nous n'en recevons aucun de la Ire armée. Je ne suis seulement pas en état de vous dire où se dirigent aujourd'hui les Ier, VIIIe et VIIe corps..... » (*Correspondance militaire du maréchal de Moltke*, tome I, n° 139.)

(3) Général de Pelet-Narbonne, *Loc. cit.*, page 110.

« Un ordre donné dans la matinée laissa entrevoir, pour le 12, la possibilité d'un mouvement en avant vers la Nied, mais, dans ce mouvement, il n'était toujours pas question de faire prendre les devants aux divisions de cavalerie ; bien plus, on comptait les faire marcher entre les corps d'armée et à leur hauteur, collées à l'armée. »

déboucher, le jour même, les divisions « en avant de tout son front (1) ». La *1*ʳᵉ partit à 8 heures du soir et atteignit, assez avant dans la nuit, Boucheporn où elle bivouaqua derrière les avant-postes du VIIᵉ corps. La *3*ᵉ ne se mit en marche qu'à 10 heures du soir et se dirigea sur Bettange. Dans la journée, une reconnaissance d'officier du *5*ᵉ uhlans (2) qui avait pris le contact, le 10, près des Étangs, constata « que les routes qui, de Saint-Avold et de Boulay conduisent vers Metz, se couvraient de profondes colonnes de toutes armes qui se retiraient dans la direction de la forteresse (3) ». Il estima à 20,000 hommes la force de l'infanterie qui marchait sur la route de Boulay (4), suivit l'arrière-garde et la vit faire halte, vers 11 h. 30 du matin, près de Bellecroix. Cet important renseignement ne parvint au quartier général de la Iʳᵉ armée que le 12 au matin, mais un rapport analogue d'une autre reconnaissance envoyée sur Condé-Northen, par la cavalerie de la *13*ᵉ division d'infanterie, avait pu être transmis au grand quartier général dès 8 h. 45 du soir (5).

La IIᵉ armée continue sa marche dans la direction du Sud-Ouest : les quatre corps de tête atteignent la ligne Faulquemont-Harskirchen, IIIᵉ à Faulquemont, Xᵉ à Hellimer avec une avant-garde à Gros-Tenquin et Landroff, Garde à Guéblange et Insming, IVᵉ corps à Harskirchen (6); les deux corps de seconde ligne se portent :

---

(1) *Historique du Grand État-Major prussien*, 4ᵉ livraison, page 418.
(2) *3ᵉ division de cavalerie*.
(3) Général de Pelet-Narbonne, *Loc. cit.*, page 112.
(4) Deux divisions du 4ᵉ corps.
(5) Von Schell, *Opérations de la Iʳᵉ armée*, page 94.
(6) « La Iʳᵉ armée demeurant immobile, tandis que la IIᵉ continuait son mouvement demi à gauche, une trouée de 15 kilomètres environ se produisait dans la première ligne, entre Carling et Faulquemont. Elle était momentanément bouchée par le régiment des grenadiers du corps

le IX⁰ à Forbach avec une avant-garde à Bening, le XII⁰ à Sarreguemines. Le quartier général est transféré de Sarreguemines à Puttelange.

Les brigades de cavalerie Barby et Redern de la 5⁰ division, affectées au X⁰ corps, sont en avant de l'aile droite, de Remilly à Delme. Sur l'injonction pressante du général commandant le X⁰ corps, leurs partis sillonnent la région située entre Pange, Pont-à-Mousson, Noményet Château-Salins (1). Une reconnaissance de deux pelotons du *13⁰* uhlans aperçoit, près de Villers-Laquenexy, des troupes évaluées à un corps d'armée, en marche vers Metz, et une autre colonne française de même force, suivant la route de Boulay à Bellecroix. Deux officiers du *17⁰* hussards poussent jusqu'aux avant-postes français à Grigy et rendent compte, d'après les dires des habi-

---

(Leib-Grenadiere) qui avait été conservé à Saint-Avold pour la garde du grand quartier général ». (*Historique du Grand État-Major prussien*, 4⁰ livraison, page 417.)

(1) Le général commandant le X⁰ corps avait écrit, le 11 août, à 4 heures du matin, la lettre suivante au général de Rheinbaben, commandant la 5⁰ division de cavalerie :

« ..... Je suis toujours d'avis que, si vous ne pouvez atteindre encore Remilly, vous vous rapprochiez de l'ennemi autant que possible. Avant-postes sur la Nied, de Han-sur-Nied jusqu'à la route Metz, Château-Salins ; de là, des officiers hardis en avant..... Je compte que des officiers seront lancés aujourd'hui jusqu'aux environs de Pont-à-Mousson. Faites détruire sur un ou plusieurs points la voie ferrée Metz—Nancy. J'envoie dans ce but le premier lieutenant Neumeister, du génie, au général von Redern..... Cherchez à faire des prisonniers, intimidez l'ennemi et les habitants, inspirez à l'adversaire le respect de notre cavalerie. *Nous en sommes arrivés à un moment où il faut exiger de la cavalerie la plus extrême activité.*

Le général de Pelet-Narbonne dit à ce propos :

« Comme on le voit, le général commandant le corps d'armée faisait tout pour déterminer la division de cavalerie à une action décisive. Un cœur de cavalier est bien péniblement impressionné en voyant qu'un pareil ordre devint nécessaire, qu'une pareille pression dut être exercée..... » (*Loc. cit.*, page 120.)

tants, de la présence de l'armée française partie dans Metz, partie entre le chemin de fer de Sarrebrück et la place. Un lieutenant du *10e* hussards mande de Vic, à midi, que Nancy et les environs ne sont pas occupés mais qu'il y aurait 40,000 hommes à Lunéville. Enfin, un détachement du même régiment détruit, dans la nuit du 11 au 12, le télégraphe près de la gare de Dieulouard, après avoir observé que des trains se suivent sur la ligne Nancy-Metz à des intervalles d'une heure et demie, mais il ne peut, faute d'outils, mettre la voie ferrée elle-même hors de service.

La brigade Bredow, de la *5e* division de cavalerie, affectée au IVe corps, s'avance jusqu'à Fénétrange et surveille le pays, de Marsal à Sarrebourg.

La *6e* division de cavalerie se porte de Teting sur Thicourt, occupant, ainsi que la brigade de dragons de la Garde, à Bermering, « une position intermédiaire entre la ligne de cavalerie (5e division) et les quatre corps de tête (de la IIe armée) (1). » L'emploi d'une division entière à ce service de liaison est tout au moins contestable.

Le *15e* uhlans, précédemment détaché, rallie le 11 la division, non sans avoir recueilli, dans la journée, des nouvelles importantes. Un de ses escadrons mande de Marange, à 10 heures du matin, que les Français, évacuant leurs positions de la Nied française, à Mont et à Silly, se sont retirés sur Metz dans la nuit du 10 au 11 (2). Un second rapport, expédié de Courcelles-Chaussy, à 9 heures du soir, mentionne que l'escadron s'est porté jusqu'au Nord de Puche et a observé de tous

---

(1) *Historique du Grand État-Major prussien*, 4e livraison, page 417.

(2) Cet escadron envoyait également les numéros des régiments des blessés et malades français qui se trouvaient à une ambulance établie à Courcelles-Chaussy.

côtés des traces de retranchements, de bivouacs abandonnés. D'après les dires des habitants et l'interrogatoire des blessés et malades faits prisonniers, les troupes françaises, appartenant au corps Bazaine, à la Garde et comprenant tout au moins des fractions du corps Ladmirault, se sont repliées jusque sous le canon de Metz (1).

La IIIe armée, poursuivant sa marche à travers les basses Vosges, acquiert le 11 la certitude que la retraite du maréchal de Mac-Mahon et du général de Failly s'est effectuée de Wœrth et de Bitche sur Sarrebourg (2). On y apprend qu'aucune troupe ennemie ne se trouve entre Nancy et Belfort, que trois régiments d'infanterie sont à Lyon, que la Garde impériale occupe Nancy et les hauteurs voisines avec 200 pièces de canon (3).

Le prince royal, dont le quartier général était établi à Petersbach depuis le 10, avait été informé que le IVe corps, de la IIe armée, demeurerait le 11 aux environs de Sarre-Union, ce qui avait obligé les Ier et IIe corps bavarois, établis le 10 à Diemeringen et Montbronn, à appuyer vers le Sud le 11. Dans ces conditions, la IIIe armée allait atteindre la Sarre avec un front plus resserré que ne le prévoyait l'ordre général du 7 août. « Toutefois, afin de se donner la faculté de s'étendre de nouveau, lors de la continuation du mouvement au delà

---

(1) Général de Pelet-Narbonne, *Loc. cit.*, page 117.

Ces deux rapports furent envoyés par écrit le 12, à 1 heure de l'après-midi, au grand quartier général.

(2) *Historique du Grand État-Major prussien*, 4e livraison, page 385.

« Les habitants de Petersbach disaient que les généraux Ducrot et de Failly s'étaient arrêtés dans ce village pendant la nuit du 7 au 8 août, et que de nombreuses colonnes y étaient passées, se dirigeant de Bitche et de Lützelbourg sur Sarrebourg..... Les journaux français nous donnèrent des renseignements sur les mouvements de troupes en France..... » (Von Hahnke, *Opérations de la IIIe armée*, page 96.)

(3) *Ibid.*

de cette rivière, l'ordre était envoyé à la *4ᵉ* division de cavalerie de déboucher préalablement en avant de Sarrebourg pour aller reconnaître, pendant les jours suivants, les environs de Lunéville et de Nancy (1)..... »
En conséquence, cette division gagnait le 11 Heming ; son avant-garde, composée du *2ᵉ* régiment de hussards et de deux compagnies du *95ᵉ*, poussait jusqu'à Saint-Georges ; un escadron de uhlans se dirigeait au Nord-Est de Sarrebourg, vers Langatte.

Le Iᵉʳ corps bavarois se portait de Diemeringen sur Pisdorf ; la division würtembergeoise d'Adamswiller sur Rauwiller ; le Vᵉ corps de Weyer sur Lixheim ; le XIᵉ corps de Mittelbronn et Metting sur Sarrebourg (2).

En seconde ligne, la *12ᵉ* division se rendait de Rohrbach à Lorentzen ; le IIᵉ bavarois de Montbronn à Diemeringen.

L'*Historique du Grand État-Major prussien* semble regretter que les circonstances aient obligé la IIIᵉ armée à ne pas déployer simultanément tous ses corps sur la Sarre (3) ; le dispositif du 11 août, tout accidentel, était au contraire préférable, en raison de la profondeur et d'une certaine aptitude à la manœuvre qu'il présentait.

---

(1) *Historique du Grand État-Major prussien*, 4ᵉ livraison, page 385.)

(2) Un détachement de pionniers, transporté de Sarrebourg sur des voitures, jetait un pont de bateaux à 200 mètres au Sud de Dianne-Capelle pour remplacer le pont de cette localité que l'ennemi avait fait sauter. (*Historique du Grand État-Major prussien*, 4ᵉ livraison, page 385.)

(3) « ..... Les abords de Sarre-Union étant déjà occupés d'autre part, et l'espace très restreint dont on disposait pour se déployer n'offrant pas des routes en nombre suffisant pour permettre un mouvement simultané, la *12ᵉ* division et le IIᵉ corps bavarois étaient forcés de demeurer momentanément en arrière ». (4ᵉ livraison, page 385.)

V. — Renseignements reçus au grand quartier général allemand.

Le grand quartier général allemand avait reçu, dans la soirée du 10 août, par l'intermédiaire de la IIe armée, les renseignements suivants, qu'il transmettait le 11, à 10 heures du matin, au commandant en chef de la Ire armée :

« 1° Ponts de chemins de fer détruits près de Herny ;

2° Petites fractions d'infanterie du corps Mac-Mahon en marche sur Metz ;

3° Dans la matinée (du 10), de fortes colonnes en marche de Metz sur Boulay et Pange ;

4° Trains militaires venant de Châlons, arrivés à Metz dans la nuit du 9 au 10 ;

5° Vu à Pange les camps de deux brigades ennemies ;

6° Fortes colonnes d'infanterie et d'artillerie en marche de Metz sur Courcelles, Mont et Pange ».

Le maréchal de Moltke ajoutait :

« On doit admettre avec certitude qu'une partie de l'armée française est campée sur la Nied française » (1).

---

(1) *Correspondance militaire du maréchal de Moltke*, tome I, n° 138. Annexe de la main du maréchal de Moltke, et qui « semble, dit cet ouvrage, avoir été rédigée dans la soirée du 10 août ».

On remarquera à ce sujet que, dans une lettre du 10 août, 8 h. 30 soir, au général de Steinmetz (n° 135) le Maréchal, faisant part des mouvements projetés à la IIe armée pour le 11, ne fait aucune allusion à ces renseignements sur l'ennemi. Une seconde lettre expédiée au commandant de la Ire armée le 11, à 6 heures du matin (n° 137) est également muette sur ce point. Cette lacune s'explique difficilement.

D'ailleurs, d'après l'*Historique du Grand État-Major prussien*, le grand quartier général reçut, « dans la matinée du *11* août, les rapports relatifs aux observations faites, la veille, par la cavalerie ». (4e livraison, page 417.)

Cette version concorde avec l'envoi tardif à la Ire armée des infor-

Toutefois, il demeurait encore dans le doute au sujet de la situation des forces principales adverses (1) et inclinait à croire que celles-ci restaient « derrière la Moselle » avec un corps avancé dans une « position d'observation » (2) sur la Nied. Le prince Frédéric-Charles, au contraire, mandait de Sarreguemines (3), puis de Puttelange, à 9 h. 45 du matin, que « l'ennemi semblait s'être réuni en grandes masses, derrière la Nied française, en deçà de Metz ». Il estimait que, suivant toute apparence, cette concentration conduirait à une bataille. Dans l'hypothèse « improbable », à son avis, où l'adversaire prendrait l'offensive (4), il appelait l'attention du maréchal de Moltke sur l'opportunité de

---

mations recueillies. Elle est conforme aussi à celle de von der Goltz :

« Dans la matinée du même jour (11), on reçut (au quartier général de la II⁰ armée) des nouvelles importantes, paraissant indiquer un brusque changement dans les desseins de l'adversaire ». Suivent les renseignements recueillis le 10 par la cavalerie. (*Die Operationen der II^{ten} Armee*, page 36.)

(1) « ..... L'affectation des trois routes principales à chacune des armées n'a de valeur que jusqu'au moment où la cavalerie nous aura fait connaître la situation des forces principales de l'ennemi. » (*Correspondance militaire du maréchal de Moltke*, tome I, n° 137, Au général de Steinmetz, Sarrebrück, 11 août, 6 heures matin.)

(2) *Correspondance militaire du maréchal de Moltke*, tome I, n° 139, Au général de Stiehle, chef d'état-major de la II⁰ armée, Sarrebrück, 11 août, 10 h. 45 matin.

(3) Date et heure inconnues. Le fait ressort du début d'une lettre du prince Frédéric-Charles au maréchal de Moltke, datée de Puttelange, 11 août, 9 h. 45 matin : « Je vous ai déjà fait connaître de Sarreguemines, que l'ennemi semble s'être réuni en grandes masses derrière la Nied..... » (*Correspondance militaire du maréchal de Moltke*, tome I, page 274.)

(4) « Il ne semble pas vraisemblable, écrivait-il, que l'ennemi sorte de sa bonne position pour venir nous attaquer, quoique cette manière d'agir réponde plus au caractère des Français que la stricte défensive qu'ils ont gardée jusqu'ici...... » (*Ibid.*)

mettre en mouvement la Ire armée, de façon à la faire entrer en liaison avec le IIIe corps et à prolonger ainsi le front, tout en lui faisant exécuter « sur le flanc gauche de l'ennemi, un mouvement tournant à grande envergure ». Pendant ce temps, la IIe armée opérerait une conversion à droite, le IIIe corps formant pivot.

« Je ne disposerai, ajoutait le Prince, devant le front de l'adversaire, que la quantité de troupes qui paraîtra nécessaire pour le maintenir, comme a fait mon armée à Sadowa, et l'empêcher de couper notre centre. Je dirigerai l'effort principal contre le flanc droit de l'ennemi; j'y prendrai l'offensive en forces, en faisant suivre au moins un corps en réserve, comme échelon des troupes enveloppantes (1) ».

Mais ces mouvements ne pouvaient recevoir leur entière exécution que le 14; encore fallait-il demander aux troupes « un effort considérable » et laisser, dans la zone des cantonnements du 11 août, tous les *impedimenta* dont on pouvait, à la rigueur, se passer (2). Le grand quartier général allemand était donc sous le coup d'une véritable surprise stratégique, consistant dans la découverte brusque de masses ennemies et dans l'impossibilité de leur tenir tête dans de bonnes conditions avant trois jours. Telle était la conséquence de l'absence d'une masse de cavalerie à la disposition du généralissime et d'une avant-garde générale garantissant le temps et l'espace nécessaires à la concentration des forces (3).

Le prince Frédéric-Charles devait avoir nettement conscience de la supériorité numérique des Ire et IIe armées pour envisager à l'avance, le projet, préconçu

---

(1) *Correspondance militaire du maréchal de Moltke*, tome I, page 274.
(2) Von der Goltz, *Loc. cit.*, page 36.
(3) Voir page 131.

d'ailleurs, d'un mouvement tournant double. Il semblait admettre en outre, avec certitude, de la part de l'adversaire, la passivité dans une position à l'Est de Metz, l'utilisation linéaire et non en profondeur du terrain de combat, l'absence d'échelons en arrière des ailes. Les propositions du Prince représentent la conception un peu rudimentaire que se faisait de la bataille, en 1870, le commandement allemand : attaque de front pour immobiliser l'adversaire et le contenir, attaque de flanc pour décider du succès. C'était là un procédé tactique de combat, nullement une « combinaison de champ de bataille », suivant l'expression de Napoléon. La notion de l' « événement » qui se produit du reste aussi bien, en un point du front, comme à Austerlitz et à Ligny, qu'à une aile, comme à Friedland et à Bautzen, semble ne pas exister ; du moins n'en trouve-t-on aucune application pendant toute la campagne.

On observera enfin que la manœuvre projetée par le commandant de la IIe armée risque fort de ne donner aucun résultat, car l'adversaire n'est pas voué à l'immobilité et il n'existe point d'organe permettant de le maintenir.

Le maréchal de Moltke ne manqua pas de reconnaître les défectuosités du projet du prince Frédéric-Charles, dont il eut connaissance à 6 heures du soir. En lui adressant, deux heures plus tard, les ordres pour le 12 août (1), le Maréchal écrivait :

« Ils (ces ordres) sont basés sur l'idée exprimée par Votre Altesse Royale, qu'un nouveau chef ennemi prendra le décision vigoureuse et seule juste d'ailleurs, d'une offensive soudaine et ce, tandis que nos corps se trouvent répartis de Sarrelouis à Saverne. Toutefois, ils

---

(1) Voir page 203.

n'envisagent pour le moment que l'éventualité immédiatement réalisable d'une attaque sur le III⁰ corps.

« La conversion complète jusqu'à Nancy ne serait pas nécessaire et même serait dangereuse si, ce qui est également possible, le détachement de l'ennemi reculait derrière la Nied, et si ses forces principales se tenaient au Sud de Metz, derrière la Seille ou la Moselle (1) ».

*
* *

La nécessité d'aligner d'abord la IIIe armée sur la Sarre qu'elle atteignait le 11 août entre Sarre-Union et Sarrebourg et l'obligation de ralentir le mouvement de la Ire armée et de la droite de la IIe, qui avaient moins de chemin à parcourir pour atteindre la Moselle, donnent aux opérations du 10 au 12 août, les apparences d'une vaste conversion ou d'une marche en échelons par la gauche, dont la Ire armée formerait le pivot. On ne saurait les considérer toutefois comme un mouvement enveloppant dirigé contre l'armée ennemie en position sur la Nied, ainsi que les ont présentées certains écrivains militaires allemands (2). En premier lieu, l'ordre général du 9 août suppose que les Français « se sont retirés derrière la Seille et la Moselle (3) ». « Leur attitude, à la suite de la bataille de Spicheren avait donné à penser qu'on n'en viendrait plus sérieusement aux mains à l'Est de la Moselle (4) » et le maréchal de Moltke n'avait d'autre projet que de diriger sur cette rivière, en amont de Metz, les têtes de colonnes des trois armées préalable-

---

(1) *Correspondance militaire du maréchal de Moltke*, tome I, n° 143.
(2) Von der Goltz, *La nation armée*, page 282; Hohenlohe, *Lettres sur la stratégie*, page 352.
(3) *Historique du Grand État-Major prussien*, 4⁰ livraison, page 383.
(4) *Ibid.*, 5⁰ livraison, page 495.

ment alignées. Il suffit, pour s'en convaincre, de se reporter aux itinéraires assignés aux trois armées allemandes par l'ordre général du 9 août (1). Au surplus, le grand quartier général ne fut informé que le 11, dans la matinée, de la halte de l'adversaire sur la rive gauche de la Nied française, entre Pange et les Étangs (2), quand déjà la situation s'était modifiée par la retraite sur Metz.

Le maréchal de Moltke pouvait avoir eu la pensée d'exécuter une conversion successive à droite, dans le but de rejeter les Français vers le Nord, avant d'atteindre la basse Sarre et lorsqu'il s'attendait à rencontrer les cinq corps français de Lorraine, à l'Est de la ligne de Metz-Thionville (3). Mais la bataille imprévue de Forbach et le temps d'arrêt consécutif avaient momentanément dérangé les plans antérieurs et fait abandonner le projet qu'on avait caressé de rééditer la manœuvre de Sadowa. Il semblait qu'il fallût renoncer aussi à étreindre l'adversaire à l'Est de Metz, en raison du loisir qu'on lui avait laissé pour se dérober. L'ordre général du 9 et les premiers mouvements des 10 et 11 août ne pouvaient donc viser à l'enveloppement d'une armée qu'on ne comptait plus trouver à l'Est de la Moselle. Ils n'avaient d'autre caractère que celui d'une marche directe, faisant déboucher les Ire et IIe armées, entre Metz et Nancy, sur cette rivière dont elles saisiraient les passages. Ainsi le prévoyait le maréchal de Moltke dans ses travaux antérieurs à la guerre (4). On se réservait d'agir ensuite suivant les événements.

---

(1) Les routes de marche assignées sont : à la Ire armée, Sarrelouis, Boulay, les Étangs et au Sud; à la IIe armée, Saint-Avold, Nomény et au Sud; à la IIIe armée, Sarre-Union, Dieuze et au Sud.
(2) *Historique du Grand État-Major prussien*, 4e livraison, page 417.
(3) *Ibid.*, 2e livraison, page 155 et 4e livraison, page 403.
(4) *Correspondance militaire du maréchal de Moltke*, tome I, n°s 12 et 20.

A considérer la situation des Ire et IIe armées le 11 août, il semble bien d'ailleurs que le grand quartier général ait eu la conviction qu'il n'y aurait plus aucun engagement sérieux à l'Est de Metz. Leur dislocation en deux groupes, déjà signalée les jours précédents, est allée en s'accentuant, par l'immobilité de la Ire armée sur la ligne Creutzwald-Carling et par la continuation de la marche de la IIe vers le Sud-Ouest. On trouve en effet :

A droite : le IIIe corps en flèche à Faulquemont et, de 20 à 30 kilomètres en arrière et à droite, la Ire armée entre Creutzwald et Carling, le IXe corps vers Forbach.

A gauche : le Xe corps à Hellimer, le XIIe corps à Sarreguemines, le IVe à Harskirchen, la Garde à Guéblange.

Or, si le maréchal Bazaine était demeuré sur ses positions le 11 août, au lieu de poursuivre sa retraite sur Metz, les emplacements des corps allemands auraient été les précédents le 12 au matin, car ils avaient été pris « antérieurement à la réception des rapports de la cavalerie (1) » signalant l'arrêt des Français sur la Nied. Le grand quartier général attribuait d'autre part à l'armée ennemie un effectif de 200,000 hommes (2) qu'elle pouvait atteindre en effet par l'adjonction du 5e corps.

Prenant le contact le 11 au soir et attaquant le 12 au matin le IIIe corps à Faulquemont, le maréchal Bazaine n'aurait eu à combattre, dans toute la journée, que ce corps, renforcé tardivement par la Ire armée, le IXe et peut-être le Xe corps, soit au total cinq corps, dont le IIIe eût été très compromis (3).

---

(1) *Historique du Grand État-Major prussien*, 4e livraison, page 416, note 2.
(2) *Ibid.*, page 408.
(3) Von der Goltz, *Operationen der II^{ten} Armee*, pages 37-38.

Le grand quartier général apprécia d'ailleurs le danger et prit ses dispositions pour le conjurer, sinon le 12 au matin, — il était trop tard, — du moins après les mouvements de cette journée. L'ordre général du 11 août (7 heures du soir) a pour objet de préparer la concentration des Ire et IIe armées sur le IIIe corps. Il n'envisage « pour le moment que l'éventualité immédiatement réalisable d'une attaque sur ce corps », dans le cas où un nouveau chef ennemi prendrait « la décision vigoureuse, et seule juste d'ailleurs, d'une offensive soudaine (1) ».

La pensée du maréchal de Moltke a évolué dans la journée, sous l'impression des renseignements reçus. Dans la matinée, il jugeait qu'il n'y avait qu'un corps d'observation sur la Nied; dans la soirée, il ne lui paraissait « pas invraisemblable » qu'une fraction importante de l'armée française se trouvât à l'Est de Metz. Il considère alors que « la nouvelle phase dans laquelle entrent les opérations » commandent « plus de cohésion »; que les instructions générales données jusqu'à présent aux chefs des Ire et IIe armées sont insuffisantes; il juge nécessaire que le commandement suprême puisse « promptement disposer lui-même des divers corps, afin d'être assuré du concours de toutes les forces (2). » Ainsi, faute d'un organe de renseignements à sa disposition exclusive et d'une avant-garde générale, le maréchal de Moltke n'a ni le temps ni l'espace d'exécuter une manœuvre avec ses armées : il en est réduit à faire une combinaison de corps d'armée. Les ordres sont ainsi conçus :

« ..... Le IIIe corps, à Faulquemont, servira de point d'appui pour le rassemblement.

---

(1) *Correspondance militaire du maréchal de Moltke*, tome I, n° 143.
(2) *Historique du Grand Etat-Major prussien*, 4e livraison, page 418.

La 1re armée portera demain, de bonne heure, deux corps sur la ligne Boulay-Marauge, avec un corps vers Boucheporn.

La IIe armée portera le IXe corps sur Longeville-les-Saint-Avold, à l'Ouest de Saint-Avold ; le IIe corps, autant qu'il sera disponible, venant serrer vers ce dernier point. Le Xe corps s'avancera vers le IIIe corps (à peu près par Lelling). La Garde, le IVe et le XIIe corps seront amenés vers la gauche du dispositif précité, de manière à pouvoir, suivant le besoin, venir rejoindre ou bien continuer la marche dans la direction de Nancy (1).

Les avant-postes de la Ire armée doivent en général être poussés sur la Nied allemande (2)..... »

Le grand quartier général fut transféré de Sarrebrück à Saint-Avold le 11, à 4 heures du soir, en prévision des événements importants qui pouvaient surgir le lendemain. Le maréchal de Moltke estimait que dans l'après-midi du 12, il aurait réuni six corps, dont deux en réserve, et qu'il disposerait le 13 de dix corps (3). Il approuva d'ailleurs la direction assignée antérieurement par le prince Frédéric-Charles au Xe corps, qui devait venir, non pas derrière le IIIe, mais à sa gauche, à Landroff (4).

---

(1) Cette indication de Nancy confirme ce qui a été dit plus haut, à savoir que l'ordre général du 9 août visait une marche directe vers la Moselle et qu'on ne songeait guère à une conversion enveloppante.

(2) *Correspondance militaire du maréchal de Moltke*, tome I, n° 141.

(3) *Ibid.*, n° 143.

« Dans un des états-majors, on avait même déjà agité la question de savoir s'il ne fallait pas appeler à soi une partie de la IIIe armée. » (Von der Goltz. *La nation armée*, page 283.)

(4) *Historique du Grand État-Major prussien*, 4e livraison, page 419.

VI. — Situation de l'armée du Rhin dans la soirée du 11 août.

L'ordre général du 11 août était, par le fait, absolument superflu, puisque l'armée française avait évacué le même jour les positions de la rive droite de la Nied française. Elle occupait dans la soirée les emplacements suivants :

Grand quartier général............		Metz.
Quartier général du maréchal Bazaine..		Les Bordes.
1er corps.....	Quartier général.......	Bayon.
	1re division..........	Lorey et Haussonville.
	2e division..........	Villacourt.
	3e division..........	Bayon.
	4e division..........	Froville.
	Division de cavalerie...	Haroué et Colombey.
	Réserve d'artillerie....	Colombey.
2e corps......	Quartier général......	Ferme de Basse-Bévoye.
	1re division..........	Entre Mercy et la Basse-Bévoye.
	2e division..........	A l'Ouest de la Basse-Bévoye.
	3e division..........	Entre la Haute-Bévoye et Grigy.
	Brigade Lapasset du 5e corps...........	Au Nord-Ouest de Grigy.
	Division de cavalerie...	Haute-Bévoye.
	Réserves d'artillerie et du génie..........	Entre la Haute et la Basse-Bévoye.
3e corps......	Quartier général......	Borny.
	1re division..........	Entre Grigy et le bois de Colombey.
	2e division..........	Entre Colombey et Montoy.
	3e division..........	Entre le bois de Colombey et Colombey.
	4e division..........	Entre Nouilly et la route de Sarrelouis.
	Division de cavalerie...	Au Nord de Bellecroix.
	Réserve d'artillerie....	A l'Est des Bordes.
	Réserve du génie.....	Borny.

4ᵉ corps......	Quartier général.......	Ferme Grimont.
	1ʳᵉ division...........	Entre Mey et le chemin de Metz à Sainte-Barbe.
	2ᵉ division...........	Au Nord-Est de la ferme Grimont, à cheval sur le chemin de Sainte-Barbe.
	3ᵉ division...........	Entre Villers-l'Orme et la route de Bouzonville.
	Division de cavalerie...	Ferme Grimont.
	Réserves d'artillerie et du génie...........	*Ibid.*
5ᵉ corps......	Quartier général.......	Charmes.
	1ʳᵉ division...........	Loro-Montzey et Saint-Germain.
	2ᵉ division...........	A l'Ouest de Charmes.
	3ᵉ division...........	Moyemont et Saint-Genest.
	Division de cavalerie...	Gerbéviller.
	Réserve d'artillerie	Loro-Montzey.
	Réserve du génie.......	Charmes.
6ᵉ corps......	Quartier général.......	Metz.
	1ʳᵉ division...........	En route du camp de Châlons pour Metz, par voie ferrée.
	2ᵉ division...........	*Ibid.*
	3ᵉ division...........	Metz.
	4ᵉ division...........	En route de Paris pour Metz par voie ferrée.
	Division de cavalerie...	1ʳᵉ et 2ᵉ brigades : camp de Châlons. 3ᵉ brigade : Paris.
	Réserves d'artillerie et du génie...........	Camp de Châlons.
7ᵉ corps.....	Quartier général.......	Belfort.
	1ʳᵉ division...........	Roville et la Neuveville.
	2ᵉ division...........	Belfort.
	3ᵉ division...........	Lyon.
	Division de cavalerie...	Belfort, Altkirch, Lyon.
	Réserves d'artillerie et du génie...........	Belfort.
Garde	Quartier général	Les Bordes.
	1ʳᵉ division...........	Entre Borny et Grigy.
	2ᵉ division...........	Au Nord de Borny.

Garde....... (*Suite.*)	Division de cavalerie..	Plantières.
	Réserves d'artillerie et du génie..........	*Ibid.*
Réserve générale de cavalerie......	Division du Barail.....	Ban-Saint-Martin.
	Division de Bonnemains	Colombey-les-Belles.
	Division de Forton.....	Montigny-les-Metz.

Réserve générale d'artillerie .... Les Bordes.

Parcs d'artillerie.	1er corps...............	Besançon et Strasbourg.
	2e corps...............	Metz.
	3e corps...............	*Ibid.*
	4e corps..	Metz.
	5e corps...............	En route d'Épinal sur Langres.
	6e corps...............	En route de La Fère pour le camp de Châlons.
	7e corps...............	Épinal et Besançon.
	Garde................	Metz.
	Réserve générale d'artillerie..............	Toulouse.

Grand parc d'artillerie. .... S'organise à Toul.
Grand parc du génie.................. En route de Versailles pour Metz.
Équipages de pont de réserve.......... Toul.

La journée du 12 août.

I. — Le maréchal Bazaine commandant en chef.

Tandis que l'armée du Rhin se repliait sur la Nied française et sur la Moselle, les Chambres, convoquées par le gouvernement, se réunissaient le 9 août (1). Dès la première séance, le ministère, mis en minorité, dut se retirer (2) et le lendemain, l'Impératrice régente confia au général Cousin de Montauban, comte de Palikao, la mission de composer un nouveau cabinet dans lequel la présidence et le portefeuille de la guerre lui étaient réservés (3). Des complications intérieures allaient ainsi s'ajouter aux difficultés de la situation militaire.

---

(1) Au lieu du 11, date fixée primitivement. (*Journal officiel* du 8 août, n° 216.)

(2) Le Corps législatif avait adopté l'ordre du jour suivant, de Clément Duvernois : « La Chambre, décidée à soutenir un cabinet capable d'organiser la défense du pays, passe à l'ordre du jour. » (*Journal officiel* du 10 août, n° 218.)

(3) Le général de Montauban, qui commandait depuis cinq ans le 4ᵉ corps d'armée à Lyon, et qui avait vainement sollicité un commandement actif à l'armée, fut appelé à Paris le 9 août, à 10 heures du soir, par un télégramme de M. Émile Ollivier.

« J'avais espéré, dit-il, que, conformément à mes demandes antérieures, un commandement militaire actif allait enfin m'être confié ; mais mon étonnement fut grand lorsque, m'étant présenté à l'Impératrice au milieu du Conseil des ministres, Sa Majesté me proposa, comme acte de dévouement, d'accepter le portefeuille de la guerre.

Le 10 août, le nouveau cabinet se présenta devant les Chambres et fut très bien accueilli, surtout par le Sénat. Le Parlement, à l'unanimité, vota, le jour même, des remercîments aux armées de terre et de mer et déclara qu'elles avaient bien mérité de la Patrie, puis adopta d'urgence une série de mesures destinées à grossir les effectifs. Tous les hommes de 25 à 35 ans, célibataires ou veufs sans enfants, qui avaient satisfait à la loi sur le recrutement et qui ne figuraient pas sur les contrôles de la garde mobile, furent appelés sous les drapeaux. Les engagements volontaires et les remplacements, dans les conditions de la loi du 1er février 1868, furent admis pour les anciens militaires, pendant la durée de la guerre, jusqu'à l'âge de 45 ans ; les personnes valides de tout âge furent autorisées à contracter un engagement, pour la durée de la guerre, dans l'armée active ; le contingent tout entier de la classe de 1870, fut convoqué immédiatement sans tirage au sort. Comme palliatif, le crédit de 4 millions, accordé par la loi du 14 juillet 1870 aux familles des militaires sous les armes fut porté à 25 millions (1).

Le ministère fit également adopter par les Chambres

« Il paraît que l'on avait d'abord pensé aux général Trochu pour ce poste, et qu'une commission de membres du Corps législatif l'avait proposé à l'Impératrice. M. le général Trochu avait mis à son acceptation de telles conditions que la députation du Corps législatif elle-même avait reconnu l'impossibilité de son choix. Ce fut alors que plusieurs députés mirent mon nom en avant et que je fus appelé à Paris. » (Général de Montauban, *Un ministère de la guerre de vingt-quatre jours*, page 48, Paris, Plon, 1871.)

Les décrets nommant les nouveaux ministres furent publiés au *Journal officiel* du 11 août, mais portent la date du 9, comme celle de la signature.

(1) La loi relative à l'augmentation des forces militaires pendant la durée de la guerre fut votée au Corps législatif et au Sénat le 10 août et promulguée le 11. (*Journal officiel* du 11 août 1870, n° 219.)

deux mesures d'ordre financier. Le chiffre de l'emprunt de guerre de 500 millions, fixé par une loi du 21 juillet 1870 fut élevé à un milliard (1) ; le cours forcé des billets de banque fut établi et l'émission de 600 millions de papier nouveau, autorisée (2).

Enfin, un décret du 12 août rétablissait la garde nationale dans tous les départements ; un décret du même jour prescrivait que les gardes nationaux mobiles des divisions militaires numérotées de 8 à 22 seraient réunis immédiatement au chef-lieu de chaque département au contingent duquel ils appartenaient (3).

Les débats, parfois orageux, qui avaient précédé et suivi, au Corps législatif, la chute du ministère Ollivier ne manquèrent pas d'avoir leur répercussion à l'armée. Le maréchal Le Bœuf, que « l'opinion publique... rendait responsable des lenteurs apportées à la formation de l'armée (4) » dut résigner les fonctions de Major général que le Conseil de régence lui avait déjà demandé d'abandonner le 9 août (5) et dont il se démit effectivement

---

(1) Loi du 12 août 1870. (*Journal officiel* du 13 août, n° 221.)
(2) *Ibid.*
(3) Le décret du 16 juillet 1870 prescrivait de réunir immédiatement au chef-lieu de chaque département, les gardes nationaux mobiles des trois premiers corps d'armée (divisions militaires de 1 à 7). La loi du 17 juillet 1870 mobilisait la garde nationale mobile.
(4) Comte de la Chapelle, *Le livre de l'Empereur*, page 100.
(5) Général Lebrun, *Souvenirs militaires*, page 286.

D'après cet ouvrage, le Major général aurait déjà remis sa démission à l'Empereur le 9 août, à la réception d'un télégramme de l'Impératrice lui notifiant l'avis du Conseil de régence (page 286). On remarquera, toutefois, que le général Lebrun attribue cette décision du Conseil à « l'émotion que la nouvelle des désastres de Reichshoffen et de Spicheren avait produite la veille (8 août) au sein du Corps législatif..... » Or, la première séance du Corps législatif eut lieu le 9 août.

Le général Lebrun a été le témoin oculaire de ces événements ; il commet néanmoins certaines erreurs dues à ce que ses *Souvenirs* n'ont été écrits qu'en 1895.

le 12 (1). La confiance qu'avaient eue l'armée et ses chefs en l'Empereur avait diminué depuis les défaites du 6 août et la retraite qui les avait suivies (2). On blâmait généralement le projet d'un nouveau recul jusqu'à Châlons; on souhaitait qu'il choisît un autre commandant en chef et qu'il quittât Metz, débarrassant ainsi les troupes de ses indécisions et de l'encombrement de sa cour (3).

Dans le pays, ses hésitations produisaient une impression pénible. On savait que l'état de sa santé ne lui permettait pas de supporter les fatigues d'une campagne et que sa présence à l'armée paralysait parfois l'initiative du commandement. Au Corps législatif, l'opposition demandait avec instance son retour à Paris (4) que ses amis les plus dévoués lui conseillaient également (5) et « devant de telles manifestations, l'Empereur fut contraint de reconnaître qu'il ne pouvait plus conserver une autorité qui lui était arrachée, malgré les efforts bien naturels qu'il avait faits pour la retenir... » (6). Il comprit qu'il ne pourrait résister au courant de l'opinion publique à laquelle il avait dû céder tant de fois : « un

---

(1) A la séance du Corps législatif du 12 août, le Ministre de la guerre vint lire le télégramme suivant de l'Empereur :

« J'ai accepté la démission du maréchal Le Bœuf de Major général. »

(2) « Les événements avaient diminué la confiance des troupes dans le chef de l'État, car la réputation militaire qu'il avait acquise pendant la courte campagne d'Italie n'était pas assez bien établie pour résister à la mauvaise fortune. » (Comte de la Chapelle, *Loc. cit.*, page 100.)

(3) Capitaine Derrécagaix. La guerre de 1870, *Spectateur militaire*, 1871, page 144.

(4) Voir les séances des 9 et 11 août 1870.

(5) Le général Lebrun avait engagé l'Empereur à quitter l'armée dès le 7 août, et le Conseil de régence en manifesta également le désir. (Général Lebrun, *Loc. cit.*, page 280.) Voir aussi le télégramme de Piétri à l'Impératrice, du 8 août. (Journée du 9 août, page 103.)

(6) *Metz, Campagne et Négociations*, page 53.

succès important aurait pu seul fermer la bouche aux opposants, mais ce succès, il n'était guère permis de l'espérer » (1). L'entourage du souverain n'y comptait plus, sans doute, et voyait à la transmission du commandement cet avantage qu'en cas de défaite, l'Empereur n'en porterait plus la responsabilité (2). Le maréchal Bazaine, proposé pour les fonctions de général en chef par certains députés de l'opposition (3), poussé par

---

(1) Comte de la Chapelle, *Loc. cit.*, page 100.

(2) M. Piétri à l'Impératrice, Metz 8 août.

(3) Séances du Corps législatif du 9 au 13 août 1870 ; Procès Bazaine, dépositions de M. de Kératry, page 218, et de M. Jules Favre, page 226.

Dans sa déposition devant la commission instituée pour faire une enquête sur les actes du Gouvernement de la Défense nationale, M. de Kératry déclare que, dix-huit à vingt jours à peu près avant la révolution du 4 Septembre, la maréchale Bazaine vint le trouver, de la part du Maréchal, pour lui dire « que la présence de l'Empereur compromettait les opérations militaires, qu'il n'en acceptait plus la responsabilité, et qu'il désirait se retirer ». M. de Kératry ajoute que, de concert avec MM. Jules Favre et Picard, délégués par l'opposition, il s'était rendu chez le Ministre de la guerre, le général de Montauban, pour lui transmettre cette déclaration. Le Ministre affirma que le maréchal Bazaine allait être investi du commandement suprême et que, dans le cas d'un conflit entre l'Empereur et le maréchal Bazaine, il prendrait parti pour ce dernier. (*Enquête sur les actes du Gouvernement de la Défense nationale*, tome I, page 657.)

M. de Kératry a confirmé ces divers faits dans sa déposition au Procès Bazaine (pages 218 et suivantes). Il ajoute que la maréchale Bazaine, ayant eu connaissance de sa déposition devant la commission d'enquête, vint le trouver en février 1872 pour lui dire que jamais le Maréchal ne l'avait chargée de faire une déclaration de ce genre ; que la visite d'avant le 4 septembre n'avait été qu'une visite de *bonnes relations dans des moments critiques*. « J'affirme, dit M. de Kératry, que j'ai été l'interprète de sa parole et je reste persuadé que, puisque le Maréchal l'affirme, il est resté complètement étranger à cette démarche. »

De son côté, le général de Montauban nie avoir tenu le propos que lui prête M. de Kératry. (Déposition au Procès Bazaine, page 221.)

l'opinion publique (1), était aussi désiré par l'armée où « il semblait qu'il n'y eût dans tous les rangs... qu'un cri pour proclamer que, seul, il pouvait la relever des revers qu'elle venait d'essuyer » (2). L'Empereur, incapable, au milieu de ses souffrances physiques et morales, de faire tête à toutes ces influences concordantes, fit taire ses antipathies personnelles et nomma, par décret du 12 août, le maréchal Bazaine au commandement en chef de l'armée du Rhin. Le Maréchal reçut une lettre de service à cet effet, vers 4 heures de l'après-midi et se rendit aussitôt à Metz. Il fit observer au souverain, en présence du maréchal Canrobert, qu'il déclinait le commandement comme étant le plus récent en grade parmi les Maréchaux il manifesta le désir de ne pas être chargé d'une si lourde mission. L'Empereur lui donna l'ordre d'accepter (3).

---

(1) Procès Bazaine, rapport du général de Rivière, page 13.

« La faveur publique, par une de ces inexplicables révolutions de la popularité, se déclarait tout à coup pour l'ancien commandant de la désastreuse expédition du Mexique, pour le chef du 3e corps de l'armée du Rhin qui, après tout, n'avait pas fait plus que d'autres, qui, le jour de la bataille de Forbach, n'avait point, certes, montré tout le zèle possible. L'opinion ne laissait même pas la liberté du choix au souverain ou au gouvernement..... » (Ch. de Mazade, *La guerre de France* (1870-1871), tome I, page 135. Paris, Plon, 1875.)

(2) Général Lebrun, *Loc. cit.*, page 289.

« De tous les chefs de l'armée du Rhin, le maréchal Bazaine, en effet, par son expérience, son sang-froid, sa bravoure, paraissait désigné comme le seul capable d'inspirer confiance. » (Capitaine Derrécagaix, *Loc. cit.*, page 146.)

(3) Procès Bazaine, interrogatoire du maréchal Bazaine, page 159.

Le maréchal Canrobert aurait ajouté, pour décider le maréchal Bazaine : « C'est l'opinion publique et aussi l'opinion de l'armée qui vous appellent à ce poste. » (*Ibid.*, page 159.)

D'après le comte de la Chapelle, il y aurait eu, à Metz, réunion d'une sorte de conseil de guerre, composé des Maréchaux de France et des commandants de corps d'armée et présidé par l'Empereur, dans le but

Napoléon III semble toutefois avoir eu le désir de continuer à diriger la défense générale du pays dans une situation analogue à celle qu'avait prise le roi de Prusse, et en vertu d'un article de la Constitution qui lui conférait le commandement suprême de l'armée (1). Mais, sur les vives instances des députés de l'opposition, le Ministre de la guerre déclara au Corps législatif, le 13 août (2), qu'aucune autorité ne viendrait contre-balancer celle du maréchal Bazaine, et l'Empereur se vit contraint de renoncer à son projet. Il se décida, en conséquence, à retourner à Paris mais, auparavant, il voulut attendre que l'armée du Rhin eût quitté Metz (3). Jusqu'au jour de son départ, il s'efforça d'ailleurs « de conserver sur les hommes et les choses une influence directe derrière laquelle se retrouvait la volonté de commander encore » (4).

Il fit connaître le 12 au maréchal Bazaine, sans l'avoir

---

de décider du choix du nouveau généralissime. (*Loc. cit.*, première partie, page 48.) Une note marginale de la main de l'Empereur contredit cette affirmation. « L'Empereur se décida sans en parler à personne. Il n'y a donc pas eu de conseil de guerre. » Le général Lebrun ne fait aucune mention d'une réunion de ce genre ; il dit au contraire : « J'étais..... convaincu que le Maréchal désigné serait le maréchal Bazaine ». (*Souvenirs militaires*, page 288.)

(1) Comte de la Chapelle, *Le livre de l'Empereur*, page 100.
(2) *Journal officiel* du 14 août, n° 222.
(3) Comte de la Chapelle, *Loc. cit.*, page 101.
(4) *Metz, Campagne et Négociations*, page 54.

« C'est cette différence, apparente seulement dans les allures, que le Maréchal peignit si bien, en répondant à un officier qui venait, le 14 août, lui dire que l'Empereur désirait voir hâter le passage des troupes sur la rive gauche de la Moselle : « Ah! oui, hier c'était un « ordre, aujourd'hui, c'est un désir ; je connais cela, c'est la même « pensée sous des mots différents. » Ces paroles montrent assez qu'il n'avait pas oublié les déboires passés et combien lui pesait encore la situation que lui faisait la présence de l'Empereur ; elles expliquent en même temps la conduite qu'il tiendra pour s'en affranchir, parce qu'il

consulté au préalable (1), que les fonctions de Major général étaient supprimées et que celles de chef d'état-major général seraient remplies par le général Jarras, deuxième aide-major général (2). Celui-ci protesta contre la désignation dont il était l'objet (3), en raison surtout du pressentiment qu'il éprouvait « de n'avoir pas, auprès du commandant en chef de l'armée, la situation dont un chef d'état-major général ne saurait se passer » (4). Il craignait aussi que le maréchal

---

n'aura pas l'énergie de maintenir hardiment son indépendance. » (*Ibid.*)

« La prépondérance du souverain donnait à ses désirs, malgré sa position nouvelle, l'apparence d'un ordre et enlevait ainsi au Maréchal la liberté d'action qui lui était si nécessaire dans une conjoncture aussi grave. Par ce double motif, le Maréchal dut n'avoir plus qu'un désir, celui de se soustraire à une position embarrassante, à une tutelle périlleuse. Nous allons voir se traduire ce sentiment, dans la conduite du Maréchal pendant les jours qui vont suivre ; seul, il peut donner l'explication des fautes énormes qui furent commises durant cette période. » (Procès Bazaine, rapport du général de Rivière, page 13.)

(1) Capitaine Derrécagaix, *Loc. cit.*, page 146.

(2) Le général Lebrun, premier aide-major général, avait demandé à l'Empereur de le suivre et d'avoir un commandement dans les corps d'armée formés à Châlons. (Procès Bazaine, déposition du maréchal Le Bœuf, page 207 ; Général Lebrun, *Loc. cit.*, page 288.)

« Cet officier général (le général Jarras) me fut..... imposé, contrairement aux habitudes qui laissent la désignation, ou tout au moins la proposition à faire, au chef de l'armée sous les ordres directs duquel il doit servir. » (Maréchal Bazaine, *Épisodes*, page 48.)

Dans ses souvenirs inédits, le général de Cissey dit que c'est lui que le maréchal Bazaine eût désiré prendre comme chef d'état-major général.

(3) Le général Jarras en fut prévenu le 12 août, à 3 heures de l'après-midi.

(4) Général Jarras, *Souvenirs*, page 78.

« Pour être constamment en mesure de remplir ses fonctions dans toute leur étendue, le chef d'état-major a besoin d'une autorité qu'il ne peut tenir que de la confiance du commandement. Il ne peut rien faire par lui-même sans l'ordre ou l'autorisation de son chef, et s'il agit sous

Bazaine ne vit dans son chef d'état-major « un critique incommode, ou bien un homme auquel le public aveugle pourrait attribuer le mérite de certaines mesures qu'il supposerait avoir été prises sur son initiative » (2). Il estimait enfin qu'il ne pourrait fournir au nouveau commandant en chef de l'armée du Rhin « un grand nombre de renseignements importants » (3) qui n'avaient pas été communiqués antérieurement aux bureaux de l'État-major général (4). Toutefois, il obéit, accepta, sur l'insistance de l'Empereur et du général Lebrun (4), et écrivit aussitôt au maréchal Bazaine pour se mettre à sa disposition. Il lui demandait en même temps quel

---

sa propre responsabilité, ce ne peut être qu'avec l'assurance qu'il seconde les intentions de celui-ci. De là résulte la nécessité d'une entente complète et incessante entre le commandement et le chef d'état-major. Sans cette entente qui implique une confiance absolue, ce dernier est entièrement annihilé, et le service est en souffrance. » (*Ibid.*, page 80.)

(2) Procès Bazaine, déposition du général Jarras, page 212.

(3) Général Jarras, *Loc. cit.*, page 79. Le général Jarras ignorait, le 12, l'occupation de Pont-à-Mousson par l'ennemi et le retour à Metz du général Margueritte. (Procès Bazaine, déposition du général Jarras, page 213.)

(4) « Je recevais des ordres, des instructions de mes chefs, soit du Major général directement, soit du premier aide-major général. Je ne savais donc pas tout ce qui se passait et il y avait beaucoup de choses que j'ignorais forcément. Je ne dis pas qu'on voulût me les cacher, mais enfin il y avait beaucoup de choses que j'aurais dû savoir, non pas en raison de la position que j'occupais comme deuxième aide-major général, mais que j'aurais dû savoir au moment où j'ai été nommé chef d'état-major général de M. le maréchal Bazaine, pour pouvoir lui donner certains renseignements qu'il aurait pu me demander..... Je n'étais pas au courant de ce qui s'était passé dans le cabinet de l'Empereur, entre l'Empereur et le Maréchal, ou même entre l'Empereur et les chefs de service de l'artillerie et du génie..... C'est pour ces raisons que je refusai les fonctions qu'on voulait me donner et que je finis par accepter. » (Procès Bazaine, déposition du général Jarras, page 212.)

(4) Général Jarras, *Loc. cit.*, page 78; Général Lebrun, *Loc. cit.*, page 289.

serait l'emplacement de son quartier général et si le Maréchal ne jugeait pas opportun de venir s'installer à Metz, « afin de se rapprocher de ses grands chefs de service et d'être plus à même de transmettre ses ordres » (1).

La réponse ne parvint au général Jarras que dans la matinée du 13. Par une singularité peut-être sans exemple dans les guerres modernes, le Maréchal avait décidé qu'il resterait provisoirement, de sa personne, à Borny, tandis que son chef d'état-major général demeurerait à Metz. Il l'informait toutefois de son intention de se rendre auprès de l'Empereur vers le milieu de la journée ; il en profiterait, ajoutait-il, pour le voir et lui donner ses ordres (2).

Le pressentiment du général Jarras de n'avoir pas, auprès du maréchal Bazaine, la situation que ses fonctions comportaient était fondé et n'allait par tarder à se justifier. Au lieu de lui accorder sa confiance, et de l'initier à ses projets, le Maréchal ne fit de son chef d'état-major « qu'un instrument passif » (3) et dès le premier jour, le tint complètement à l'écart (4). Les intentions du commandant en chef ne lui furent généralement connues qu'au moment où il recevait des ordres pour en assurer l'exécution, de telle sorte qu'il n'eut pas le temps de les étudier et de proposer ensuite les mesures de détail.

---

(1) Général Jarras, *Loc. cit.*, page 81.
(2) *Ibid.* : « Il vint en effet, dit le général Jarras, à la préfecture, comme il me l'avait fait annoncer, et il était déjà en voiture pour rentrer à Borny, sans me faire prévenir, lorsque je fus informé fortuitement de sa présence. J'accourus auprès de lui et, après quelques mots sans importance, il me dit en me quittant qu'il n'avait pas d'ordres à me donner. »
(3) Général Lebrun, *Loc. cit.*, page 289.
(4) Procès Bazaine, déposition du général Jarras, page 213.

II. — Les projets du commandant français.

Avant d'appeler le maréchal Bazaine au commandement en chef de l'armée du Rhin, l'Empereur avait examiné divers projets relatifs aux opérations ultérieures. Attendrait-il l'attaque de l'ennemi sur les positions qu'occupaient actuellement les troupes à l'Est de Metz, ou concentrerait-il toutes ses forces, y compris les 1er et 5e corps, « sur le plateau de Haye qui s'étend entre Dieulouard et Toul sur la rive gauche de la Moselle et qui commande admirablement la partie de ce cours d'eau devant elle ? » (1). Dans la première éventualité, il y aurait à craindre — et on s'en rendit compte au grand quartier impérial — que l'armée ne fût obligée, en cas d'échec, de se réfugier dans l'enceinte des forts extérieurs de la place, et qu'elle ne restât « comme attachée aux flancs de la forteresse » (2). Le général Trochu avait appelé l'attention sur ce danger (3).

La seconde solution séduisait l'Empereur par l'avantage d'une ligne de retraite toujours assurée « sur Châlons et sur les positions défensives de la Brie » (4), et par la double et chimérique perspective d'arrêter de front la IIIe armée allemande, tout en menaçant le flanc gauche des Ire et IIe armées, cela, sans disposer d'une zone de

---

(1) Général Lebrun, *Loc. cit.*, page 293.
(2) *Ibid.*
(3) « Si vous tenez trop longtemps ferme devant Metz, écrivait-il, le 10 août, au général de Waubert, il en sera de cette armée qui est le dernier espoir de la France, comme il en a été du 1er corps qui a péri après de si magnifiques preuves. Je crois qu'il faut que cette armée de Metz étudie soigneusement et prépare la ligne d'une retraite échelonnée sur Paris, les têtes de colonne livrant bataille sans s'engager à fond..... » *L'Empire et la Défense de Paris devant le jury de la Seine*, Paris, Hetzel, 1872, page 245.
(4) Général Lebrun, *Loc. cit.*, page 294.

manœuvres suffisante pour accabler l'un des groupes adverses en maintenant l'autre. Mais, le 12 août, Napoléon III acquit la certitude que les 1er et 5e corps n'avaient pas cru pouvoir atteindre Nancy, dans la crainte d'y être devancés par les têtes de colonnes de l'adversaire et que le général de Failly, comme le maréchal de Mac-Mahon, avaient incliné la direction de leur marche vers le Sud-Ouest. Il était donc impossible de compter sur leur réunion, en temps utile, au gros de l'armée. D'autre part, aucun ordre à cet effet n'avait été envoyé encore au 7e corps, et la formation du 12e au camp de Châlons exigeait plusieurs jours pour être complète. « Dans ces conditions, il était bien certain que sur cette position (du plateau de Haye), l'armée serait forcée d'accepter une bataille contre des forces triples, quadruples même, peut-être de celles qu'elle pourrait présenter à l'ennemi » (1). Néanmoins ce projet continua de trouver de nombreux partisans au grand quartier impérial : parmi eux, le général Changarnier et le général Lebrun pensaient qu'il était préférable de subir un nouvel échec sur le plateau de Haye, plutôt que de céder la ligne de la Moselle, sans avoir combattu, et d'abandonner ainsi à l'ennemi la Lorraine tout entière et la presque totalité de la Champagne (2).

Cette opération, qui avait peut-être son origine dans des considérations d'ordre politique et dynastique, était insoutenable au point de vue exclusivement militaire.

---

(1) *Ibid.*, page 296.

(2) D'après le maréchal Le Bœuf, il y aurait eu jusqu'au 12 et même jusque dans la matinée du 13, des projets d'offensive.

« Il y avait malheureusement deux courants d'idées, l'un insistant sur la retraite, afin d'organiser un grand centre de résistance à Châlons, l'autre poussant à ce qu'on reprît l'offensive et qu'on créât un centre de résistance dans la Lorraine et un autre à Paris. » (Procès Bazaine, déposition du maréchal Le Bœuf, page 207.)

Pourquoi, en effet, engager une bataille quand d'avance on reconnaissait qu'il fallait renoncer à l'espoir d'obtenir le succès ? Était-il possible, dès lors, que la volonté de vaincre ne fût pas annihilée et ne se privait-on pas de ce facteur moral essentiel, indispensable ?

L'Empereur ne s'y méprit pas. Il rejeta très sagement les deux projets et revint au premier parti qu'il avait envisagé, celui de la retraite immédiate sur le camp de Châlons de toute l'armée, sauf une division qui resterait à Metz pour en constituer la garnison (1). Cette résolution, une fois adoptée (2), devait être mise à exécution sans retard, car le grand quartier impérial n'ignorait pas que l'armée allemande était à courte distance de la Moselle.

« Si l'on n'arrivait pas, à force de célérité, à lui dérober l'opération projetée, et à prendre sur elle une avance de deux journées de marche, d'une journée, tout au moins, l'opération elle-même serait fortement compromise, sinon tout à fait manquée. » (3)

Aussi l'Empereur, après avoir transmis le commandement en chef au maréchal Bazaine, lui écrivit-il, en ces termes dans la soirée du 12 :

« Plus je pense à la position qu'occupe l'armée et plus je la trouve critique ; car si une partie était enfoncée et qu'on se retirât en désordre, les forts n'empêcheraient pas la plus épouvantable confusion. Voyez ce qu'il y a

---

(1) On a vu précédemment que les généraux Changarnier et Lebrun ne partageaient pas cette manière de voir. Le maréchal Le Bœuf avait également combattu le projet de retraite sur Châlons, parce qu'il trouvait « que c'était aller un peu loin ». (Procès Bazaine, déposition du maréchal Le Bœuf, page 206.)

(2) D'après la déposition du maréchal Le Bœuf au procès Bazaine (page 206), le projet de retraite sur Châlons n'aurait pas été parfaitement arrêté dans l'esprit de l'Empereur le 12. Le général Lebrun est d'un avis contraire. (*Souvenirs militaires*, page 298 ; Procès Bazaine, page 208.)

(3) Général Lebrun, *Loc. cit.*, page 298.

à faire et, si nous ne sommes pas attaqués demain, prenez une résolution. »

Il chargeait aussi le général Jarras d'inviter le général Coffinières à faire établir sur la Moselle le plus grand nombre de ponts possible (1). Cette lettre ne spécifiait pas explicitement le passage immédiat de l'armée sur la rive gauche de la Moselle, peut-être dans le but de laisser toute initiative au commandant en chef qui, dans l'entrevue qu'il avait eue avec l'Empereur dans l'après-midi, n'avait pas fait d'objections à ce projet (2). Le maréchal Bazaine ne prit pourtant, dans la soirée du 12, aucune mesure pour en accélérer et en faciliter l'exécution, pas même celle de diriger sur la rive gauche, par les deux ponts fixes de Metz (3), une

---

(1) Le général Jarras au général Coffinières, Metz, 12 août.

(2) « Je crois pouvoir dire que, quand M. le maréchal Bazaine a reçu de l'Empereur communication de l'ordre qui lui transférait le commandement et de son projet relatif au mouvement de retraite que l'armée devait exécuter sur Verdun, il a accepté le commandement sans faire d'objection à ce mouvement de retraite, et il n'y a pas eu, c'est du moins ma conviction, l'ombre d'un dissentiment entre M. le Maréchal et l'Empereur. Le Maréchal a accepté le commandement et s'est chargé de l'exécution de ce mouvement de retraite. » (Procès Bazaine, déposition du général Lebrun, page 208.)

Le général Lebrun a été plus affirmatif encore dans ses *Souvenirs militaires*, page 299 :

« La vérité..... c'est qu'aucun dissentiment, aucune apparence de désaccord ne s'éleva entre l'Empereur et le Maréchal à propos du mouvement dont il s'agit. Si ce désaccord eût existé, il se serait évidemment manifesté ; le projet eût été discuté et je ne l'eusse pas ignoré, n'ayant point cessé un seul instant de me trouver soit près de l'Empereur, soit près du maréchal Le Bœuf, pendant les journées des 12, 13, 14 août. »

Toutefois, il est vraisemblable, d'après la lettre de l'Empereur précitée, que dans l'entrevue dont il est question, aucune décision ferme ne fut prise au sujet de la retraite sur la rive gauche de la Moselle.

(3) Dans son *Mémoire justificatif* (Procès Bazaine, page 141), le

grande partie des bagages et des parcs, « mesure préparatoire que son expérience de la guerre ne lui permettait pas de négliger » (1). Au moment où il assumait une si lourde tâche, il ne jugeait pas nécessaire d'appeler auprès de lui son principal collaborateur et ses chefs de service; il se confinait dons un isolement volontaire à Borny et laissait écouler dix-huit heures, sans faire acte réel de général en chef. Il semble établi, il est vrai, qu'il y eut, de la part du Major général et du premier aide-major général, certaines négligences dans la remise du commandement (2), mais elles ne sauraient être comparées à cette absence inexplicable d'ordres, à cette sorte d'inertie du maréchal Bazaine qui, entraînant une perte de temps de vingt-quatre heures, dans des circonstances pressantes, devait avoir les plus graves conséquences.

III. — Mouvements de l'armée de Metz.

D'une manière générale, l'armée de Metz conserve le 12 août ses positions de la veille, sauf les modifications suivantes :

La présence de l'ennemi ayant été constatée à Ars-Laquenexy, le général Frossard crut devoir prendre ses mesures pour parer à une attaque possible sur le flanc gauche du 2ᵉ corps. La 1ʳᵉ division (Vergé) qui se trouvait entre Mercy et la Basse-Bévoye vint s'établir sur les hauteurs et dans le bois entre la Basse-Bévoye et la Seille, à droite de la 2ᵉ (division Bataille). La brigade

---

Maréchal dit que les ponts de chevalets étaient couverts d'eau, par suite d'une crue de la Moselle, ce qui est exact, mais il ne fait pas mention de la possibilité d'utiliser les ponts fixes.

(1) Général Lebrun, *Loc. cit.*, page 301.
(2) Voir Procès Bazaine, dépositions du maréchal Le Bœuf (pages 205 et suivantes); du général Lebrun (pages 208 et suivantes); du général Jarras (pages 212 et suivantes).

Lapasset se posta de Grigy au château de Mercy qui fut mis en état de défense « ainsi que les bois environnants » (1). Dans la soirée, à la suite d'une alerte, les 2ᵉ et 4ᵉ escadrons du 5ᵉ chasseurs allèrent renforcer le 4ᵉ chasseurs à Peltre (2) et Jury ; un escadron du 7ᵉ dragons fut envoyé à Magny-sur-Seille au soutien du 1ᵉʳ escadron du 5ᵉ chasseurs. Le 12ᵉ dragons fit, sur la route de Courcelles, une reconnaissance sans résultat (3).

Le maréchal Bazaine appela l'attention du général Frossard sur la nécessité « de se faire éclairer le plus loin possible pour se tenir au courant de tous les mouvements que l'ennemi pourrait exécuter » (4). Il lui recommanda de surveiller particulièrement la route de Saint-Avold, par Laquenexy, Lemud et Remilly, ainsi que la route de Strasbourg, par Grigy, « jusqu'à une distance de 10 kilomètres... ainsi que tout le terrain compris entre ces routes, de manière à former un vaste éventail autour des positions occupées par l'armée... de telle sorte qu'aucun point n'échappe à la surveillance. » (5) Il l'autorisa d'ailleurs à réduire, jusqu'à un demi-escadron, le nombre des cavaliers mis à la disposition des généraux de division pour leur service d'escorte et pour celui des patrouilles qu'ils pourraient juger nécessaire d'envoyer en avant de leur front.

Au 3ᵉ corps (6), la 2ᵉ brigade de la 2ᵉ division va se

---

(1) Journal de marche du 2ᵉ corps. La compagnie du génie de la 2ᵉ division et la compagnie de réserve du corps d'armée furent employées à l'exécution de ces travaux.

(2) On remarquera que le 67ᵉ de ligne (2ᵉ division) poussait ses grand'gardes et ses petits postes jusqu'au village de Peltre. (Historique du 67ᵉ de ligne.)

(3) Du moins, l'Historique du corps n'en mentionne-t-il aucun.

(4) Le maréchal Bazaine au général Frossard, Borny, 12 août.

(5) *Ibid.*

(6) Commandé par le général Decaen, qui avait été remplacé lui-même à la tête de la 4ᵉ division par le général Aymard.

former en seconde ligne derrière la 1ʳᵉ au Nord-Ouest de Colombey ; la 4ᵉ division se porte un peu en arrière et s'établit, la droite, à la ferme de Bellecroix, la gauche, à Vantoux ; la division de cavalerie vient camper entre le chemin de Borny à Colombey et le bois de Borny.

Au 4ᵉ corps, le 64ᵉ de ligne de la division Grenier (1) place ses trois bataillons aux avant-postes : le 1ᵉʳ à Failly et Vany, le 2ᵉ à Villers-l'Orme, le 3ᵉ à la Salette. Le général de Ladmirault, tout en maintenant sa division de cavalerie aux abords du fort Saint-Julien, lui donnait l'ordre d'envoyer des reconnaissances, fortes d'au moins un escadron, « à plusieurs kilomètres en avant..... » (2).

Sur tout le front, les patrouilles de l'adversaire commençaient à se montrer plus audacieuses ; elles parvenaient fréquemment jusqu'à nos avant-postes et observaient nos mouvements. Elles s'en approchaient : entre Retonfey et Noisseville, où le 11ᵉ bataillon de chasseurs les contraignait à la retraite ; vers Coincy, d'où les grand'gardes du 90ᵉ de ligne les repoussaient ; à Ars-Laquenexy, où les troupes du 2ᵉ corps les forçaient à s'éloigner ; aux environs de Jury, où deux escadrons se heurtaient à notre infanterie.

Au 6ᵉ corps, les mouvements par voie ferrée du camp de Châlons et de Paris sur Metz se poursuivent. La 1ʳᵉ division arrive tout entière à destination dans la jour-

---

(1) Cette division se trouvait en seconde ligne.
(2) Le général de Ladmirault au général Legrand, château de Grimont, 12 août.

Le Journal de marche de la division de cavalerie du 4ᵉ corps porte ce qui suit pour le 12 août :

« Reconnaissance du capitaine du Terrail (7ᵉ hussards, 1ᵉʳ escadron) entre les routes de Boulay et de Bouzonville. L'ennemi, d'après le dire des habitants, serait en force vers Gondreville et dans la forêt de Villers, avec des troupes de toutes armes.... » C'étaient là des directions toutes désignées pour les reconnaissances ordonnées par le général de Ladmirault.

née et dans la nuit du 12 (1), non sans un engagement, à Dieulouard, de fractions des 10e et 100e de ligne avec un détachement de uhlans occupé à détruire la voie. Cette division campe entre Montigny-les-Metz et la Seille, au Sud du chemin de fer. La 4e division, débarquée à Metz dans la nuit du 12 au 13 et dans la matinée du 13 (70e de ligne), s'établit près de Woippy, sauf son artillerie restée au camp de Châlons qui ne put la rejoindre. Deux trains de la 2e division, transportant le 9e de ligne et une batterie parvinrent également à Metz (2).

Les divisions de la réserve générale de cavalerie ne sortent guère de leur torpeur, malgré les instructions du Major général du 11 août (3). A part un brillant fait d'armes du 1er chasseurs d'Afrique, leurs reconnaissances sont insignifiantes.

A 4 heures du matin, deux escadrons du 2e chasseurs d'Afrique (4) se portent, par Grigy, sur Ars-Laquenexy où ils sont divisés en trois fractions : l'une dirigée sur Mécleuve et Pontoy, la seconde sur Remilly, la troisième sur Pange. L'apparition de forces ennemies évaluées à cinq escadrons, au moins, oblige les trois détachements à se replier et à se rallier à Courcelles où ils se joignent à un escadron du 7e dragons et rétrogradent avec lui sur Laquenexy et Metz. La cavalerie allemande, qui comprenait en réalité une brigade et une batterie à cheval, poursuivit les trois escadrons français, tandis que l'artillerie canonnait Laquenexy, et s'approchait ensuite

---

(1) La 3e division se trouvait déjà établie au Sud de Metz (Grange-Mercier) et dans les forts.

(2) Le reste de cette division dut rétrograder le lendemain à Frouard, point au delà duquel la voie avait été de nouveau coupée. Le 6e corps fut privé aussi de sa réserve d'artillerie, de sa division de cavalerie et de sa réserve du génie.

(3) Voir page 179.

(4) Division du Barail (2e brigade).

d'Ars-Laquenexy où la présence de troupes d'infanterie du 2⁰ corps l'arrêta.

Les renseignements recueillis par la reconnaissance se bornaient aux dires des habitants : Remilly et les bois avoisinants seraient fortement occupés ; l'ennemi aurait été vu à Solgne la veille ; un corps d'armée aurait eu son quartier général près de Gros-Tenquin.

La 1ʳᵉ brigade (Margueritte) de la division du Barail avait reçu du Major général, dans la matinée du 12, l'ordre de se porter, le plus tôt possible, par la rive droite de la Moselle sur Dieulouard et d'y « prendre position » (1), en s'éclairant sur sa gauche, surtout vers Nomény où des coureurs ennemis étaient signalés. Parti de Metz à 1 h. 45 de l'après-midi, le général Margueritte prit les devants avec le 1ᵉʳ chasseurs d'Afrique (2), par la rive gauche (3), et apprit en route qu'un parti de cavalerie ennemie, fort de 30 à 40 hommes, était entré à Pont-à-Mousson vers midi. Arrivé près de cette ville à 4 heures, le général Margueritte détacha un demi-escadron vers la gare où un peloton du *19*ᵉ dragons prussiens était occupé à détruire la voie, puis traversant la ville à la tête d'un escadron, il se dirigea du côté du Mont-Mousson, vers une auberge où la présence de 40 cavaliers ennemis (1/2 escadron du *17*ᵉ hussards) lui était signalée. Quelques chasseurs d'Afrique mirent pied à terre et, après une fusillade assez vive, s'emparèrent du détachement prussien.

---

(1) Le Major général au général du Barail, Metz, août.

L'ordre n'indique pas le but de l'opération. Elle consistait vraisemblablement à empêcher la cavalerie ennemie d'interrompre la voie ferrée, comme elle avait déjà tenté de le faire.

(2) Le 3ᵉ chasseurs d'Afrique suivit au pas et arriva à Pont-à-Mousson après l'engagement qui est relaté plus loin. (Historique du 3ᵉ chasseurs d'Afrique.)

(3) L'itinéraire par la rive gauche résulte de la lecture du rapport du général Margueritte et du Journal de marche de la division.

Du côté de la gare, les dragons surpris sautèrent à cheval; quelques-uns essayèrent de passer la Moselle à la nage, mais la plupart furent faits prisonniers. Cette affaire coûta à l'ennemi 1 officier et 14 soldats tués, 2 officiers et 23 soldats prisonniers; de notre côté, les pertes n'étaient que de deux tués et trois blessés (1). La voie ferrée et les communications télégraphiques furent rétablies et la 4ᵉ division du 6ᵉ corps qui arrivait sur ces entrefaites, put continuer son mouvement vers Metz. 400 hommes du 28ᵉ de ligne furent toutefois maintenus provisoirement jusqu'au soir à Pont-à-Mousson, ainsi que le train qui les transportait, pour garder le pont de la Moselle. La brigade Margueritte rentra à Metz le 13, à 2 heures du matin.

Le 1ᵉʳ régiment de dragons, de la division de Forton, exécute dans la matinée du 12 une reconnaissance sur la route de Pange, et revient à Metz à midi sans avoir obtenu aucun résultat (2).

IV. — Mouvements des corps d'Alsace.

Le maréchal de Mac-Mahon dont l'intention primitive avait été de faire séjourner les troupes du 1ᵉʳ corps sur leurs emplacements du 11, jugea qu'il était préférable de les faire passer toutes sur la rive gauche de la Moselle, de façon à leur donner « des cantonnements plus sûrs » (3). Le mouvement commença à midi. Le

---

(1) Rapport du général Margueritte au maréchal Bazaine, Pont-à-Mousson, 12 août.

(2) Un passage de l'Historique du corps mérite d'être signalé, à propos de cette reconnaissance : « Les paysans annoncent la présence dans ce village (Pange) de 10,000 à 12,000 hommes d'infanterie prussienne. Nous faisons demi-tour et rentrons à Metz à midi. »

(3) Notes sur les opérations du 1ᵉʳ corps de l'armée du Rhin et de l'armée de Châlons, dictées par le maréchal Mac-Mahon à Wiesbaden, en janvier 1871.

quartier général fut transféré à Haroué ; la 1re division s'établit à Neuviller et Saint-Remimont ; la 2e, à Crantenoy ; la 3e, à Haroué ; la 4e, à La Neuveville (1) ; la brigade de Septeuil se rendit d'Haroué à Vézelize ; les divisions de cavalerie Duhesme et Bonnemains et l'artillerie de réserve demeurèrent à Colombey. La division Conseil-Dumesnil, du 7e corps, se porta de la Neuveville-devant-Bayon à Lemainville et Ormes (2). Toutes les troupes furent cantonnées. Dans la soirée, l'Empereur fit connaître au Maréchal qu'il recevrait dorénavant les ordres directs du Ministre de la guerre (3).

De son côté, le général de Failly transférait, dans la matinée du 12, son quartier général de Charmes à Mirecourt. Pendant cette marche, il reçut du Major général le télégramme suivant, expédié de Metz la veille au soir :

« Par ordre de l'Empereur, ne continuez pas votre marche pour vous jeter dans l'Argonne ; marchez sur Toul aussi vite que possible. Vous n'êtes pas menacé. Le chemin de fer de Toul à Nancy n'est pas interrompu. Suivant les circonstances, vous serez appelé à Metz ou dirigé sur Châlons. »

En conséquence, la 1re division (Goze), venant de Loro-Montzey et de Saint-Germain, fut arrêtée à Ambacourt ; la 2e division (de l'Abadie) qui avait bivouaqué à l'Ouest de Charmes, s'établit à Poussay, ainsi que la réserve d'artillerie. Le général de Failly se proposait de suivre les jours suivants l'itinéraire Gugney, Vaudé-

---

(1) Les cantonnements des quatre divisions du 1er corps, le 11 au soir, étaient : 1re à Lorey et Haussonville ; 2e à Villacourt ; 3e à Bayon ; 4e à Froville.
(2) L'artillerie reste à Bayon, d'après les notes du capitaine d'état-major Mulotte.
(3) Souvenirs inédits du maréchal de Mac-Mahon, 12 août.

mont, Goviller, et d'arriver à Toul le 14 (1). Il demanda au maréchal de Mac-Mahon l'autorisation pour le 5ᵉ corps de traverser les colonnes du 1ᵉʳ (2). La 3ᵉ division (de Lespart) et la division de cavalerie Brahaut venant respectivement de Moyemont et de Gerbéviller, allèrent cantonner à Charmes (3) ; elles devaient suivre le mouvement des deux autres divisions sur Toul.

Mais, à 3 h. 35 de l'après-midi, le général de Failly reçut du chef d'état-major général un nouveau télégramme ainsi conçu :

« Vous avez reçu ce matin l'ordre de marcher sur Toul. L'Empereur annule cet ordre et vous prescrit de vous diriger sur Paris, en suivant la route qui vous paraît le plus convenable ».

Cette nouvelle décision était due, sans doute, à l'impossibilité, constatée par le grand quartier impérial, de faire arriver le 5ᵉ corps à Metz en temps utile.

Le commandant du 5ᵉ corps, désireux d'éviter de nouveaux contacts avec le 1ᵉʳ, qui se dirigeait vers Neufchâteau, se décida à appuyer vers le Sud-Ouest et choisit l'itinéraire Mirecourt, Vittel, Lamarche, Montigny, Chaumont. Les ordres, pour la journée du 13, assignaient la Neuveville-sous-Châtenois et Sandaucourt aux 1ʳᵉ et 2ᵉ divisions et Mirecourt à la 3ᵉ. Le général Brahaut devait faire sauter le pont de Charmes et ceux du Madon et envoyer un régiment à Neuviller pour protéger les travaux de destruction du pont de Bayon (4).

---

(1) Le général de Failly au Major général, Mirecourt, 12 août, 12 h. 25 soir.

(2) Le maréchal de Mac-Mahon informait le 12 le général de Failly que le 1ᵉʳ corps serait le 13 à Colombey, le 14 à Gondrecourt, le 15 à Joinville.

(3) La division de cavalerie signala le 12 l'entrée des Prussiens à Lunéville.

(4) Extrait du Journal du capitaine de Lanouvelle, de l'état-major du 5ᵉ corps de l'armée du Rhin.

Des détachements du génie, transportés en voiture, furent adjoints à cet effet à la division de cavalerie (1).

Le 7ᵉ corps, rejoint par la 3ᵉ division, mais privé encore de la brigade de cavalerie Jolif-Ducoulombier, continuait à rester immobile à Belfort en attendant des instructions du Major général (2). Celui-ci était avisé, dans la matinée du 12, par le Ministre de la guerre d'une part, que le corps badois, qui se trouvait en face de Mulhouse, avait rejoint, par la rive droite du Rhin, le gros de l'armée allemande devant Metz, et par le général Douay, d'autre part (4 h. 50), que la rive badoise était « peu pourvue de troupes ». Tout militait donc en faveur du départ du 7ᵉ corps pour rejoindre le gros de l'armée.

V. — Renseignements recueillis au grand quartier impérial.

Les renseignements recueillis le 12 août par le grand quartier général français justifiaient les inquiétudes de l'Empereur relativement à la situation de l'armée, qui pouvait, en effet, devenir critique. D'après des informations reçues par le maréchal Bazaine, l'armée adverse « semblerait prononcer une attaque sur notre droite ». Le capitaine Vosseur mandait de Nancy (3) que des coureurs ennemis avaient paru le 11 à Morhange, à Château-Salins, à Vic et à Dieulouard où ils avaient interrompu

---

(1) Journal de marche du 5ᵉ corps, rédigé par le capitaine de Piépape.

(2) « Les journées se succèdent sans apporter rien de positif sur les opérations générales. De nos armées ? Rien que ce que les journaux de Paris nous apprennent. De l'ennemi ? Rien de plus que les rapports de nos mauvais espions. C'est en vain que le général écrit, télégraphie ; le grand quartier général reste muet, et sans le sous-préfet de Belfort, qui nous communique toutes les dépêches qu'il reçoit de son ministre, nous demeurerions dans une ignorance profonde de toutes choses. » (Prince Bibesco, *Belfort-Reims-Sedan*, page 35.)

(3) Nancy, 12 août, 2 heures soir.

les communications télégraphiques, mais qu'aucune tête de colonne d'infanterie n'avait été vue à cette date, dans ces trois premières localités, non plus qu'à Lunéville (1). Par contre, de Nomény, on signale le 11 une avant-garde de l'armée du Centre (2). L'arrivée, le 12, de patrouilles de coureurs ennemis à Frouard et à Champigneulles, obligeait le capitaine Vosseur à quitter Nancy à 3 heures, et à se rendre à Toul d'où il rendait compte, à 8 h. 30 du soir, de l'entrée d'un détachement de cavalerie allemande à Nancy. Le chef de la station télégraphique de cette ville annonçait d'ailleurs à l'Empereur que deux régiments prussiens, commandés par un général, occupaient Nancy et y préparaient des logements pour d'autres troupes. L'Empereur en prévint le maréchal Bazaine (4 h. 20 du soir). Mais d'autre part, un rapport du capitaine Vosseur affirmait que, le 12 vers midi, « il n'y avait aucun Prussien à Lunéville ; un capitaine d'état-major (Leroy) s'y trouvait à cette heure ». Il est vraisemblable, ajoutait-il, que l'armée du Prince royal a opéré sa jonction avec l'armée du Centre » en arrière du rideau de cavalerie qui nous a été opposé ». A son avis, les trois armées allemandes, en parfaite relation, s'étendraient sur un cercle de Thionville à Nomény,

---

(1) Toul, 12 août, 7 heures soir.

(2) Une note trouvée dans les papiers du maréchal Le Bœuf s'exprime ainsi :

« 12... Avis de la marche tournante de la 11e armée dont l'avant-garde occupe le pont d'Aulnois sur la Seille (11 août, 11 h. 30 du soir. Reçu dans la journée du 12) ; paraissant par conséquent se diriger sur Pont-à-Mousson. »

« Dans la matinée du 12, le grand état-major reçut un rapport qui venait du maire de Nomény, rapport qui avait été envoyé de mairie en mairie et qui donnait l'avis que, dans la nuit du 11, l'avant-garde de l'ennemi s'était emparée du pont d'amont sur la Seille, sur la route de Pont-à-Mousson. » (Procès Bazaine, déposition du maréchal Le Bœuf, page 205.)

ayant son centre à Metz; elles appuieraint leurs ailes, à gauche et à droite, sur la Moselle. Le capitaine Vosseur faisait donc pressentir de la part de l'adversaire, un mouvement enveloppant double, si l'armée française continuait à rester immobile à l'Est de Metz. La supériorité numérique considérable qu'on connaissait à l'ennemi rendait cette éventualité très vraisemblable; on apprenait d'ailleurs que des renforts continuaient à lui arriver, passant par l'Eifel et le Haardt et se dirigeant vers Sarrelouis et Sarrebrück.

Les habitants de Trèves avaient été prévenus le 10 que les Ier et VIe corps passeraient par cette ville. Le bulletin de renseignements du grand quartier impérial estime que ce sont, probablement, deux des trois corps de l'armée du général Vogel de Falkenstein que les nouvelles de la veille signalaient le long de la frontière luxembourgeoise. Au centre, se trouveraient les IIe, IIIe, IVe corps d'après les numéros des régiments de cavaliers faits prisonniers à Gros-Tenquin et à Remilly (1). Environ 1000 cavaliers, précédant de l'infanterie, auraient été vus le 11 août, à 8 heures du matin, à Hargarten-aux-Mines. Leurs patrouilles ont poussé jusqu'à Thionville, Haute-Yutz. D'après des informations recueillies par le commandant de place de Thionville, des forces considérables d'infanterie, de cavalerie et d'artillerie se seraient trouvées, les 9 et 10 août, dans la zone : Saint-Avold, Merlebach, Sarralbe, Sarreguemines; d'autres rensei-

---

(1) « Le bulletin du 12 août fait observer judicieusement à ce propos : « Le bulletin n° 6 qui donnait la composition normale et la répartition actuelle en diverses armées des corps allemands indiquait que, selon toute probabilité, les régiments de cavalerie n'étaient pas toujours restés affectés aux corps dont ils dépendent en paix. Les interrogatoires de prisonniers confirment ces prévisions. Les numéros des corps d'armée ne peuvent donc être connus d'une façon certaine que par les numéros des régiments d'infanterie. »

gnements, émanant de la même source, signalent, vers Kédange, des bivouacs d'infanterie et de cavalerie, dans la nuit du 12 au 13.

Le général Frossard fait connaître que, d'après l'interrogatoire de trois cavaliers ennemis prisonniers, « la 5ᵉ division de cavalerie (IIIᵉ armée), commandée par le général de Barby (1) serait à quatre lieues de Mercy-les-Metz, sur la route de retraite, suivie par le corps d'armée » les jours précédents. Sur le front du 3ᵉ corps, on signale de toutes parts des reconnaissances de cavalerie prussienne. Du 4ᵉ corps, on mande que, le 11 août au soir, il n'y avait encore aucune masse ennemie à Bouzonville, ni à Boulay, ni même à Teterchen. « A Creutzwald et jusqu'à Ham (sous Varsberg), des colonnes ennemies, qui doivent pénétrer en France, se massent depuis le 10 et le 11 août. Les Prussiens ont ce qu'ils appellent « un camp » à Tromborn, où ils concentrent leurs forces principales dans cette zone. Les rapports s'accordent à dire qu'ils doivent se porter aujourd'hui en avant. »

D'après des espions venus de la Prusse rhénane, un nouveau courant de troupes s'établirait par la voie ferrée de la Nahe, vers notre frontière; de grands transports auraient lieu également sur la ligne de Kaiserslautern à Wissembourg. « Les troupes d'invasion doivent être portées, dit-on, à 700,000 hommes. »

VI. — Mouvements des Iʳᵉ et IIᵉ armées allemandes et renseignements recueillis.

Conformément aux prescriptions de l'ordre général du 11 août visant la concentration des Iʳᵉ et IIᵉ armées, dans l'éventualité d'une bataille sur la Nied française,

---

(1) En réalité, la 5ᵉ division de cavalerie était commandée par le général de Rheinbaben.

les corps qui les composent se trouvent, après la marche du 12, formés sur deux lignes. En première ligne sur un front de 30 kilomètres au plus, 5 corps de Boulay à Morhange : le Ier à Boulay (2e division) et Halling (1re division), le VIIe à Marange, le IIIe à Faulquemont, le Xe à Landroff (1), la Garde à Morhange. La ligne des avant-gardes et des avant-postes des corps de l'aile droite était marquée, d'une manière générale, par le cours de la Nied allemande.

En seconde ligne, 4 corps, de Niederwisse à Münster : le VIIIe à Niederwisse et Boucheporn, le IXe à Longeville et Saint-Avold, le XIIe à Lixing, Barst et Hoste-Haut, le IVe à Münster et Harskirchen. Ces corps de seconde ligne étaient assez rapprochés de l'aile droite de la première « où paraissait se trouver, pour le moment, le point sérieux de la situation » (2). Derrière l'aile gauche, le IVe corps se reliait à la IIIe armée.

Les quartiers généraux étaient à Boucheporn pour la Ire armée, à Gros-Tenquin pour la IIe.

« En avant de tout ce front, un épais rideau de cavalerie s'étendait sur toute la rive gauche des deux Nied réunies et de la Nied allemande... » (3).

Pendant la nuit du 5 au 6, les deux divisions de cavalerie de la Ire armée avaient débouché en avant des deux

---

(1) Primitivement, d'après l'ordre général du 11 août, le Xe corps devait s'avancer derrière le IIIe corps aux environs de Lelling (Voir page 204). Mais le 12 août, à 7 heures du matin, le maréchal de Moltke avait écrit au commandant de la IIe armée :

« Aucun renseignement n'étant jusqu'ici arrivé, qui nécessite d'une manière pressante d'amener le Xe corps vers le Nord et auprès du IIIe, vous apprécierez s'il n'y a pas lieu de le diriger plus à l'Ouest dans le cas où la chose serait encore possible. » (*Correspondance militaire du maréchal de Moltke*, tome I, n° 144.)

(2) *Historique du Grand État-Major prussien*, 4e livraison, page 420.
(3) *Ibid.*

ailes et, dans la matinée du 12, la *3ᵉ* division atteignait Bettange d'où elle lançait une avant-garde sur Gondreville, tandis que la *1ʳᵉ*, arrivée à Raville, envoyait le 9ᵉ uhlans sur Courcelles-Chaussy et Maizeroy. Les marches exécutées par les divisions n'excédaient guère 10 kilomètres (1). Or, elles n'avaient pas reçu d'ordres particuliers (2) ; elles se trouvaient donc libres d'agir suivant les circonstances et de se porter : la *3ᵉ* division, jusqu'à la Moselle, entre Metz et Thionville, vers Ennery, où elle aurait intercepté les communications entre ces deux places ; la *1ʳᵉ* jusqu'à la coupure de la Nied française à Courcelles-Chaussy. Ainsi eût agi du moins une cavalerie ayant un peu plus d'esprit d'entreprise.

Au Sud-Ouest de Raville, le rideau de cavalerie se prolongeait par la *6ᵉ* division à Chanville, par les brigades Barby et Redern de la *5ᵉ* à Remilly et à Raucourt, au Sud par la brigade des dragons de la garde à Oron. La brigade Bredow de la *5ᵉ* division de cavalerie était encore en arrière à Bourg-Altroff.

Les renseignements fournis par les reconnaissances lancées en avant étaient importants. Trois pelotons du *14ᵉ* uhlans (*3ᵉ* division), partis de Bettange à 3 h. 30 de l'après-midi, se portaient sur Sainte-Barbe où ils trouvaient des retranchements abandonnés, puis sur Poix où ils se heurtaient à un bataillon, enfin sur Servigny, où ils constataient la présence d'un camp occupé par des troupes nombreuses. Un parti de 40 chevaux du *5ᵉ* uhlans (*3ᵉ* division) arrivait jusqu'à Bellecroix, à 600 mètres d'un camp français d'une division environ, derrière lequel s'en trouvaient plusieurs autres, paraissant s'étendre jusque sous les murs de Metz (3). A l'extrême droite, un peloton

---

(1) De Teterchen à Bettange et de Boucheporn à Raville.
(2) Général de Pelet-Narbonne, *Loc. cit.*, page 138.
(3) L'*Historique du Grand État-Major prussien* ajoute comme com-

du 8ᵉ cuirassiers (*3ᵉ division*) s'était dirigé sur Thionville et apprenait que la garnison de cette place se composait presque exclusivement de gardes mobiles.

Les patrouilles de la *1ʳᵉ* division de cavalerie se portaient de Pont-à-Chaussy sur les hauteurs de Puche d'où elles apercevaient « deux camps de tentes des deux côtés de la route, et au Sud un camp de cavalerie » (1).

Le commandant du IIIᵉ corps, qui « ne pouvait naturellement pas être très satisfait de l'action de la *6ᵉ* division de cavalerie » (2), lui avait prescrit, dans la nuit du 11 au 12, d'exécuter tout entière une reconnaissance sur Pange et Laquenexy (3). A 8 heures du matin, la

---

plément à ces renseignements que « le village de Vallières était occupé par les Français ». Or, le rapport du capitaine commandant le parti du 5ᵉ uhlans, reproduit par le général de Pelet-Narbonne (*loc. cit.*, page 134) dit seulement : « Il y avait..... en avant du village de Vallières une grand'garde qui ne fut mise en alerte que par l'approche de ma patrouille du flanc droit..... »

(1) Rapport du colonel de Kleist, commandant le 9ᵉ uhlans. Le rapport ajoutait : « Pas d'avant-postes ».

(2) Général de Pelet-Narbonne, *Loc. cit.*, page 140.

(3) L'ordre, à cet effet, était ainsi conçu :

« La division de cavalerie portera demain sa brigade lourde de ses cantonnements derrière le plateau Chanville-Arriance-Vittoncourt-Voimehaut. La brigade de hussards dépassera ces positions, et il est dans les intentions de Sa Majesté d'obtenir sur l'ennemi des renseignements plus détaillés et positifs. C'est donc *une volonté absolument expresse* que la division se porte sur Mont, Pange, Laquenexy et éventuellement au delà de ces points, de manière à me donner des nouvelles précises des forces et de la situation de l'ennemi. J'attache une importance particulière à recevoir des renseignements de bonne heure. La brigade lourde servira de repli à la brigade légère ; je laisse au général de division le soin de déterminer où la batterie à cheval sera employée. »

Le général de Pelet-Narbonne fait observer justement (*loc. cit.*, page 140) que cet ordre empiétait sur les droits du général de division, en entrant dans les détails de l'emploi des brigades. « Par contre, ajoute-t-il, la fixation des localités que la division devait au moins

15ᵉ brigade (Rauch), accompagnée de la batterie à cheval, se porte d'Arriance vers Pange, suivie de la *14ᵉ* brigade (Grüter) qui s'arrête en soutien à Chanville et se relie par sa gauche à la 5ᵉ division de cavalerie. La brigade Rauch trouve Pange inoccupé et découvre au delà un camp français, à l'Ouest d'Ars-Laquenexy et de Coincy. A son arrivée devant Laquenexy, elle est reçue par une vive fusillade ; la batterie à cheval lance alors quelques obus sur le village que l'ennemi évacue. Un escadron du *3ᵉ* hussards continue vers l'Ouest jusqu'à Ars-Laquenexy, où des masses d'infanterie très considérables l'obligent à rétrograder jusqu'au delà de Laquenexy. Pendant ce temps, le reste de la brigade s'était portée plus au Nord. Le *16ᵉ* hussards, dépassant Marsilly et Coincy, observait des camps français très étendus près de Flanville, Montoy, Colombey, Aubigny, Borny, Grigy. Un escadron du *3ᵉ* hussards se heurtait, à Noisseville, à des avant-postes qui ouvraient le feu sur lui ; une de ses reconnaissances d'officiers, obliquant sur Sainte-Barbe, découvrait des camps de toutes armes entre Servigny et Metz. Le grand-duc de Mecklembourg envoya de Chanville, à 12 h. 50, un premier rapport au commandant du IIIᵉ corps, puis un second à 4 heures de l'après-midi.

« Le terrain en avant de Metz, disait-il, jusqu'à 7 kilomètres de l'enceinte principale, est occupé par de l'infanterie et de la cavalerie ennemies. Entre Ars-Laquenexy et Colombey, un petit camp ; un plus grand entre Colombey et la route impériale ; le plus grand au Nord de cette route, près de Vantoux. Les forces sont évaluées à plus d'un corps d'armée..... Aucun mouve-

---

atteindre semble d'autant plus justifiée que le commandant de corps d'armée ne paraissait pas avoir grande confiance dans l'esprit d'entreprise du général de division. »

ment vers l'avant n'a, d'une manière générale, été observé... D'après le dire des habitants... la Garde doit être à Metz » (1).

Mais le commandant du IIIᵉ corps était d'avis que l'armée française avait déjà franchi la Moselle et le rapport précédent ne parvint pas à lui enlever cette opinion préconçue (2). Il le transmit au commandant de la IIᵉ armée avec cette observation :

« Le commandant du corps d'armée n'attribue pas à ces rapports une valeur particulière, car l'infanterie portée en avant semble n'avoir d'autre but que de refouler la cavalerie » (3).

Les deux brigades de la 5ᵉ division de cavalerie, attachées au Xᵉ corps, continuaient à opérer au Sud du chemin de fer Metz-Sarrebrück (4), leur gros se portant à Solgne et Raucourt.

---

(1) « Les rapports envoyés ce jour-là par la division furent abondants et exacts..... La cavalerie française, réunie en masses, facilita à la division l'accomplissement de sa mission d'une manière qu'on ne peut vraiment qualifier par aucune expression parlementaire..... Seule l'infanterie française marcha contre les cavaliers allemands ; lorsque ceux-ci se replièrent, la cavalerie française ne tenta pas une seule fois de les suivre. Il eût été facile aux Français de donner à la brigade Rauch, poussée isolément en avant, un souvenir bien conditionné. » (Général de Pelet-Narbonne, *Loc. cit.*, page 146.)

(2) Le Journal de marche de la 6ᵉ division de cavalerie rapporte que « le commandant du corps d'armée ne considéra pas les rapports comme dignes de foi et donna à entendre que la présence d'infanterie (*N. B.* Plus d'un corps d'armée était signalé), dans le voisinage d'une place forte, ne pouvait pas encore faire conclure qu'on avait devant soi des forces extraordinaires ».

(3) Ce rapport fut remis au commandant de la IIᵉ armée, à Faulquemont, à 5 heures du soir.

(4) Le général commandant le corps d'armée avait désigné lui-même quatre escadrons chargés « d'envoyer des nouvelles de l'ennemi, de faire des prisonniers et d'inquiéter l'adversaire ».

« Le général commandant le corps d'armée empiétait, dans cet ordre,

Un escadron du *11ᵉ* hussards et un escadron du *13ᵉ* uhlans, se dirigeant par Chesny sur Jury, refoulaient un escadron de chasseurs français sur Peltre et apercevaient, au Nord de cette dernière localité, un camp où ils produisaient une alerte. Trois escadrons du *17ᵉ* hussards se dirigeaient de Luppy sur Metz, par Fleury et Magny-sur-Seille, et arrivaient à 5 kilomètres environ de la place « au Sud et au Nord de laquelle ils constataient l'existence de camps considérables » (2). Par contre, on ne trouvait pas trace de l'ennemi dans toute la région située en avant de l'aile gauche de la IIᵉ armée, jusqu'à la Moselle.

Sur l'ordre du commandant du Xᵉ corps, plusieurs tentatives étaient faites pour détruire la voie ferrée de Frouard à Metz. Dans la nuit du 11 au 12, un escadron du *10ᵉ* hussards s'était porté sur Dieulouard et y avait commencé la mise hors de service de la gare, quand le travail fut interrompu par l'arrivée d'un train transportant de l'infanterie ennemie sur Metz (3). Des patrouilles d'officiers, envoyées dans la matinée du 12 sur Dieulouard et Pont-à-Mousson, constataient que cette dernière ville n'était pas occupée, mais que des trains nombreux circulaient sur la voie ferrée de la rive gauche de la Moselle. Un autre escadron du *10ᵉ* hussards avait été dirigé sur Marbache et Frouard et avait commencé en ce dernier point à détruire le chemin de fer, mais l'arrivée d'un train de troupes (4) avait également fait avorter

---

sur les droits du commandant de la division; mais il est vrai de dire que ce n'était pas sans raison qu'il agissait ainsi, chaque fois qu'il était nécessaire d'obtenir de la division quelque action énergique. » (Général de Pelet-Narbonne, *Loc. cit.*, page 147.)

(2) *Historique du Grand Etat-Major prussien*, 4ᵉ livraison, page 427.

(3) 2ᵉ bataillon et quatre compagnies du 3ᵉ bataillon du 16ᵉ de ligne (6ᵉ corps, 1ʳᵉ division).

(4) Deux compagnies du 100ᵉ de ligne, artillerie divisionnaire (batteries de combat) et compagnie du génie de la 1ʳᵉ division

cette entreprise. Enfin, le capitaine de Thauvenay, de l'état-major du Xe corps, envoyé en reconnaissance sur Pont-à-Mousson avec 40 cavaliers s'y faisait surprendre par la brigade Margueritte (1).

A l'extrême gauche, un escadron du 10e hussards atteignait Nancy par Château-Salins et levait, dans ces deux villes une contribution de guerre (2).

VII. — Les projets du commandement allemand.

Le commandant de la IIe armée qui, dans la matinée du 12, avait transféré son quartier général de Puttelange à Gros-Tenquin, reçut, vers 11 heures, les premiers renseignements de la cavalerie, faisant connaître que l'ennemi avait abandonné la ligne de la Nied française, mais qu'il se trouvait encore, en masses considérables, à l'Est de Metz, vers Peltre, Ars-Laquenexy, Coincy (3). Il inclinait à croire que l'adversaire battait en retraite sur la rive gauche de la Moselle, en utilisant Metz comme tête de ponts destinée à couvrir ce mouvement (4). Mais il avait appris, d'autre part, que la région en avant de la place était absolument dégarnie de troupes et que les points de passages de la rivière n'étaient même pas gardés (5). Dès lors, le doute subsistait sur les opérations de l'adversaire et, pour éclaircir la situation, il lui parut nécessaire de pousser, le plus tôt possible, de grandes masses de cavalerie sur les plateaux entre Moselle et Meuse, de façon à savoir, d'une manière cer-

---

(1) Voir page 392.
(2) Général de Pelet-Narbonne, *Loc. cit.*, page 165.
(3) Von der Goltz, *Die Operationen der II Armee*, page 41.
(4) *Ibid.*
(5) *Historique du Grand État-Major prussien*, 4e livraison, page 429.

taine, si l'ennemi se repliait sur Verdun (2). La *19*ᵉ division devait occuper rapidement Pont-à-Mousson, afin de leur servir de soutien ; elle reçut l'ordre de poursuivre sa marche sur Delme, où elle arriva dans la nuit du 12 au 13, à minuit 15.

Les rapports des commandants des Iʳᵉ et IIᵉ armées, reçus à Saint-Avold dans l'après-midi du 12 août, déterminèrent le grand quartier général à donner les ordres suivants :

Quartier général, Saint-Avold, 12 août 1870, 4 h. 30 soir.

« Autant que les nouvelles reçues permettent de l'apprécier, les forces principales de l'ennemi se retirent derrière la Moselle par Metz. »

---

(2) Von der Goltz, *Loc. cit.*, page 41.
L'ordre envoyé au général commandant le Xᵉ corps était ainsi conçu :
« L'ennemi ayant évacué sa position derrière la Nied, veuillez mettre aujourd'hui même le général von Rheinbaben en mouvement vers la Moselle, dans la direction de Pont-à-Mousson et de Dieulouard, avec ses deux brigades de cavalerie, que je vais faire rejoindre le plus tôt possible par la brigade Bredow.
« Le général von Rheinbaben passera la Moselle, gagnera le plateau entre Meuse et Moselle, et se portera dans la direction du Nord, vers la route de Metz—Verdun, de manière à s'assurer avec certitude si l'ennemi se retire de Metz par cette route. Si, comme il faut le supposer, les divisions de cavalerie font un mouvement semblable de l'autre côté de la Moselle, en aval de Metz, l'armée ennemie qui se trouve à Metz sera, dans l'espace de trois à quatre jours, coupée de toute communication avec la France.
« Veuillez appeler l'attention du général von Rheinbaben sur la haute importance de sa mission..... »
Le prince Frédéric-Charles avisa le général de Steinmetz, par une lettre datée du 12, 2 heures après-midi, des opérations projetées pour le 13 et des missions confiées aux divisions de cavalerie de la IIᵉ armée. Sa lettre se terminait ainsi :
« Une opération semblable de la cavalerie, du côté de la Iʳᵉ armée, qui est à prévoir, isolerait complètement Metz en quatre ou cinq jours. »

Sa Majesté donne les ordres suivants :

« La Ire armée se portera demain, 13, vers la Nied française, le gros sur la ligne les Étangs, Pange, et couvrira la gare de Courcelles. La cavalerie reconnaîtra vers Metz et franchira la Moselle en aval. La Ire armée couvrira ainsi le flanc droit de la IIe.

Cette dernière se portera sur la ligne Buchy, Château-Salins, et poussera ses avant-postes sur la Seille. Elle cherchera, si possible, à s'assurer les passages de Pont-à-Mousson, Dieulouard, Marbache, etc. La cavalerie reconnaîtra au delà de la Moselle.

La IIIe armée continuera la marche en avant vers la ligne de Nancy, Lunéville. Des ordres seront donnés prochainement pour son emploi ultérieur.

Les convois pourront, partout, suivre les corps d'armée jusqu'à la Moselle et la Meurthe.

Le grand quartier général de Sa Majesté sera demain à Herny à partir de 5 heures du soir. Jusqu'à 2 heures du soir, adresser les comptes rendus ici (1). »

L'ordre qui précède reposait sur la conviction de la retraite de l'armée française sur la rive gauche de la Moselle. Le grand quartier général était persuadé, non sans raison d'ailleurs, « que l'intérêt de l'ennemi lui commandait d'effectuer le plus tôt possible la jonction de l'armée du Rhin avec les forces en arrière. » *L'Historique du Grand État-Major prussien* ajoute : « Depuis le général en chef jusqu'au commandant d'avant-garde, tous tendaient donc invariablement et toujours au même but ; mettre obstacle à ce dessein supposé (2). »

Les faits répondent-ils à cette affirmation ?

Le maréchal de Moltke prescrit, il est vrai, à la cavalerie des Ire et IIe armées de franchir la Moselle en aval

---

(1) *Correspondance militaire du maréchal de Moltke*, tome I, n° 149.
(2) 6e Livraison, pages 878 et 879.

et en amont de la place ; il leur assigne un rôle de reconnaissance, mais sans mentionner l'action retardatrice qu'elles pourront exercer en harcelant les colonnes ennemies supposées en marche vers la Meuse.

D'autre part, avec cette appréciation de la situation et ce projet de couper l'adversaire de Châlons, il semble qu'on devait diriger à marches forcées (1), sur la rive gauche de la Moselle, les corps les plus proches de la IIe armée (2), en chargeant la Ire armée de couvrir le passage du fleuve et de contenir l'ennemi en s'établissant au Sud de Metz. Il n'y avait pas d'ailleurs à examiner l'éventualité d'un débouché de l'adversaire à l'Est de la place. L'aile droite de la IIe armée, IIIe et X^e corps, suivis respectivement des IXe et XIIe, aurait eu pour mission de franchir la Moselle le plus tôt possible et de se rabattre ensuite au Nord, à cheval sur la route de Verdun, en effectuant un mouvement par le flanc des colonnes. L'aile gauche (Garde et IVe corps) aurait été dirigée sur Pont-à-Mousson pour former une réserve à ces deux masses et les relier entre elles.

En réalité, l'ordre général du 12 prévoyait surtout une attaque des Français débouchant à l'Est et au Sud-Est de Metz, mais non des mesures énergiques pour les rejoindre et les arrêter sur la rive gauche de la Moselle, dans leur marche supposée vers la Meuse et le camp de Châlons.

---

(1) Le 12 octobre 1806, dans une situation analogue, Napoléon, pour occuper Naumbourg et couper au préalable la retraite à l'ennemi, avait fait parcourir 40 kilomètres aux corps de Bernadotte et Davout.

(2) On remarquera que l'aile gauche de la IIe armée, égarée, le 7 août, à la poursuite du maréchal de Mac-Mahon était toujours demeurée en retard. Le 12 août au soir, la Garde à Morhange, le IVe corps à Munster, étaient à une distance moyenne de 50 à 60 kilomètres de la Moselle, tandis que la Ire armée s'en approchait à 20 kilomètres.

Cet ordre suggère une autre observation, commune d'ailleurs à ceux des 9 et 11 août. Tous trois ont pour origine et pour fondement les renseignements fournis par la cavalerie, mais il est remarquable qu'il s'écoule chaque fois près de trois journées entre la constatation des faits et leurs conséquences stratégiques. Quand ces informations, sur lesquelles on se propose de régler, au jour le jour, les opérations des armées, parviennent au grand quartier général, elles datent de quarante-huit heures et les ordres qu'elles provoquent ne sont exécutables que le lendemain.

Ainsi, l'ordre du 9 au soir dirige les Ire et IIe armées, de la Sarre vers la Moselle, entre Metz et Frouard; il admet qu'on ne rencontrera plus les Français à l'Est de la rivière. Mais, à cette même date, l'adversaire s'arrête sur la Nied : le grand quartier général en est informé le 11, dans l'après-midi, et donne en conséquence de nouvelles instructions pour le 12, suspendant le mouvement primitif et faisant serrer sur la Ire armée, dans l'éventualité d'une bataille. Dans la nuit du 10 au 11 et dans la matinée du 11, les Français évacuent la ligne de la Nied et se replient vers l'Ouest; le maréchal de Moltke en est informé le 12 et incline à penser qu'ils passent sur la rive gauche de la Moselle. Ces renseignements et cette opinion préconçue sont la genèse de l'ordre général du 12. En réalité, l'armée adverse s'est arrêtée sous Metz le 11 et y est demeurée le 12 ; le grand quartier général allemand en sera avisé le 13 et prescrira pour le lendemain à la IIe armée, déjà en marche vers la Moselle, en amont de la place, de s'arrêter et de se tenir prête à appuyer la Ire.

Or, bien des éventualités pouvaient se produire dans l'intervalle qui s'écoulait entre les dispositions prises par l'ennemi et celles qui en résultaient pour les armées allemandes. Les Français pouvaient changer l'emplacement du centre de gravité de leurs forces, déplacer leurs corps de seconde ligne, sans que la cavalerie, réduite à l'appréciation des contours, en pût rien découvrir ; prendre même brusquement l'offensive. Les mesures prises sur des données datant de deux jours, surtout à si faible distance de l'adversaire, ne pouvaient, les faits le démontrent, répondre à la situation réelle.

La conclusion qui semble en résulter, une fois de plus, est que « l'offensive, en stratégie, ne doit pas se traîner à la remorque des informations ; elle ne se règle pas exclusivement sur ce que fait l'ennemi ; c'est elle qui vise à lui imposer ses volontés (1) ».

Le grand quartier général allemand commandait-il à la situation ainsi que le déclare l'*Historique du Grand État-Major prussien* (2). Rien, jusqu'à présent, ne permet de l'affirmer : il semble attendre toujours, au contraire, qu'elle se dessine, et l'initiative, la solidarité remarquable des chefs subordonnés, mais surtout l'inertie et les méthodes de guerre surannées de l'adversaire lui permettront seules de tirer un parti avantageux des événements qui se produiront contre son attente et parfois contre ses intentions.

VIII. — Mouvements de la IIIe armée.

La IIIe armée termine le 12 août son déploiement sur la Sarre en amenant en première ligne le IIe corps bavarois de Diemeringen à Fénétrange, et la *12e* division, de Lorentzen à Sarre-Union. Le Ier corps bavarois vient de Pisdorf à Bettborn de façon à se trouver établi sur la route qu'il avait à suivre pour se porter sur la Moselle. Le quartier général du Prince royal reste à Petersbach ; les Ve et XIe corps conservent également leurs emplacements du 11, à Lixheim et Sarrebourg (3).

---

(1) Capitaine Gilbert, *Essais de critique militaire*, page 177.
(2) 6e Livraison, page 878.
(3) *Historique du Grand État-Major prussien*, 4e livraison, page 386.

« Ainsi, dans la soirée du 12, l'armée occupait, avec quatre corps et la division würtembergeoise, la ligne, d'une longueur de 15 kilomètres au plus, comprise entre Sarrebourg et Fénétrange ; les avant-gardes avaient été portées sur la rive gauche de la Sarre (1). »

A la même date, la 4e division de cavalerie, partant de Heming et de Saint-Georges, avait atteint Moyenvic (2).

A sa gauche, le 1er escadron du 2e régiment des hussards du Corps occupait Lunéville et n'y trouvait plus que quelques blessés français. Il en rendait compte au Prince royal à 2 heures de l'après-midi, ajoutant que « le corps du général de Failly avait abandonné la ville et s'était porté sur Nancy » (3).

Le commandant de la IIIe armée aurait désiré accorder, le 13 août, une journée de repos à ses troupes. Mais, d'autre part, il savait que la IIe armée était au contact immédiat de l'ennemi et il se rendait compte de la nécessité d'atteindre au plus tôt la Moselle, « afin, non seulement, d'être à même de tirer profit des succès que pourrait remporter la IIe armée, mais encore de permettre à celle-ci de traverser cette rivière ou au moins de lui en faciliter le passage » (4). En conséquence, il envoya,

---

(1) Von Hahnke, *Loc. cit*, page 99.

(2) Le 5e régiment de dragons, appartenant à la 4e division de cavalerie et venant de Sarre-Union, rejoignit le 12 à Dieuze. Ce régiment avait été chargé, au début de la guerre, d'un service de surveillance sur la frontière du Palatinat. Après s'être réuni le 6 août à Deux-Ponts, il se portait le 7 sur Bitche et accompagnait, à partir de ce point, la 8e division d'infanterie jusqu'à Sarre-Union.

(3) Historique du 2e régiment de hussards, page **47**.

L'*Historique du Grand État-Major prussien*, qui mentionne la présence à Lunéville de quelques blessés français, est muet sur le compte rendu inexact adressé par le 1er escadron du 2e de hussards au Prince royal, au sujet de l'itinéraire suivi par le général de Failly.

(4) Von Hahnke, *Loc. cit.*, page 100.

de Petersbach, les ordres suivants pour la journée du 13 août :

Quartier général de Petersbach, 12 août, 4 heures soir.

« L'armée se mettra en mouvement demain matin, à 6 heures, pour continuer sa marche vers la Moselle.

« 1° Le XIe corps, partant d'Heming en deux colonnes, se dirigera sur Repaix et Avricourt par la route et par la chaussée du chemin de fer ; il prendra position et bivouaquera entre ces deux localités.

Il formera deux avant-gardes qui s'avanceront jusqu'à Domèvre et jusqu'à la station d'Emberménil. Il pourra réquisitionner tous les villages au Sud du chemin de fer, Avricourt et Réchicourt-le-Château inclusivement. Son quartier général à Foulcrey.

« 2° Le Ve corps suivra la route de Metz depuis Langatte en passant au Sud de Dianne-Capelle ; il dépassera Azondange et y campera. L'avant-garde ira jusqu'à Bourdonnay. Le corps würtembergeois se servira du chemin latéral qui passe par Albecheau, et campera depuis Desseling jusqu'à Fribourg.

« Le Ve corps pourra réquisitionner tous les villages au Sud de la ligne Tarquinpol-Albecheau, jusqu'au rayon affecté au XIe corps.

« 3° Le Ier corps bavarois se portera de Saint-Jean-de-Bassel sur Bisping et Angviller ; son avant-garde prendra position sur les hauteurs de Guermange. Les réquisitions se feront dans les villages de Guermange, Bisping, Angviller et Rohrbach.

« 4° Le IIe corps bavarois s'avancera sur la route de Nancy depuis Fénétrange jusque sur les hauteurs de Cutting où il bivouaquera. Son avant-garde dans la direction de Dieuze. Quartier général à Loudrefing.

« Il cherchera à se mettre en communication avec le IVe corps prussien du côté du Nord. Il pourra faire des réquisitions à Cutting, Lostroff, Londrefing et Mittersheim.

« 5° La *12*ᵉ division (Hoffmann) se rendra à Fénétrange.

« 6° Le VIᵉ corps (*11*ᵉ division) passera par Sarrebourg et se cantonnera entre la ville et Heming, des deux côtés de la route. Un bataillon restera à Phalsbourg. Chaque colonne, précédée par une avant-garde, enverra de la cavalerie aussi loin que possible pour se procurer des nouvelles de l'ennemi. J'attends les rapports de bonne heure.

« Le quartier général de la IIIᵉ armée sera porté à Sarrebourg. »

Tandis que la IIIᵉ armée se portait sur la Sarre, à travers les Vosges septentrionales, la division badoise avait envoyé, le 8 août, de Brumath sur Strasbourg, ses trois régiments de dragons avec 9 batteries et 6 compagnies d'infanterie transportées en voitures. La place rejetant toute proposition de capitulation, le détachement coupait le chemin de fer de Strasbourg à Mulhouse et les lignes télégraphiques et occupait la bifurcation de chemin de fer de Vendenheim. Dans la soirée du 10, la division recevait du maréchal de Moltke l'ordre de s'opposer à tout ravitaillement de la place, en troupes ou en matériel et de surveiller particulièrement, à cet effet, la direction du Sud. « Ce qu'il y aurait de mieux, ajoutait le télégramme, serait d'investir complètement la place ; des renforts, à ce destinés, sont en route » (1).

D'autre part, la *11*ᵉ division, qui s'était rassemblée à

---

(1) *Correspondance militaire du maréchal de Moltke*, tome Iᵉʳ, n° 129.
On devait rassembler à Haguenau :
    1ʳᵉ division de landwehr : 12 bataillons, 4 escadrons, 3 batteries.
    *30*ᵉ et *34*ᵉ régiment d'infanterie.
    *2*ᵉ régiment de dragons de réserve.
    2 batteries de réserve du *3*° régiment d'artillerie de campagne.
    Total : 18 bataillons, 8 escadrons, 5 batteries.

Soultz, s'était portée, le 11, à Bouxwiller et à Ingwiller ; l'artillerie de corps du VIe corps se trouvait à la même date à Haguenau. L'ordre fut expédié au général de Tümpling, commandant cette division, de se porter sur Phalsbourg et d'investir la place (1). Il se mit en marche le 12, à 3 heures du matin, en s'avançant « avec prudence le long du Zintzel-Thal, car on disait ce défilé gardé par des francs-tireurs de la montagne » (2). Le mauvais état des chemins ne lui permettait pas d'ailleurs de dépasser Vescheim ; l'artillerie de corps se rendait à Bouxwiller.

L'investissement de Phalsbourg fut confié à un détachement, sous les ordres du général major d'Eckartsberg, et comprenant le *38e*, le *6e* bataillon de chasseurs, le 4e escadron du *8e* dragons, la 1re batterie lourde du *6e*. Le *6e* bataillon de chasseurs se porta aux Quatre-Vents ; le 1er bataillon du *38e* à Mittelbronn, le 3e sur les routes Sarre-Union, Vilsberg et Büchelberg, en liaison avec les chasseurs ; le reste en réserve à Vescheim. Les avant-postes furent poussés jusqu'aux abords des glacis. Le commandant Taillant, gouverneur de Phalsbourg, ayant refusé de capituler, la batterie lourde, établie près de Mittelbronn, ouvrait le feu à 5 heures du soir. La place riposta énergiquement. Le 13, le général de Tümpling adjoignit le *51e* aux troupes d'investissement et envoya l'ordre à l'artillerie de corps de se porter de Bouxwiller sur Phalsbourg par Metting. Le 14 au matin, les dix batteries de l'artillerie de corps et de la *11e* division commencèrent le bombardement à 7 h. 30 du matin et

---

(1) *Historique du Grand État-Major prussien*, 4e livraison, page 387. D'après von Hahnke (*loc. cit*, page 102), « le VIe corps reçut l'ordre de ne pas se contenter de faire surveiller cette place, mais encore de la bombarder afin de l'amener à capituler. »

(2) *Historique du Grand État-Major prussien*, 4e livraison, page 388.

le continuèrent lentement, sans interruption, jusqu'à 5 heures du soir.

Le commandant Taillant, « brave et énergique officier, refusa cependant les plus honorables conditions » (1), et il fallut reconnaître l'inutilité de la tentative. Aussi, le général de Tümpling reprit-il, dans la soirée même du 14, son mouvement sur Sarrebourg, laissant devant Phalsbourg les 1er et 2e bataillons du 51e et un escadron de dragons, pour observer la place au Nord et au Sud.

IX. — Emplacements de l'armée du Rhin dans la soirée.

Dans la soirée du 12 août, l'armée française occupait les emplacements suivants :

Grand quartier général............		Metz.
Quartier général du maréchal Bazaine.		Les Bordes.
1er corps......	Quartier général......	Haroué.
	1re division...........	Neuviller et Saint-Remimont.
	2e division...........	Crantenoy.
	3e division...........	Haroué.
	4e division...........	La Neuveville.
	Division de cavalerie..	Colombey, Vézelise.
	Réserves d'artillerie et du génie...........	Colombey.
2e corps.......	Quartier général......	Ferme de Basse-Bévoye.
	1re division...........	A l'Ouest de la Basse-Bévoye.
	2e division...........	*Ibid.*
	3e division...........	Entre la Haute-Bévoye et Grigy.
	Brigade Lapasset (du 5e corps)..........	Château de Mercy.
	Division de cavalerie..	Haute-Bévoye.
	Réserves d'artillerie et du génie...........	Entre la Haute et la Basse-Bévoye.

---

(1) Von Hahnke, *Loc. cit.*, page 103.

3ᵉ corps.......	Quartier général......	Borny.
	1ʳᵉ division.........	Entre Grigy et le bois de Colombey.
	2ᵒ division.........	Entre Colombey et Montoy.
	3ᵉ division.........	Entre le bois de Colombey et Colombey.
	4ᵉ division.........	Entre Bellecroix et Vantoux.
	Division de cavalerie..	A l'Est de Borny.
	Réserve d'artillerie....	A l'Est des Bordes.
	Réserve du génie.....	Borny.
4ᵉ corps.........................		Sans modification.
5ᵉ corps.......	Quartier général......	Mirecourt.
	1ʳᵉ division.........	Ambacourt.
	2ᵒ division.........	Poussay.
	3ᵉ division.........	Charmes.
	Division de cavalerie..	*Ibid.*
	Réserve d'artillerie....	Poussay.
	Réserve du génie.....	Mirecourt.
6ᵉ corps.......	Quartier général......	Metz.
	1ʳᵉ division.........	A l'Est de Montigny-les-Metz.
	2ᵒ division.........	En route du camp de Châlons pour Metz par voie ferrée.
	3ᵉ division.........	Metz.
	4ᵉ division.........	Woippy (sauf son artillerie).
	Division de cavalerie..	Camp de Châlons et Paris.
	Réserves d'artillerie et du génie..........	Camp de Châlons.
7ᵉ corps.........................		Belfort (sauf la brigade de cavalerie Jolif-Ducoulombier, à Lyon).
Garde............................		Sans modification.
Réserve générale de cavalerie.	Division du Barail....	Ban-Saint-Martin.
	Division de Bonnemains	Colombey-les-Belles.
	Division de Forton....	Montigny-les-Metz.
Réserve générale d'artillerie...........		Les Bordes.
Parcs d'artillerie...................		Sans modification.
Grand parc du génie.................		Metz.
Équipage de pont de réserve...........		Toul.

E.

GUERRE DE 1870-1871
Carte d'ensemble pour les opérations du 7 au 12 Août

Extrait de la Carte de la France au 1:320.000°

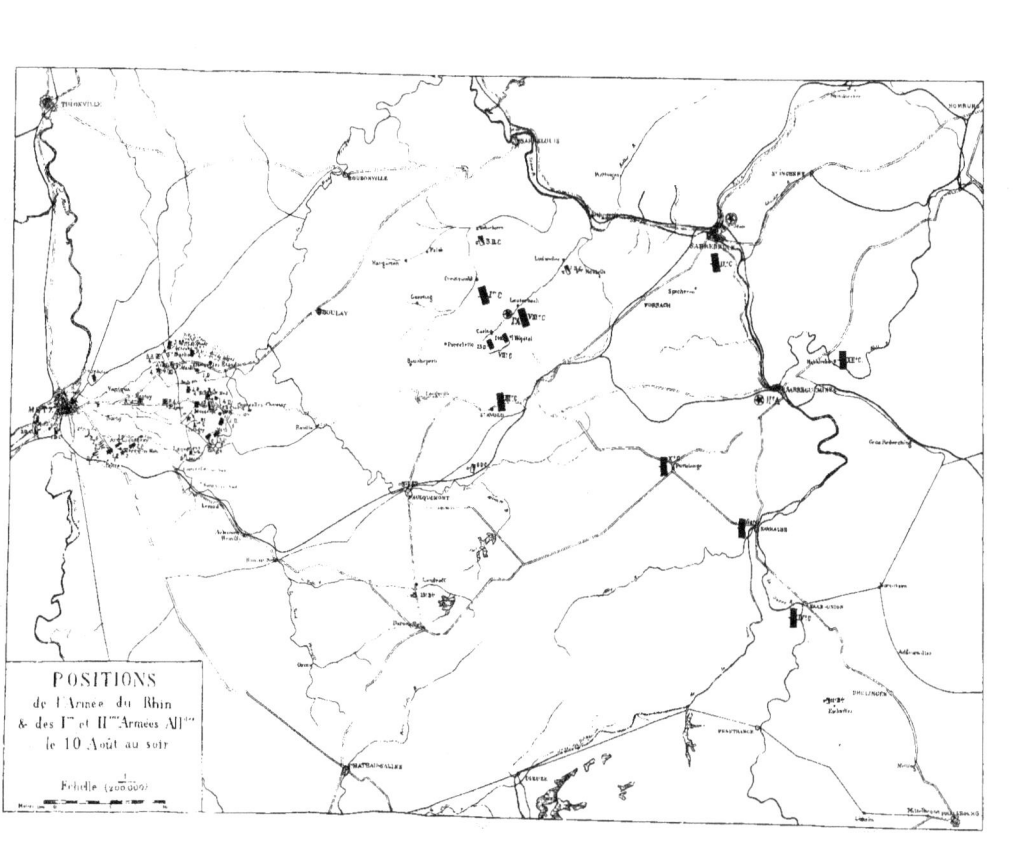

LIBRAIRIE MILITAIRE R. CHAPELOT & Ce
30, Rue et Passage Dauphine, à Paris

Vient de paraître

Général H. BONNAL

L'ESPRIT
DE
LA GUERRE MODERNE

De Rosbach à Ulm

Paris, 1903

1 fort vol. in-8 avec 11 cartes et des croquis. . . . **7 fr. 50**

Paris. — Imprimerie R. CHAPELOT et Ce, 2, rue Christine.

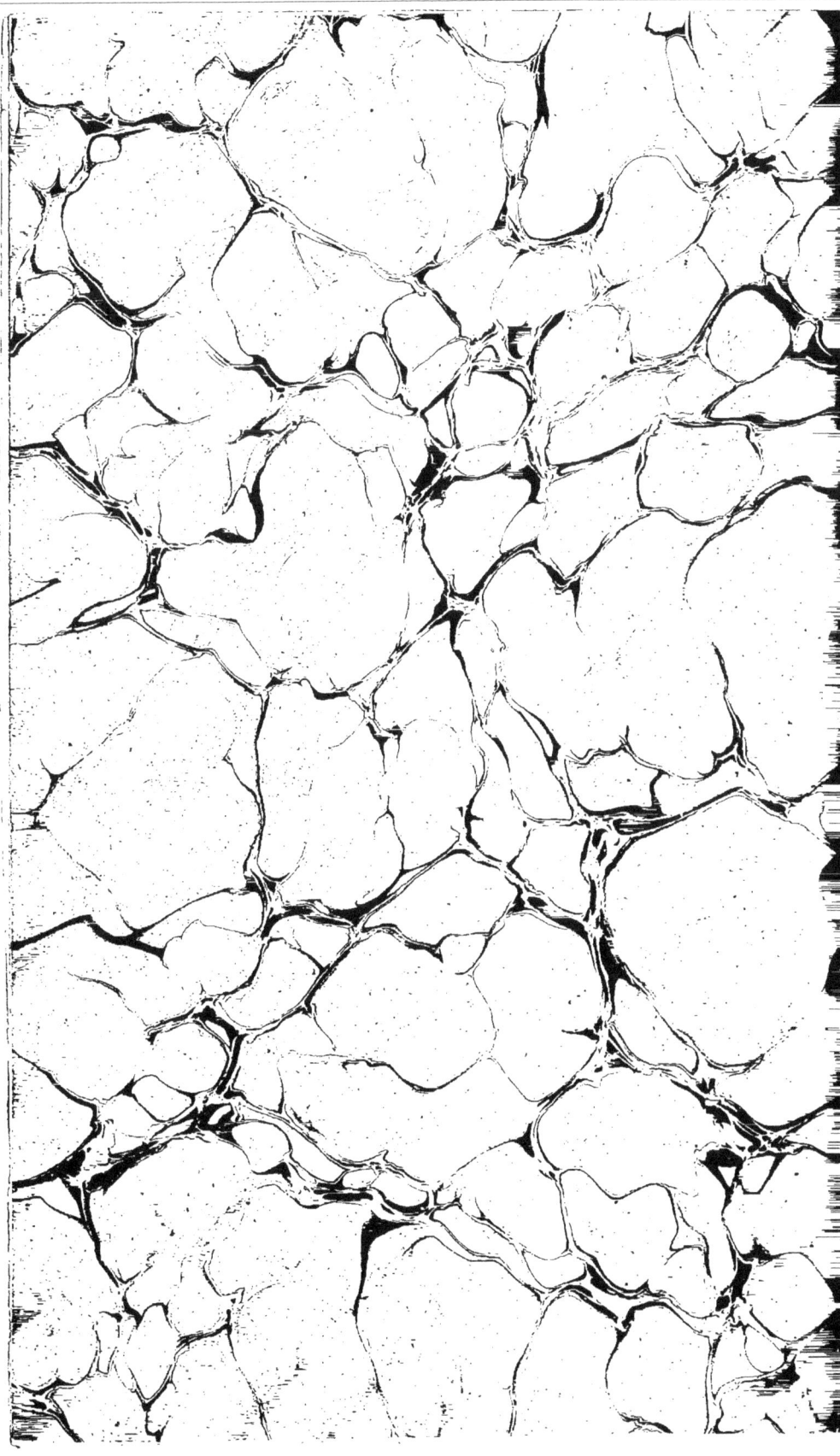

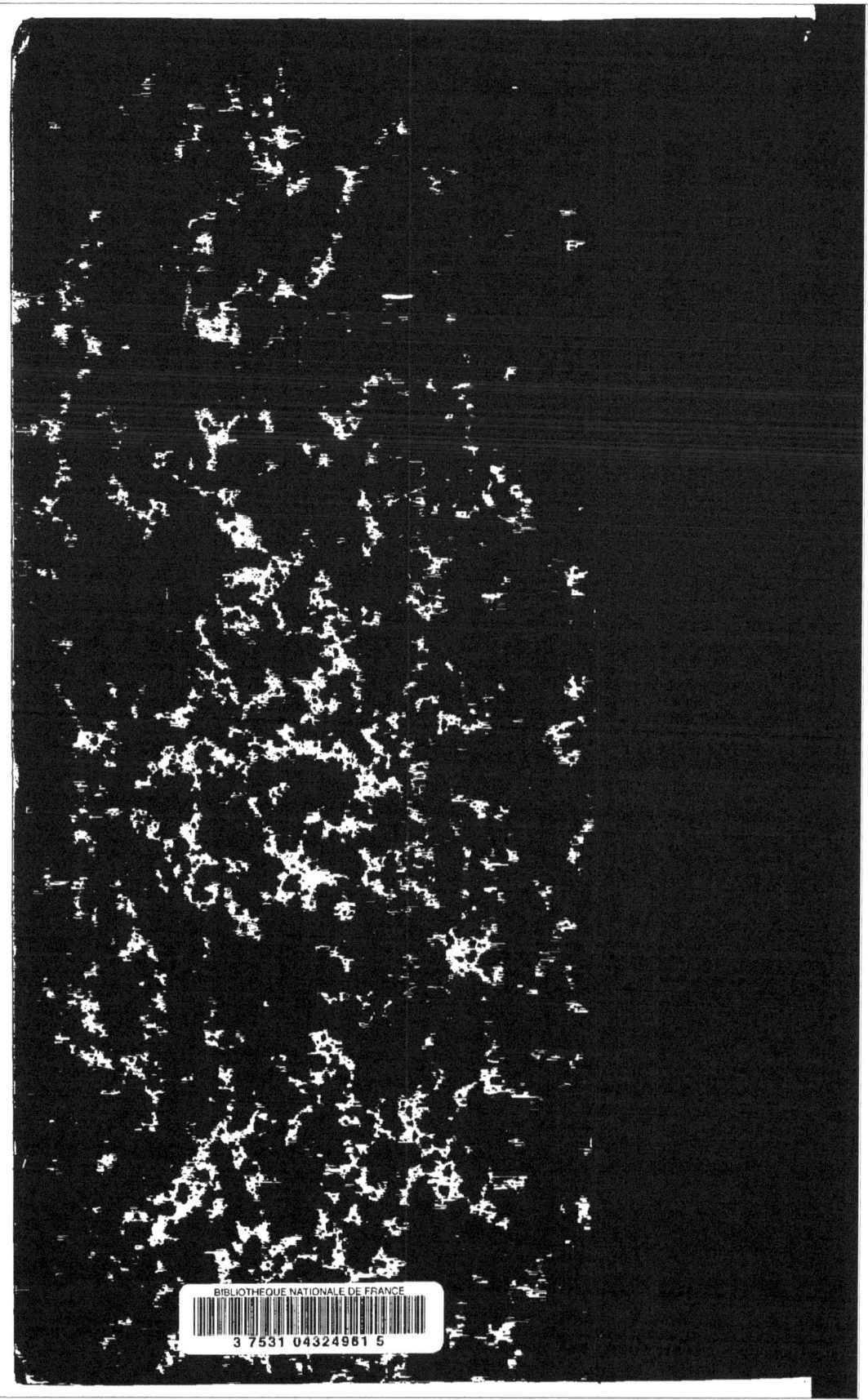

www.ingramcontent.com/pod-product-compliance
Lightning Source LLC
Chambersburg PA
CBHW050642170426
43200CB00008B/1119